U0596237

中国古典名著译注丛书

人物志译注

〔三国魏〕刘 邵 撰 王晓毅 译注

中华书局

图书在版编目（CIP）数据

人物志译注/（三国魏）刘邵撰；王晓毅译注. —北京：中华书局，2019.9（2024.6 重印）
（中国古典名著译注丛书）
ISBN 978-7-101-13975-4

Ⅰ.人… Ⅱ.①刘…②王… Ⅲ.①人才学-中国-三国时代②《人物志》-译文③《人物志》-注释 Ⅳ.C96-092

中国版本图书馆 CIP 数据核字（2019）第 151406 号

书　　　名	人物志译注
撰　　　者	〔三国魏〕刘　邵
译 注 者	王晓毅
丛 书 名	中国古典名著译注丛书
责任编辑	石　玉
责任印制	陈丽娜
出版发行	中华书局
	（北京市丰台区太平桥西里 38 号　100073）
	http://www.zhbc.com.cn
	E-mail:zhbc@zhbc.com.cn
印　　　刷	大厂回族自治县彩虹印刷有限公司
版　　　次	2019 年 9 月第 1 版
	2024 年 6 月第 5 次印刷
规　　　格	开本/880×1230 毫米　1/32
	印张 10　插页 2　字数 216 千字
印　　　数	14001-16000 册
国际书号	ISBN 978-7-101-13975-4
定　　　价	39.00 元

目　录

人物志卷下

前　言

　　曹魏刘邵所著《人物志》一书,是一本流传至今的中国古代人材学著作[①]。它出现在三国时期,决非偶然。汉魏时期选官制度的时代需求,形成了丰富的人材学积累,而刘邵本人的政治实践与才华,也是不可忽视的。于是,一部全面系统展现中国人材学思想的集大成之作诞生了。经历了一千七百多年时间的考验,至今仍具有现实指导意义。

一、时代背景

　　自战国变法开始,中国的封建文官体制逐步建立,到两汉时期已经基本成熟,但是官员的选拔问题,一直没有得到很好解决。汉魏时期的选官方式是荐举制。这种荐举制的特征,是由各级官员根据"清议"选拔人材,为官僚阶层补充新鲜血液。所

[①] 人材:现代汉语称为"人才"。在《人物志》中,没有"人才"一词,只有"人材"这个概念,指人的材质。不同的材质蕴含了不同能力,叫作"材能"或者简称为"能",相当于我们现在说的"才"、"才能"。各种人材,经过开发锻炼,使其内在的能力展现出来,胜任各种不同的工作,是《人物志》的核心思想。笔者认为,用"人材学"这个词更合理,因为它既包含了素质,有包含了能力,况且我们是在解读《人物志》的思想。因此,为了防止混乱,在所有的行文中,无论是解读《人物志》原典,还是用现代思想对其分析,均用"人材学"这个概念,而不用"人才学"。

谓清议，是指民间自发形成的对某人德行与才能的评价，即人材舆论。

两汉是经学时代，清议的内容是儒家道德与经学水平，选举这方面获得名声的人物入仕，是东汉的选官标准。既然出名与升官发财密切相联，于是在仕途这根无形魔棍的指挥下，出现了求名的狂潮。弄虚作假、贿赂公行，以致出现了"西园卖官"，即政府公开拍卖官职的"奇葩"。面对政治的腐败，汉末清流自觉地组织起来，以传统的清议为武器，向以宦官与外戚为代表的黑暗势力发起了一场猛烈的舆论战。皇权是不能容忍这种现象的，在宦官的推动下，对清流进行了残酷镇压，连续制造了两次党锢之祸，扼杀了东汉自我更新的最后一线希望。黄巾大起义给了这个腐朽王朝致命一击，貌似庞大的东汉帝国崩溃，中国陷入了几十年的军阀混战。

汉末人材问题的重要地位，极大地促进了人物品评活动的蓬勃发展。当时，具有"知人"能力，被认为是从事政治活动的首要条件，故汉魏之际的政治家大都以"知人"著称。在这种文化氛围下，逐渐涌现出一批所谓人材学权威。早在东汉末年，清议运动便产生了一批人材权威，像羊陟、李膺、郭泰、符融、许劭兄弟等。士人一经他们肯定，就会名声大振，身价倍增。例如，被李膺接纳肯定的人，被称为"登龙门"。太学生领袖郭泰更以"知人"著名。许劭主持汝南地方民间清议，每月初公布对一郡名士的评价，史称汝南"月旦评"。据说，曹操年轻时，曾纠缠许劭给自己品题，得到了"君清平之奸贼，乱世之英雄"的评语。

东汉因在人材问题上失误而导致的灭顶之灾，给代之而起的曹魏统治集团留下了深刻的历史记忆，所以从曹操、曹丕到曹叡，无一不把人材问题提到政治的中心地位，把它看作新帝国生死存亡的关键，并且一直进行不懈的努力加以解决，以免重蹈东汉覆辙。

　　早在建安时期，面对军阀混战的局面，曹操深知只有起用有才干的人，才能在角逐中取胜。在他连续发布的三道"选举令"（实际上具有诏书效力）中，公开表示忽略以道德品行取士的标准，明确提出了"唯才是举"的主张。自曹丕时代开始，随着三国鼎立局面的形成，国内形势的相对稳定，"唯才是举"的方针难以适应新形势的需要，只有提倡道德教化，才能降低统治成本，有利于社会的长治久安，因此，对官员道德品行的考察再次成为关注的问题。东汉名教破产的教训，使新统治集团不敢完全沿袭传统老路。曹丕上台后，建立了九品官人法，试图从制度层面解决官员的选拔问题。其大致内容是：由司徒选择在中央任职的有鉴识人材能力的官员，担任各出身州郡的大中正或中正，负责考察本州郡士人，对其德行与才能作出评价，确定品、状，作为吏部任命官员的依据（三国时期的孙吴王朝也效法曹魏，建立了类似"中正"的官职，叫"大公平"）。

　　无论是曹魏的"中正"还是孙吴的"大公平"，都需要正确的标准与鉴定方法。由于人材选拔工作的迫切需要，出现了人材理论研究的热潮。许多政治家同时也是人材学家，他们将自己识人用人的经验写下来，就是人材学著作，所以三国是中国古代人材学著述最多的时期。这些人材学研究著作，当时被称为"形名学"，也叫"名理学"。其特点是，通过辨析人材的"形"（体貌、

言谈、行为），了解本人材的"实"（本质特点），最后确定其名号
（"名"，即下定义）。因此，这些人材学著作被归为"名家"。例如，
《隋书·经籍志》"名家"类著录有：

> 《士操》一卷，魏文帝撰。梁有《刑声论》一卷，亡。
> 《人物志》三卷，刘邵撰。梁有《士纬新书》十卷，姚信
> 撰。又《姚氏新书》二卷，与《士纬》相似。《九州人士论》
> 一卷，魏司空卢毓撰。《通古人论》一卷。亡。

上述记载中留下姓名的作者共四人，均为三国时期人，并且都有
选官工作的实践经验。曹丕作为帝王，选材是其最重要职责，上
台伊始便开始了选举制度改革，推行九品中正制，并撰写了《士
操》一书；卢毓在魏明帝青龙至景初时任吏部尚书，主持选举，
著有《九州人士论》；其中姚信是孙吴王朝官员，曾任"吴选曹尚
书"（相当于曹魏的吏部尚书），著《士纬新书》。

除上述书目外，其他史籍中亦多见探讨人材问题的著论，如
孔融的《圣人优劣论》、《汝颍优劣论》，陈群的《汝颍人物论》，
任嘏的《道论》等，都是当世名论。在一些人材鉴别领域，出现
了深入探讨的专题论文。例如，那位后来与司马懿联手发动高
平陵政变的太尉蒋济，曾写了通过观察眼睛鉴别人材的文章。
诸葛亮在蜀国，创作《将苑》一书，其中的《将材篇》，就是讨论
将军的类型以及如何正确使用他们。当时最有名的人材学专
论，是钟会的《四本论》。围绕"才"与"性"关系问题，傅嘏、钟
会、王广、李丰四人发生过辩论，事后钟会将四种不同观点整理

成书。

上述人材学论著，如果得以保存下来，无疑是非常珍贵的学术宝藏，遗憾的是，这些论著都在历代战火中化为灰烬，只有《人物志》一书完整地流传至今。刘邵能创作这样一本学术名著，除了作者渊博的学识之外，与其直接从事选举实践、处于曹魏选官制度变革的中心位置密切相关。

二、刘邵其人

刘邵字孔才，广平邯郸（今河北省邯郸市）人，生卒年及家世均不详。其生年应在 182 至 190 年之间，取个中间数，姑且暂系于 186 年（其生平事迹考证详见附录一《刘邵年谱》）。

建安九年（204）至建安十七年（212）期间，刘邵作为广平郡的计吏，赴中央政府所在地许昌。按照制度，元旦朝会，皇帝接见各地计吏。恰逢太史令预报元旦将出现日蚀，因此围绕是否按时举行朝会产生争议。刘邵对此发表了精辟见解，认为推算容易出现失误，不应因此废朝会。他的看法得到了荀彧认可，朝会按期举行，日蚀也没有发生。

计吏是地方政府向中央荐举人材的方式，一般都留用，况且刘邵在日蚀问题上的出色表现，得到荀彧的赏识，"彧善其言"。荀彧以知人善任闻名，又是朝中当权派，因此，刘邵很可能从此进入仕途，具体任职不详，按惯例应任郎吏，有俸无职，等待选调实授的机会。自建安十六年起，曹丕便出任五官中郎将一职，是负责管理郎吏的长官。不过此时的刘邵，并没有引起曹丕的注意。即使刘邵在建安十七年入仕，他在郎吏位置上也至少等待了五年。

　　建安二十二年（217）御史大夫郗虑辟刘邵，恰逢郗虑被免职，刘邵转任曹丕的"太子舍人"，后任秘书郎，从此成了曹丕的幕僚、太子党成员。曹丕"太子党"核心人物是陈群、司马懿、朱铄、吴质"四友"。刘邵得以入选太子舍人，应当得益于陈群的推荐，因为该年曹丕被立为太子，曹魏的权力结构也作了调整，陈群任魏王府侍中并同时主管"东西曹"，西曹主管丞相府内官员的任免，东曹主管府外二千石以下官员的任免，标志着太子党控制了人材选拔工作。太子舍人尽管职位较低，但是作为太子的亲信幕僚，属于重要岗位，没有陈群的认可，刘邵不可能出任此职。这个职位，使刘邵有机会与"太子党"前辈交往，而这些人物都是日后的曹魏重臣，其中陈群最重要，他在太和至青龙之际作为执政大臣"录尚书事"，为刘邵在曹叡君临天下的太和至景初时期跻入最高决策层奠定了基础。曹丕登基后，刘邵转任尚书郎，后任散骑侍郎，进入曹丕的秘书班子。他以其杰出才华得到了曹丕的赏识，受诏参加了我国历史上第一部类书《皇览》的编修工作。

　　在尊崇儒学、选才重德行的旗帜下，曹丕集团上台后的重要举措，就是在恢复了传统的察举征辟制度的基础上，创建了审查官员任职资格的九品中正制。该制度建立于延康元年（220），虽由时任魏王府吏部尚书的陈群颁布并组织实施，但反映的却是曹丕及整个太子党的共同意志。刘邵是这个政治集团的人材学家，在《人物志》行文中，处处以国家人材选拔官员的视角立论。例如，提出在"采访"社会舆论时，应当客观公正，"夫采访之要，不在多少"。九品中正制的组织系统中，有专门负责采访社会舆论的官员——"访问"，其工作性质与《人物志》关于人物鉴别者的活动相似。该书对性格、才能的分类与描述，很可能与九品中正制评价人材的所谓"状"（人材特点）有关；书中涉及人材等级的某些专用名词，如"辈士"、"第目"，很可能与曹魏前期的人材等级划分有关。对此笔者曾撰写过论文讨论。尽管时间久远，资料匮乏，无法仅据《人物志》还原曹魏九品中正制的真相，但是该书的创作，决非是单纯的理论创作，而是试图为指导选材工作进行理论探讨。

魏明帝曹叡在位期间，是刘邵政治及学术活动的高峰期：太和元年（227）外放为陈留太守，太和三年（229年）任骑都尉。青龙元年（233）任散骑常侍。在这期间，他积极参与制定政治、军事、外交等方面的政策和策略，表现出多方面的才华。例如青龙元年，正确处理了与辽东公孙渊的关系；青龙二年，针对吴国突然的大规模军事进攻，提出了虚实结合的作战策略；青龙三年，作《许都赋》，讽谏魏明帝大兴土木的弊政。当然，刘邵在这个时期最突出的贡献是在立法方面，即《魏法》和《都官考课》的编撰。

首先，关于《魏法》。面对汉魏之际立法司法混乱的状况，魏明帝于太和三年（229）下令编修《魏法》。在这部法典的形成过程中，虽然领衔的是陈群，而刘邵却是实际负责人。该法编撰工作于太和三年启动，至青龙二年还未完成，而陈群自黄初六年（225）至青龙四年（236）一直"录尚书事"，为当权宰相，不可能是该法的真正主持人，故《三国志·陈群传》没有记载此事，《三国志·卢毓传》言及魏律，只提刘邵一人，称"散骑常侍刘劭受诏定律"。刘邵是当时著名的法学家，著有《法论》十卷。合理的解释是，陈群提名刘邵作为自己的代理人编修《魏法》，其立法思想可以通过刘邵之笔实现。

在中国法制史上，刘邵所撰《魏法》有两个突出贡献：一是将《汉律》中关于量刑原则的《具律》改为《刑名》，放在魏律首位，其作用类似近代刑法的总则，标志着古代刑法总则从分则中划分出来，此后历代刑法都贯彻了这一分类原则。二是初步将刑法与行政法分离。据《晋书·刑法志》记载，魏法分"《新律》十八篇，《州郡令》四十五篇，《尚书官令》、《军中令》，合百八十余篇"。上述法规统称《魏法》，共二百四十三篇，其中刑律有十八篇，比重只占7.4%，其他则是行政法与军法，非刑事立法大大超过了刑事立法。再者，从现有的资料推测，上述诸"令"很可能是对皇帝诏令的分类汇编。《魏法》对"令"的处理方式，对《晋令》的出现产生了直接影响。

再者，关于《都官考课》。九品官人法并没有解决选举不公的问题，反对声音此起彼伏。很明显，选举混乱的总根源，仍是荐举制自身固有的弊端，即没有客观可检验的标准，全凭选拔官员的鉴识水平和良心。而所谓社会舆论，是可以人为操控的。《都官考课》起草于魏明帝曹叡景初元年（237），而起因却要追溯到太和六年（232）的"浮华案"。那时，一批来自曹魏上层的官宦子弟走上政治舞台，他们通过人物品题和交友串联，左右了人材舆论导向，严重干扰了政府的选官工作。这些人物，便是后来

"正始名士"的骨干，其活动可视为早期玄学思潮的萌动，但在执政的建安士人眼中，则属于非法的"浮华交会"活动，需要严厉镇压。司徒董昭代表执政的老一代建安名士上书朝廷，要求予以取缔。魏明帝对董昭的建议迅速作出反应，下诏要求严办"浮华"案，将其领袖人物何晏、诸葛诞等人免官禁锢。五年后，为了防止"浮华"之风卷土重来，在卢毓的建议下，魏明帝决定从制度上解决这个问题，建立一部以考课为本的选举法规，任务落到了刘邵身上。

"浮华案"背后，是老一代建安名士与年轻一代正始名士之间的冲突。魏明帝曹叡时代，国家权力掌握在建安时期入仕的老臣手中，曹丕太子党成员是其核心。年轻的"浮华分子"试图通过人物品评左右政府的选举活动，引起了建安名士的反击。董昭在建安名士中属于老资格的谋士，此时作为司徒，主管选举活动，故由其出面提出镇压动议，而背后则是陈群、司马懿、卢毓、刘邵等老一代建安名士群体。刘邵显然适合从事这部选举法的起草工作，一方面，他主持了《魏法》编撰工作；另一方面，所撰《人物志》又奠定了其人材学家地位，有人材学与法学方面的双重知识背景，能够胜任这一立法工作，更重要的是，刘邵的政治立场是站在建安名士一边，确切地说，他本人就是建安名法派的思想家。

《都官考课》完成于景初二年（238），原文已佚，条文细节已无法确知。魏明帝曾将该法规交群臣评议，因触及士族特权，遭到多数官员的反对。从《三国志》中杜恕、傅嘏、崔林的三篇反对文章看，该法案的考课范围，不局限于在职官员的政绩考核，而且要对州郡察举对象进行考试。显然，这不是单纯的政绩考核条例，而是一部完整的选举法规。事实也是如此，魏明帝曹叡命刘邵作《都官考课》的动机，正是希望彻底从制度上保障选举的公正性。在此之前，虽然西汉京房撰写了"考功课吏法"，但局限于官员的考核，未涉及察举对象，没有形成系统的法规。刘邵的《都官考课》是我国历史上已知的第一部选官考官的行政法规。

《都官考课》没有来得及实施。景初三年（239）元月曹叡逝世，该法也随之夭折。此后，曹魏政局朝着不利于建安老臣的方向发展——当年一度被禁锢的太和"浮华"人物，在顾命大臣曹爽的提携下东山再起，控制了朝政，史称"正始名士"。在正始名士当政期间（240～249），刘邵也从重要岗位"散骑常侍"退下，离开了政治中心。刘邵属于司马懿一党的建安老臣群体，可能受曹爽、何晏集团的排挤。正始时期，他没有行政职务，而是从事经学传授，约于正始中期逝世。

刘邵是一位多产的学者。据初步统计，其著作达十二种之多（见附录一《刘邵年谱》附《刘邵著述表》），内容涉及政治、法律、人材、文学、礼乐等许多方面。除《人物志》外，这些著作到唐代大都散失，部分佚文收录于《全三国文》中。

三、成书时间

现存的史料都没有直接涉及《人物志》的成书年代，但是，《三国志·刘劭传》所记载的夏侯惠推荐刘邵的文字，为我们考证该书形成时间的下限提供了证据。原文如下：

> 　　散骑侍郎夏侯惠荐劭曰："伏见常侍刘劭，深忠笃思，体周于数，凡所错综，源流弘远，是以群才大小，咸取所同而斟酌焉。故性实之士服其平和良正，清静之人慕其玄虚退让，文学之士嘉其推步详密，法理之士明其分数精比，意思之士知其沉深笃固，文章之士爱其著论属辞，制度之士贵其化略较要，策谋之士赞其明思通微，凡此诸论，皆取适己所长而举其支流者也。臣数听其清谈，览其笃论，渐渍历年，服膺弥久，实为朝廷奇其器量。"

夏侯惠推荐刘劭的时间应为青龙四年（236）。魏明帝在执政期间发布过多次求贤诏书，但其内容或求儒学博士，或求笃行之士，或求良将，总之，都是征求某一方面的专门人材，与"时诏书博求众贤"的精神不符。遍查史籍，只有《三国志·王昶传》所保留的青龙四年的求贤诏书内容与这一精神吻合："青龙四年，诏：'欲得有才智文章，谋虑渊深，料远若近，视昧而察，筹不虚运，策弗徒发，端一小心，清修密静，乾乾不解，志在尚公者，无限年齿，勿拘贵贱，卿校已上各举一人。'"夏侯惠推荐刘劭的理由正是因为刘劭有多方面才能，因此，青龙四年夏侯惠荐刘劭的可能性最大。

　　我估计，《人物志》的成书，不可能晚于青龙四年，理由如下：

　　第一，夏侯惠推荐刘劭的上奏中所反映的人材思想与《人物志》的人材思想很相似。夏侯惠将人材划分为偏材和全材（主德），他列举的偏材有性实之士、清静之士、法理之士、文章之士、策谋之士等，这些人物的特征与《人物志》中的朴露之人、沉静之人、法家之材、文章之材、术家之材分别形成对照，大同小异。夏侯惠认为全材人物的特点是"体周于数"，对偏材表现为"咸取所同而斟酌焉"，"皆取适己所长而举其支流者也"。而这一思想在《人物志》中反复出现，如《才理篇》："通材之人，既兼八材，行之以道，与通人言则同解而心喻，与众人言则察色而顺性。"夏侯惠明确宣称，他的思想受刘邵影响很深，"渐渍历年，服膺弥久"。他又说："臣数听其清谈，览其笃论……"所谓"笃论"，很可能是指《人物志》。

　　第二，在夏侯惠上书的第二年——景初元年（237），魏明帝命刘邵撰写选官法《都官考课》。如果当时刘邵不是公认的人材学家，魏明帝则不大可能委以此任。而在刘邵的著述中，人物品评方面的著作只有《人物志》，我推测，很可能由于这本书的成功，奠定了其人材学家的地位，因而受诏起草考课法。

　　通过以上考证，可以将《人物志》成书时间的下限暂定为青龙四年，那么，其成书的时间上限如何确定呢？解决这个问题，需要从分析该书表达的时代精神入手。

　　纵观《人物志》十二篇，不难发现其贯穿始终的学术主题——是探讨全材（理想君主、主德）与偏材（官员）之间的关系。在刘邵笔下，全材与偏材存在两种形式：一是动乱时期从事创业活动的"英雄"型人材系统，特点是重用出奇制胜的谋士与用兵作战的将军两种人材；二是守成时期使国家机器和谐运作的"中和"型人材系统，特点是各种人材处于合适的岗位，从事政治、经济、文化、军事、外交等活动，使国家机器协调运作，提高综合竞争力。前者内容在《人物志》中仅局限于《英雄》一篇，而后者则为各篇探讨的中心话题。也就是说，"中和"型人材系统是《人物志》研究的重心所在。这为我们揭示该书形成时间的上限提供了路径。

众所周知，自黄初年间开始，随着三国鼎立局面确立，曹魏上层关于治国战略方向的主流声音，已变为反对军事征伐而主张加强内政建设，用人政策亦由重谋略改为重德行。例如贾诩向曹丕建议："攻取者先兵权，建本者尚德化。陛下应期受禅，抚临率土，若绥之以文德而俟其变，则平之不难矣。"（《三国志·贾诩传》）又如桓范推荐徐宣时说："臣闻帝王用人，度世授才，争夺之时，以策略为先；分定之后，以忠义为首。"（《三国志·徐宣传》）显然，自黄初开始，曹魏王朝的人材思想发生了重大变化，注重和平时期的人材建设。刘邵是官方的理论家，其思想脉搏必然随时代精神的变化而跳动。从这个角度审视《人物志》的主题思想——"中和型"人材系统理论建构，说明该书形成的时间上限，不应当早于黄初元年（220）。

综上所述，《人物志》的创作时间，当在曹丕黄初元年（220）至曹叡青龙四年（236）之间，这是个选举思想与制度出现重大变革的时期。

四、人材理论体系

《人物志》作者立足于三国时期丰富的用人经验，同时又最大限度地吸收了先秦两汉诸子百家的人材哲学。在人材分类方面，将《黄帝内经》关于阴阳五行与性格分类的观点、《尚书》关于人品的"九德"说、《老子》关于圣人人格的论述融为一体；在人材鉴别方面，将《庄子》的"九征"观人法、《大戴礼记》的"六征"观人法、《吕氏春秋》的"八观六验"观人法甚至相术中的合理因素结合起来，建构了全面系统的人材理论体系。该书全面论述了各类人材在生理素质、气质性格和政治才能方面的差异，以及适宜从事的职业，详细介绍了如何从形貌神态、言谈举止、为人处事等方面鉴别人材，并对鉴别中容易出现的失误及其原因进行了深入探索，堪称中国古代人材思想之集大成之作。

该书分为上、中、下三卷，由十二篇文章构成，从十二个不同角度探讨人材问题，构建了一个完整的人材理论体系。从内容看，可以归结为人材分类与人材鉴别两大领域：

其一，论述人材分类的五篇：《体别》、《流业》、《材能》、《利害》、《英雄》。

其二，探讨人材鉴别的五篇：《接识》、《八观》、《七缪》、《效难》、《释争》。

其三，兼有人材分类与鉴别内容的两篇：《九征》、《材理》。

从篇目看，人材分类与人材鉴别内容各占一半，而从文字数量上看，人材鉴别比重大于人材分类。目录见下：

卷	篇目	内容
卷上	九征第一	人材的生理素质及其九种体表特征
	体别第二	十二种性格特征与相应的岗位
	流业第三	十二种政治人材与相应的岗位
	材理第四	正确的沟通方法与确立人材标准
卷中	材能第五	政治偏材的任职得失
	利害第六	政治偏材的个人命运
	接识第七	初次面谈如何鉴别对方的领导力
	英雄第八	创业型领袖与团队骨干的素质
	八观第九	从八个不同角度全面观察人材
卷下	七缪第十	鉴别人材容易出现的七种失误
	效难第十一	分析人材难以脱颖而出的原因
	释争第十二	以能否谦逊辨别人材高下

　　尽管这十二篇文章探讨不同的人材问题，但都围绕一个共同的学术主题展开——"主德"与"偏材"的关系。所谓主德，指理想的君主；所谓"偏材"，指关键岗位上的官员。显然，《人物志》的主题，是君主（主德）如何将不同性格与能力的官员（各种偏材）组织起来，建立王朝的核心领导班子。这一主题贯穿于《人物志》人材分类与人材鉴别的各个环节，以《体别篇》与《流业篇》为例。

　　其一，在《体别篇》中，刘邵依据阴阳分类法，将人类性格分为十二种，而且是一阳一阴完全相反的六个对子，指出了每种性格的特征、优点与缺点，以及任职特点。性格无所谓好坏，关键是能否放在与其性格一致的岗位上，放对了，是宝贝；放错了，是垃圾。例如强毅之人凶狠，适宜从事司法监察工作，不适合从事安抚群众的工作。柔顺之人善良，应当从事安抚群众的工作，不应当从事严格执法活动。

除了或阴或阳的十二种人格外，还有第十三种——不阴不阳的，或者说又阴又阳的。这种人格融合了上述十二种偏材性格，呈现出中性状态。关于"主德"的描述，是以儒家的"中和"思想解释道家的"无名"，"中和之质，必平淡无味"（《九征》），"中庸之德，其质无名"（《体别》），但这种平淡，不是无性格，而是各种性格都有，且处于平衡状态。遇到不同性格的偏材，主德会展现出与对方相同的性格特点，与他们沟通，需要威严就威严，需要慈悲就慈悲。"能威能怀，能辩能讷，变化无方，以达为节。"（《体别》）正因为主德有客观的心，故能识别、使用各种性格的偏材，将他们安置在与其性格一致的岗位上。

其二，在《流业篇》中，刘邵将人的能力分为清节家、法家、术家、国体、器能、臧否、伎俩、智意、文章、儒学、口辩和将帅十二种类型。其中文章、儒学、口辩、将帅四种，为技术人材。清节家、法家、术家、国体、器能、臧否、伎俩、智意八种，属于政治管理人材。其中清节家、法家、术家三种最重要，称为"三材"。清节家有感染力、凝聚力和归属感，具有做思想工作的能力；法家具有进行原创性政治法律制度建设的能力；术家具有从事战略谋划的能力。三材分别派生出三个亚种，叫作三材之流：清节家→臧否，法家→伎俩，术家→智意。三材组合起来，形成了复合型人材，从事综合管理工作：高层次的"国体"与低层次的"器能"。不同工作岗位，需要不同能力的人。例如从事思想教化工作，需要心地善良的"清节家"，凶狠的人干不好；从事严格执法工作，心肠过于柔软的人也不能胜任。

如何将十二种不同能力的人安置在相应的岗位上呢？这取决于用人者（帝王）的素质。因此，在上述十二种人材之上，有第十三种人材，即中和了各种能力而表现为没有具体能力的"主德"。正因为"主德"个人素质中性，才能有一颗公平的心，去发现、识别各种人材，将他们安置在合适的岗位上，而不是自己负责某个职能部门或从事某种具体工作。"主德者，聪明平淡，总达众材，而不以事自任者也，是故主道立则十二材各得其任也。"（《流业》）如果"主德"具有某种突出特长并擅长某种具体工作，则属于偏材范畴，其识人用人则难以客观公正。按照物以类聚的规律，人们容易识别和重用与自己相同的人材，其他人材则得不到合理使用，导致行政运作紊乱。治国是各种职能部门协调运作，而不同部门则需要相应的人材管理，仅重用一种偏材，将破坏国家政治平衡。"若道不平淡，与一材同好，则一材处权而众材失任矣。"（《流业》）

关于刘邵《人物志》的学派归属问题，历代学者有不同看法，从目录学著作的分类可见一斑。有归于名家者，以《隋书·经籍志》为代表；有归于杂家者，以《四库全书》为代表。汤用彤先生在《读〈人物志〉》中认为该书学术成分复杂，综合了儒道名法诸家，反映了曹魏前期的学术特点："但魏初学术杂取儒名法道诸家，读此书颇可见其大概。"汤用彤先生认为《人物志》深受道家哲学影响："《人物志》中道家之说有二：一位立身之道，一位人君之道"。但是对该书的学派归属，他还是沿用了《隋书·经籍志》的说法，认为属于名家。笔者以为，《人物志》应当属于道家，确切说，属于汉魏之际复兴的黄老道家。

老子逝世后，道家演化出多种学派，黄老道家是其中一支。自 1973 年马王堆汉墓《黄帝四经》出土以来，学术界已据此研究了大量先秦秦汉典籍，在"黄老"道家的问题上取得了重大进展，认为战国后期诸子合流中的确产生了这一新道家学派，即司马谈《论六家要指》中描述的所谓"道家"。其特点为，将《老子》的"无为"改造为"因循"，作为治国的最高指导原则，随社会形势变化，灵活运用儒、法、术、名、阴阳等诸子管理学说，与时俱进。"其为术也，因阴阳之大顺，采儒墨之善，撮名法之要，与时迁移，应物变化，立俗施事，无所不宜，指约而易操，事少而功多"。历史文献中一些归为杂家类的作品，被学术界重新定位为黄老道家学派，如《吕氏春秋》等。

汉魏时期官方政治思想经历了黄老→经学→黄老的螺旋式发展过程。东汉后期，随着名教破产与经学衰落，传统学术思想中的"非正统"因素被激活，表现为道家学说复兴，其中最有影响的道家学派，并不是通常所说的老庄哲学，而是"黄老之学"。它不是战国秦汉之际黄老之学的简单重复，而是以"名理学"形式出现的新"黄老之学"，并一度成为曹魏意识形态的主流。笔者曾撰文《"因循"与建安至景初之际曹魏官方政治哲学》，认为汉魏之际"黄老"之学再次复兴，曹魏前期官方政治哲学的特点，是以黄老"因循"为最高原则，儒、法、术并用。

纵观曹魏前期的理论著作，"因循"政治思想主要是通过对理想君主的人格，即"圣人"学说完成的。因为在中国封建政治体系中，君主处于绝对统治地位，掌握着最高权力。国家的大政方针、法律制度,均取决于君主的意志。君主的品德——君德,被视为政治得失的关键所在。《人物志》中描述的政治人材系统不过是黄老道家"因循"治国政策的人材版。通过论述"主德"(君主)与"偏材"(大臣)的关系,将君主"因循"政治哲学落到了实处。在这个系统中,清节家和法家、术家,都是治理国家所必需的偏材,负责相关的政府部门;在国家机器的顶端,是由中和各种性格才能而表现为无性格才能的"主德"君主控制。君主自身无特点无偏好,因此能"因循"人材规律——客观反映政治需要来选拔使用相关人材。君主最重要的选材工作,是将儒、法、术三种治国骨干遴选出来,安置在适合其才能的职位上,发挥他们各自的最大的效益。

从以上分析可以看出,《人物志》的学派归属不是杂家,因为诸子学说在刘邵理论体系中不是并列杂处的,而是在道家的统帅下,将儒、法、术各种人材整合到"主德与偏材"的人材理论体系中,受控于一个"无为而无不为"的君主;《人物志》也不属于名家,因为该书并不关心逻辑问题,只是运用黄老道家的"名理"方法解决实际问题。显而易见,刘邵通过"主德"与"偏材"关系的学说,从人材学角度发展了黄老道家的"因循"政治哲学,为融合道家与儒、法、术各家思想,提供了具有时代特色的理论途径。

由于古今文化背景的某些同构性,所以该书对各个时代的中国人来说,在如何认识自我、了解他人、选择成功之路等方面都没有过时。近年来,中国传统管理思想引起了各界关注,《人

物志》的现代生命力正在被激活，对建立具有中国特色的人材理
论体系，具有十分重要的参考价值。

五、版本流传

《人物志》成书后，除《三国志·魏书·刘劭传》记载之外，
两晋史书中没有被提及。十六国时期凉州大儒刘昞对该书作注。
受时代风气影响，受魏晋玄学注经影响，《人物志》刘昞注的行
文风格不是文字训诂，而是疏讲义理。南朝阮孝绪的《七录》
和《隋书·经籍志》均著录了该书。唐代刘知几的《史通·自
序篇》和李德裕的《李卫公集·穷愁志》都有论及。《长短经》
则引了较多的《人物志》原文。这就是该书在唐代之前的流传
情况。

《人物志》最早刻版印刷，约在北宋仁宗时期。明清以来的
所有《人物志》刻本，都保留了阮逸的序（内容提要）、宋庠的后
记（作者简介）和文宽夫的跋（版本问题）。据《宋史》和《资
治通鉴》记载，阮逸、宋庠和文宽夫三人均为北宋天圣年间进士。
宋庠卒于宋英宗治平三年（1066），文宽夫卒于宋哲宗绍圣四年
（1097），阮逸卒年不详，但宋仁宗皇祐年间仍在世。因此，《人
物志》第一次刻印很可能发生在他们三人已经互相认识而又健
在的时间，即北宋仁宗天圣至皇祐年间。这次印书的过程是，阮
逸首先在史部发现了它，"予好读古书，于史部中得刘邵《人物
志》十二篇，极数万言"（《人物志·阮逸序》）。阮逸认为，许多
次等作品都刻版流传，像《人物志》这样有价值的书更应该付

印。"予安得不序而传之？"（《人物志·阮逸序》）因而为此写了序。宋庠则从《三国志》和《魏书》中摘抄了刘邵和刘昞的传，编成了后记。文宽夫写了介绍该书版本方面问题的跋，并据众本作了校改。"然世所传本多谬误。今合官私书校之，去其复重附益之文，为定本。内或疑字无书可证者，今据众本皆相承传疑，难辄意改云。"（《人物志·文宽夫跋》）可见他对没有把握的字，没有随意乱改。

据各种目录学著作记载，明清时期社会上所见到的《人物志》版本，以明正德本为最早。此本现存国家图书馆。

1982 至 1984 年，笔者以《四部丛刊》本（影印明隆庆本）为底本，对现存的《人物志》二十个版本作了校勘，发现其中十四个版本，可以明显地归为以下三个系统。

第一，隆庆本系统。该系统的特点是，全书正文及宋人的序、跋完整，刘昞注文除《接识篇》缺一字外亦完整，并且都附录了隆庆六年郑旻的《重刻人物志跋》。（1）隆庆六年郑旻刻本。这是该系统的版本之源，郑旻没有讲他重刻时的原本为何版，只是泛泛地说："觅善本加订正刻之。"（《人物志·郑旻跋》）（2）万历刘元霖本。刘元霖因为郑旻原版"板执既久，木腐字蚀，无当于观，予从而新之"（《人物志·刘元霖附题》）。（3）《汉魏丛书》本。万历时程荣编辑《汉魏丛书》时所选用的版本是刘元霖本，因为该书不仅附有郑旻跋，而且有刘元霖的附题。（4）万历丁丑李苪本。李苪说："顾海内乏善本，爰构一帙，订而绣诸梓。"（《人物志·李苪后记》）该本收录了郑旻的跋和李苪本人写的后记。（5）《四库全书》本。此本是直接采用了刘元霖本，"此本为万历甲申刘元霖所刊"(《四库全书总目提要》)。(6)《四部丛刊》本。该本封二印有"上海涵芬楼景印明正德刊本"字样,实际上,该刊本直接影印的是隆庆郑旻本。笔者曾对校了上述两个版本,《四部丛刊》本与郑旻本完全相同,并附郑旻的跋。

第二,《墨海金壶》系统。该系统的特点是,正文完整,但王三省后序和刘昞注文多有缺字,并且所缺字完全相同。该系统只包括三种丛书本:(1)《墨海金壶》(嘉庆时刊)。(2)守山阁本(道光二十四年刊)。(3)《四部备要》本(民国刊)。

第三,《广汉魏丛书》本系统。它们的特点是,正文完整,但刘昞注文仅有篇名的注释,正文无注。(1)《广汉魏丛书》本(万历二十年刊)。(2)《增定汉魏六朝别解丛书》本(崇祯十五年刊),该书只选用《人物志》三篇。(3)《增订汉魏丛书》本。王谟于乾隆五十六年(1791年)选用《广汉魏丛书》本刊印,他说:"今《丛书》本(《广汉魏丛书》)犹题刘昞释篇,盖即指所释各卷篇名而言。或别有注本,未见。"(《人物志·王谟后记》)(4)艺林堂刊本,附王谟后记。(5)《益雅堂丛书》本,附王谟后记,并印有"艺林堂刊"四字。

除上述各具特色,并有明显承袭关系的三个系统外,其他版本情况如下:

1.乾隆十三年彭家屏刊本。据彭氏说,他于朋友处得到了一宋版的《人物志》,"本文幸获无阙,惟延明刘氏注释多有断略,复辗转觅得善本,参校补订乃成完璧"(《人物志·彭家屏跋》)。可见他是以宋本为底本,参校明本而成。笔者在校勘时发现彭本许多字句与《墨海金壶》系统有相似之处,疑彭氏所得到的注文残阙的宋刻本，可能与《墨海金壶》本系统有联系。

2.《龙谿精舍丛书》本。该书印有"系用守山阁本参中州彭氏本刊"字样。

3. 嘉靖本。出版者顾定芳说："今无善本矣。定芳获睹抄本于俨山伯氏，请录较镂。"（《人物志·顾定芳跋》）可见，他是据抄本而刊印的。该本与隆庆本系统特点基本相同。

4.《两京遗编》本（万历年间刊）、明抄本（时间不详，现存北京图书馆）和《畿辅丛书》本。上述三本质量较差，但其特点类似隆庆本系统。

从上述各类版本的情况看，以隆庆本为最好，但某些字句采用《墨海金壶》本和彭家屏本为善。

凡 例

一、以明朝隆庆六年郑旻本为底本，参校版本二十种，各版本名称及源流关系详见本书《前言·版本流传》。参校本中有十四种分属隆庆本、《墨海金壶》、《广汉魏丛书》三个系统，各系统内承袭关系明显，故校记仅列举该系统之代表性版本。不属三个系统者则列出具体版本名称。

二、于《人物志》各篇题目后，置【导读】简介该篇主题思想与主要内容。对各篇正文作意译并校勘注释，置每段正文之后的【译文】与【校注】中。

三、底本中随《人物志》正文的刘昞注文，移入每段正文后的【校注】中，仅作校勘，不作注释。刘昞注文的校勘文字加圆括号。

四、底本的错字、衍文一律保留，外加圆括弧。底本正确而参校本明显失误，一般不出校记；底本与参校本不同而是非难定，出校记而不改底本文字；底本明显失误而参校本正确，底本当删词句加圆括弧，增改词句加方括弧，一般不说明校改理由。

五、所引"孙人和说"及《长短经》校记均出自孙人和先生《人物志举正》一文。

六、底本所载阮逸《序》、文宽夫《跋》、宋庠《后记》和王三省《后序》，置于《附录三》中。

有　序①

【导读】

　　该序为刘邵自撰，阐述人材之重要与知人之困难。他认为：圣人政治学说的核心，是如何识人用人，体现在其创作的经典与建立的制度中。从尧舜到商汤周文王，这些伟大圣王成功的关键，就在于他们任用了贤臣。孔子不是帝王，同样注重这个问题，对人材分类、等级、失误以及如何鉴别，多有论述。本书在圣人思想指导下继续探讨，试图使人材理论更加系统而完整。

　　夫圣贤之所美，莫美乎聪明②。聪明之所贵，莫贵乎知人③。知人诚智，则众材得其序，而庶绩之业兴矣④。是以圣人著爻象，则立君子小人之辞⑤；叙《诗》志，则别风俗雅正之业⑥；制礼乐，则考六艺祗庸之德⑦；躬南面，则援俊逸辅相之材，皆所以达众善而成天功也⑧。天功既成，则并受名誉⑨。是以尧以克明俊德为称⑩，舜以登庸二八为功⑪，汤以拔有莘之贤为名⑫，文王以举渭滨之叟为贵⑬。由此论之，圣人兴德，孰不劳聪明于求人，获安逸于任使者哉⑭！

【译文】

对杰出人物来说，没有比聪明更重要的了，而最大的聪明就是善于识别人材。如果能够十分明智地识别人材，那么各种人材都会处于合适的位置，各项事业都会兴旺发达。所以，圣人解释《易经》卦爻象，则写了关于君子、小人之道的卦爻辞；编订《诗经》表达自己的志向，则注重民风和政教的情况；建立礼乐制度，则考察对六艺的学习是否认真并持之以恒；身为帝王，则起用优秀人材协助治理国家。总之，发挥各种人材的长处，使帝业得以实现。随着帝业的成功，圣人也得到了相应的知人善任的美名。可以说，尧因为能识别才德出众者而著称，舜因为重用十六个才子而建功业，商汤因选拔伊尹而扬名，周文王因起用吕尚而尊贵。由此看来，圣人建功立业，都是由于竭尽全力去寻求并合理使用人材而大获成功的。

【校注】

①　有序：《墨海金壶》本和《龙谿精舍》本"有"作"自"，刘元霖本和《汉魏丛书》本无"有"字。

②　聪明：杰出智慧。《人物志·英雄》曰："聪能谋始，明能见机。"特指战略谋划与发现机会的智慧。刘昞注："天以三光著其象，人以聪明邵其度。"

③　知人：识别人材。刘昞注："聪于书计者（《墨海金壶》本和《龙谿精舍》本'计'作'记'），六艺之一术；明于人物者，官材之总司。"

④　庶绩：各种事功。《书·尧典》："庶绩咸熙。"

⑤爻象：《周易》的卦爻象。君子小人之辞：《周易》封爻辞中关于君子与小人之道的说法。《易·系辞下》："阳一君而二民，君子之道也；阴二君而一民，小人之道也。"刘昞注："君子者，小人之师。小人者，君子之资。师资相成，其来尚矣。"

⑥诗：《诗经》。叙诗志：指圣人通过编订《诗经》表达自己的志向。风与雅：原为《诗经》之两大类。《诗·周南·关雎序》："是以一国之事，系一人之本，谓之风；言天下之事，形四方之风，谓之雅。"此处之风俗，指民情。雅正，指政教。刘昞注："九土殊风，五方异俗，是以圣人立其教不易其方，制其政不改其俗。"

⑦六艺：指礼、乐、射、御、书、数六种古代教学科目。《周礼·地官·保氏》："保氏掌谏王恶，而养国子以道。乃教之六艺：一曰五礼，二曰六乐，三曰五射，四曰五驭，五曰六书，六曰九数。"祇庸：指恭敬而守恒常之道。《周礼·春官·大司乐》："以乐德教国子，中和、祇庸、孝友。"郑玄注："祇，敬；庸，有常也。"刘昞注："虽不易其方，常以诗礼为首。虽不改其俗，常以孝友为本。"

⑧天功：大功，指帝王业绩。《书·舜典》："钦哉，惟时亮天功。"刘昞注："继天成物，其任至重。故求贤举善，常若不及。"

⑨名誉：美名。刘昞注："忠臣竭力而效能，明君得贤而高枕。上下忠爱，谤毁何从生哉！"

⑩克明俊德：能识别才德出众者。《书·尧典》："克明俊德，以亲九族。"

⑪登庸：选拔重用。《书·尧典》："帝曰：'畴咨若时登庸。'"孔安国传："畴，谁；庸，用也。谁能咸熙庶绩，顺是事者，将登用之。"二八：指"八元"和"八恺"。八元是高辛氏的才子八人，八

恺是高阳氏的才子八人,舜因重用这十六个贤人而成功。详见《左传·文公十八年》。

⑫ 有莘之贤:伊尹,帮助商汤推翻夏桀者。

⑬ 渭滨之叟:吕尚,俗称姜太公,辅佐周武王灭商者。

⑭ 任使:任命使用杰出人材。刘昞注:"采士饭牛,秦穆所以霸西戎。一则仲父,齐桓所以成九合。"

　　是故仲尼不试①,无所援升②,犹序门人以为四科③,泛论众材以辨三等④。又叹中庸,以殊圣人之德⑤。尚德,以劝庶几之论⑥。训六蔽,以戒偏材之失⑦。思狂狷,以通拘抗之材⑧。疾悾悾而无信,以明(为)〔伪〕似之难保⑨。又曰察其所安,观其所由,以知居止之行⑩。

【译文】

　　尽管孔子未从事选拔人材的工作,却十分重视人材问题。他将弟子分为四种类型,并归于上、中、下三个档次;赞美中庸,认为这是圣人独具的品质;尊重道德高尚者,以此勉励贤人;批评因不好学而出现的六种弊病,用来防备偏材之人易发生的失误;研究激进和拘谨两种相反性格,以便使之扬长避短;厌恶外表诚恳而实际不守信用者,以此说明伪人材的难以察知。又指出,应从不同角度去全面观察人,以了解真情。

【校注】

　　① 试，任用；不试，指没有得到重用。《论语·子罕》："牢曰：子云：'吾不试，故艺。'"孔子当过政府官职，但任职较短，人生大部分时间没有任官职，故自称"不试"。

　　② 援升：推荐、选拔官员。

　　③ 四科：即孔门四科。孔子将其优秀弟子分为德行、言语、政事、文学四类人材，《论语·先进》："德行：颜渊、闵子骞、冉伯牛、仲弓。言语：宰我、子贡。政事：冉有、季路。文学：子游、子夏。"

　　④ 三等：指生而知之、学而知之和困而学之三个档次的人。《论语·季氏》："孔子曰：'生而知之者，上也。学而知之者，次也。困而学之，又其次也。'"刘昞注："举德行为四科之首，叙生知为三等之上。明德行者道义之门，质志气者材智之根也。"

　　⑤ 叹：称美；叹中庸：特别赞美中庸之德。刘昞注："中庸之德，其至矣乎。人鲜久矣，唯圣人能之也。"

　　⑥ 庶几：近似。《易·系辞下》："颜氏之子，其殆庶几乎！"孔颖达疏："上节明其知几是圣人之德，此节论贤人唯庶于几。虽未能知几，故引颜氏之子以明之也。其殆庶几乎者，言圣人知几，颜子亚圣，未能知几，但殆近庶慕而已。"后引申为近似圣人的贤人。本书中，指材质略逊于圣人的亚圣，即《九征篇》中"具体而微"的"兼材之人"。详见《九征》校注。刘昞注："颜氏之子，其殆庶几乎？三月不违仁，乃窥德行之门。若非志士仁人，希迈之性，日月至焉者，岂能终之？"

　　⑦ 训：指责；六蔽：孔子认为由于不好学习而造成的六种弊病。《论语·阳货》："女（汝）闻六言六蔽乎？……好仁不好学，

其蔽也愚；好知不好学，其蔽也荡；好信不好学，其蔽也贼；好直不好学，其蔽也绞；好勇不好学，其蔽也乱；好刚不好学，其蔽也狂。"刘昞注："仁者爱物，蔽在无断。信者露诚，蔽在无隐。此偏材之常失也。"

⑧狂狷：激进与拘谨。《论语·子路》："不得中行而与之，必也狂狷乎！狂者进取，狷者有所不为。"刘昞注："或进趋于道义，或洁己而无为，在上者两顺其所能，则拘抗并用。"

⑨悾悾：诚恳貌。《论语·泰伯》："悾悾而不信，吾不知矣。"以明（为）［伪］似之难保：据《全三国文》载宋版《人物志·序》改。难保：难以察知。《尚书·康诰》："民情大可见，小人难保。"《三国志·和洽传》："然人情难保。"《三国志·钟会传》："言会挟术难保。"均指难测。刘昞注："厚貌深情，圣人难之。听其言而观其所为，则似托不得逃矣。"

⑩所安：安于何种生活方式。所由：所遵循的原则。此句源于《论语·为政》："视其所以，观其所由，察其所安。"意思是，真正了解一人，通过观察其行为的动机、所遵循的原则以及他所拥有的真正的价值观。居止：起居活动，指人们生活行为所表现出的人生观与价值观。刘昞注："言必契始以要终，行必睹初以求卒，则中外之情粗可观矣。"

　　人物之察也，如此其详①，是以敢依圣训，志序人物，庶以补缀遗忘②，惟博识君子裁览其义焉③。

【译文】

　　圣人对人材的考察，是这样的详细，所以我也就敢于不揣浅陋，依照圣人的教导，去研讨人材理论，希望能使之系统完整以备忘，请知识广博的君子阅读指正。

【校注】

　　① 人物：人材问题。刘昞注："不详察则官材失其序，而庶政之业荒矣。"

　　② 庶：但愿。补缀：缝补连缀。遗忘：前人遗漏或忘记的内容。

　　③ 裁览：阅读指正。

人物志卷上

九征第一

【导读】

九征：九种体表特征[①]。刘昞注："人物情性，志气不同。征神见貌，形验有九。"本篇的主题，是分析人材形成的深层原因及体表特征，由以下两个方面构成：

其一、元气禀受质量是否达到中和，是圣人与常人的根本区别；阴阳二气决定了性格的内向与外向；木、金、火、土、水五行之气，产生了骨、筋、气、肌、血五种相应的生理组织，而这些生理组织决定了仁、义、礼、信、智五种品质，并通过神（精神）、精（目光）、筋（肌腱）、骨（骨骼）、气（内气）、色（脸色）、仪（仪态）、容（表情）、言（音调）九种体征表现出来。通过观察这九种体表特征，可以了解人的品德、性格与能力。

[①] "九征"一词，源于《庄子·列御寇》中的九征观人法："君子远使之而观其忠，近使之而观其敬，烦使之而观其能，卒然问焉而观其知，急与之期而观其信，委之以财而观其仁，告之以危而观其节，醉之以酒而观其侧，杂之以处而观其色。九征至，不肖人得矣。"其本义是，人的内在品质，通过九种行为表现出来。《人物志·九征》中的九征则不是观察行为，而是观其九种体貌特征，即看相。显然，刘邵《人物志·九征》仅取《庄子》"九征"名词作为标题，而实际内容则大量参考了前人看相的资料，如《大戴礼记·文王观人》中的六征观人法等。

其二、根据九征的完善程度,将人材划分为三个等级:
1.九征中只有一征完善,则只有一种优良品质,属于"偏材"
(偏颇型);2.九征中有二征以上完善,则有两种以上优良
品质,属于"兼材"(综合型);3.九征全部完善而且和谐表
现为中和平淡,则属于"中庸"(领袖型),为圣人特有。

九征学说在《人物志》理论体系中有两种功能:一是
作为人材分类的理论基础,贯穿于各篇对人物性格能力的
分析中。二是作为鉴别人材的重要方法之一,是《八观》中
的第三观。九征观人法与传统的相术既有联系,又有本质
的区别。传统相术的主要目的是预测生死寿夭与荣华富贵,
解决命运问题;九征观人法的目的是考察人的性格能力,
以及适合的岗位,解决官员的任用问题。

1-1 盖人物之本,出乎情性^①。情性之理,甚微而玄,非
圣人之察,其孰能究之哉^②!凡有血气者,莫不含元一
以为质^③,禀阴阳以立性^④,体五行而著形^⑤。苟有形
质,犹可即而求之^⑥。

【译文】

性情是人材形成的决定性因素,而性情的道理却深奥难明,
除了圣人具有这种洞察力之外,一般人或许不可能彻底揭示其
本质规律。然而,人类的血肉之躯,都以元气作为基本质料,阴
阳二气决定了性格,五行之气生成有形机体。既然有可见的形
状和体质,那么仍然可以通过观察外形去探求其内在性情。

【校注】

①人物：人材。情性：有多种说法，一般指先天而成的自然本性。刘昞注："性质禀之自然，情变由于染习。是以观人察物，当寻其性质也。"《春秋繁露·深察名号》："天地之所生，谓之性情……身之有性情也，若天之有阴阳也。"

②微：幽昧。玄：深奥。刘昞注："知无形状，故常人不能睹，惟圣人目击而照之。"

③元一：元气。质：质料，指构成人体的质料。刘昞注："质不至，则不能涉寒暑，历四时。"

④阴阳：阴阳二气。性：性格。刘昞注："性资于阴阳，故刚柔之意别矣。"

⑤五行：金、木、水、火、土五行之气。刘昞注："骨劲筋柔，皆禀精于金木。"《白虎通义·情性》："人本含六律五行之气而生。"

⑥形质：有形的体质。即：凭借。刘昞注："由气色外著，故相者得其情素。"

1–2 凡人之质量，中和最贵矣①。中和之质，必平淡无味②。故能调成五材，变化应节③。是故观人察质，必先察其平淡，而后求其聪明④。

【译文】

从人材的质量方面看，中和平衡型的材质最优秀。各种素质在其身上得以中和，所以看不出突出特点，表现为中性、平淡、无味。而实际上，其具备了各种优秀材质，所以能够驾驭各种人材,适应各种环境。因此考察人材,首先要观察其材质是否属于中和平衡型,然后才去考察其智力水平的高低。

【校注】

①　中和:高度完善的平衡状态。刘昞注:"质白受采,味甘受和。中和者,百行之根本,人情之良田也。"《中庸》:"喜怒哀乐之未发谓之中,发而皆中节谓之和。"刘邵认为,表面上平淡无味的材质,实际上是各种材质的平衡状态,所以能驾御众材,变通无方。这一思想,亦是汉魏之际思想家之共识。徐干《中论·务本》:"小事者味甘而大道醇淡……非大明君子则不能兼通者也。故皆惑于所甘而不能至乎所淡。"王弼《论语释疑》:"至和之调,五味不形;大成之乐,五声不分;中和备质,五材无名也。"

②　平淡:平和淡泊。刘昞注:"惟淡也,故五味得和焉。若苦则不能甘矣,若酸也则不能咸矣。"

③　五材:金、木、水、火、土五行之气。刘昞注:"平淡无偏,群材必御。致用有宜,通变无滞。"

④　察质:观察人材素质。刘昞注:"譬之骥騄,虽超逸绝群,若气性不和,必有毁衡碎首决胸之祸也。"

1-3　聪明者,阴阳之精①。阴阳清和,则中睿外明②。圣人淳耀,能兼二美,知微知章③。自非圣人,莫能两遂④。故明白之士,达动之机,而暗于玄虑⑤;玄虑之人,识静之原,而困于速捷⑥。犹火日外照,不能内见;金水内映,不能外光⑦。二者之义,盖阴阳之别也⑧。

【译文】

　　人类智慧来源于阴阳二气的精华。纯净和谐的阴阳二气,产生了内向和外向两种类型的聪明智慧。天资绝伦的圣人兼备二者达到中和状态,既能深刻洞察事物的内在本质,又能宏观把握外界的巨大变迁。除圣人之外,没有人能同时具备这两种智慧。智慧外向者,能审时度势、随机应变,却不善于辨析深层的道理;智慧内向者,能深入分析问题的本质,却缺乏迅速敏捷的应变能力。其中的原理,可以这样比喻:太阳或火焰发射强光,照亮了外物,却不能将外物的影像映入其中;光滑的金属(如铜镜)或水面,能将外物影像映入其中,自身却不能向外发出光芒。两者的区别,就是人们常说的阴阳之间的差异。

【校注】

　　①聪明:耳聪目明,泛指智慧。刘昞注:"离目坎耳,视听之所由也。"

　　②清和:纯净中和。中睿:内向型聪明,能深刻谋略。外明:外向型聪明,能发现机会。中睿外明:兼具内在和外在两种类型的聪明智慧。

　　③淳耀:特别聪明。《国语·郑语》:"以淳耀敦大,天明地德。"韦昭注:"淳,大也;耀,明也。"二美:指上文"中睿外明"。微:幽暗。章:显著。知微知章:洞察一切,无所不知。刘昞注:"耳目兼察,通幽达微。官材授方,举无遗失。"《易·系辞下》:"君子

知微知彰。"

④两遂：具备外向与内向两种聪明。刘昞注："虽得之于目，或失之于耳。"

⑤明白之士：外向型聪明者。达动之机：能把握事物变化的时机。玄虑：深沉思索。刘昞注："达于进趋，而暗于止静。以之进趋，则欲速而成疾；以之深虑，则抗夺而不入也。"

⑥玄虑之人：内向型聪明者。识静之原：能分析事物内在本质。困于速捷：不能迅速地随机应变。刘昞注："性安沉默，而智乏应机。以之闲静，则玄微之道构；以之济世，则劲捷而无成。"

⑦火日：火焰与太阳。内见：将外物影像映入其内。金水：金属与水面。外光：向外发光。刘昞注："人各有能，物各有性。是以圣人任明白以进趋，委守成于玄虑，然后动止得节，出处应宜矣。"

⑧二者：外向与内向两种类型的聪明。刘昞注："阳动阴静，乃天地之定性。况人物乎？"

1-4 若量其材质，稽诸五物①。五物之征，亦各著于厥体矣②。其在体也，木—骨、金—筋、火—气、土—肌、水—血，五物之象也③。五物之实，各有所济④。

是故骨植而柔者，谓之弘毅；弘毅也者，仁之质也⑤。

气清而朗者，谓之文理；文理也者，礼之本也⑥。

体端而实者，谓之贞固；贞固也者，信之基也⑦。

筋劲而精者，谓之勇敢；勇敢也者，义之决也⑧。

色平而畅者，谓之通微；通微也者，智之原也⑨。

【译文】

　　如果进一步研究人材的素质，就会涉及金、木、水、火、土五行之气的功能。五行之气在人体的表现相当明显，它们分别生成了下列生理素质：木气生成骨骼，金气生成筋腱，火气生成内气，土气生成肌肉，水气生成血液。在生成过程中，五行之气的仁、义、礼、智、信五种品质，也随之进入这些生理素质中去了。

　　骨骼笔直柔软，则志向远大、意志坚强，这是"仁"的素质。

　　内气纯净爽朗，则善文辞、有条理，这是"礼"的根本所在。

　　体态端正坚实，则坚贞不移，这是"信"的基础。

　　筋腱强韧精致，则勇猛果断，这是"义"的决定因素。

　　血色均匀通畅，则通达事理，这是"智"的根源。

【校注】

　　①稽：考察。五物：金、木、水、火、土五行之气。汉魏之际思想界一般认为，五行之气的禀受不同，决定了性格才能的不同特点。如任嘏《道论》："木气人勇，金气人刚，火气人强而躁，土气人智而实，水气人急而贼。"

　　②著：显现。厥：其。厥体：其形体。刘昞注："筋勇色青，血勇色赤。中动外形，岂可匿也！"

　　③象：表征。五物之象：指五行之气形成的骨、筋、气、肌、血五种生理素质。刘昞注："五性者，成形之具。五物为母，故气色从之而具。"

　　④五物之实：五行之气的性质。济：成。刘昞注："五性不同，

各有所禀。禀性多者,则偏性生也。"

⑤骨:骨骼。植:直。见下文"直而不柔者则木"。弘毅:志向远大且意志坚强。《论语·泰伯》:"士不可以不弘毅,任重而道远。"刘昞注:"木则垂荫(《长短经》引'荫'作'阴'),为仁之质。质不弘毅,不能成仁。"

⑥气:内气(气息)。朗:爽朗。文理:文采条理。刘昞注:"火则照察,为礼之本。本无文理,不能成礼。"

⑦体:体态,指"肌",即肌肤。端而实:端正而坚实。贞固:坚贞不移。刘昞注:"土必吐生,为信之基(也)('也'字衍,据《长短经》删)。基不贞固,不能成信。"

⑧筋:肌腱。劲而精:强劲而精致。刘昞注:"金能断割,为义之决。决不勇敢,不能成义。"

⑨色:血色。色平而畅:血色均匀而通畅。通微:通晓微妙之理。刘昞注:"水流疏达,为智之原。原不通微,不能成智。"

1-5 五质恒性,故谓之五常矣①。五常之别,列为五德②。是故温直而扰毅,木之德也③。刚塞而弘毅,金之德也④。愿恭而理敬,水之德也⑤。宽栗而柔立,土之德也⑥。简畅而明砭,火之德也⑦。

【译文】

五行之气的仁、义、礼、智、信五种品质是永恒不变的,所以被称为"五常"。它们的不同,形成以下五种不同美德(每种美德各含四项要素)。温柔而直率,驯良而果断,是木气的美德。

刚强而充实，志大而坚毅，是金气的美德。朴实而恭敬，干练而谨慎，是水气的美德。宽厚而严肃，柔顺而坚定，是土气的美德。简约而通达，明察而直言，是火气的美德。

【校注】

①五质：五行之气。恒性：性质永恒不变。常：恒。刘昞注："五物，天地之长气；五德，人物之常行。"

②德：魏晋时期指事物实现了自然之性达到的完美状态。《老子·三十八章》王弼注："德者，得也。"同样，"德"在刘邵《人物志》的人材学术语中，既不是一般意义上的"品德"，也不是某种单项优秀品质，而是指同时具备多种优秀品质的完美人格。如本篇云："兼材之人，以德为目……具体而微，谓之德行。德行也者，大雅之称也。"刘邵以下所分述的五常之德，明显为以五行说改造《尚书·皋陶谟》中的"九德"说而成。《尚书·皋陶谟》一般将两种互补的品质作为一德，如"宽而栗"为一德，"柔而立"为一德。孔颖达疏："各令以相对兼而有之，乃为一德。此二者虽是本性，亦可以长短自矫。宽弘者失于缓慢，故性宽弘而能矜庄严栗，乃成一德。九德皆然也。"刘邵发展了这一思想。他以九德中之二德作为其人材学中的一德，如"宽栗而柔立，土之德也"。有时亦借用其他儒家经典之美德，如"刚塞而弘毅，金之德也"。弘毅，非九德之一，见于《论语》。刘邵笔下的五常之德，每一德都是由四种不同品质要素组成。其中每两种对立统一互补为一组，如宽与栗，柔与立；两组品质之间则为相近关系，如宽栗与柔立，都有近似品质，而无对立。

③温直：温和而正直。语出《尚书·皋陶谟》："直而温。"孔安国传："行正直而气温和。"扰毅：驯良而坚强果断。语出《尚书·皋陶谟》："扰而毅。"孔安国传："扰，顺也。致果为毅。"孔颖达疏："顺者失于不断，故顺而能决，乃为德也。"刘昞注："温而不直则懦，扰而不毅则剉。"

④刚塞：刚强并且充实。语出《尚书·皋陶谟》："刚而塞。"孔安国传："刚断而实塞。"孔颖达疏："刚而能断，失于空疏。必性刚正而内充实，乃为德也。"刘昞注："刚而不塞则决，弘而不毅则缺。"

⑤愿恭：朴实并且恭敬。语出《尚书·皋陶谟》："愿而恭。"孔安国传："悫愿而恭恪。"孔颖达疏："谨愿者失于迟钝，貌或不恭，故悫愿而能恭恪乃为德。"理敬：处理政事干练而且谨慎。语出《尚书·皋陶谟》："乱而敬。"孔安国传："乱，治也。有治而能谨敬。"孔颖达疏："有能治者，谓才高于人也，堪拨烦理剧者也。负才轻物，人之常性，故有治而能谨敬，乃为德也。"刘昞注："愿而不恭则悖，理而不敬则乱。"

⑥宽栗：宽厚并且庄严。语出《尚书·皋陶谟》："宽而栗。"孔安国传："性宽弘而能庄栗。"孔颖达疏："宽弘者失于缓慢，故性宽弘而能矜庄严栗，乃成一德。"柔立：柔顺并且坚定。语出《尚书·皋陶谟》："柔而立。"孔安国传："和柔而能立事。"刘昞注："宽而不栗则慢，柔而不立则散。"

⑦简畅：简约而通达。魏晋人物批评中有对类似品格的赞美，可供参考。《世说新语·赏誉》："吏部郎阙，文帝问其人于钟会。会曰：'裴楷清通，王戎简要，皆其选也。'"明：明察。砭：本义为

用石针刺病，此处引申为救治或规谏。明砭：明察事理并且积极规谏。刘昞注："简而不畅则滞，明而不砭则翳。"

1-6 虽体变无穷，犹依乎五质①。故其刚柔、明畅、贞固之征，著乎形容，见乎声色，发乎情味，各如其象②。

【译文】

　　尽管人类的体质变化多端，但终究是由五行之气而成，所以，反映五行品质的刚强、柔和、明朗、清畅、稳固等迹象，必然通过形体、容貌、声音、神色和情感趣味显现出来。

【校注】

　　①体变：体质变化。五质：五行之气。此句意为：人的体质千变万化，各不相同，都是五行之气比例不同所致。刘昞注："人情万化，不可胜极。寻常竟源，常在于五。"

　　②形容：仪态与表情。声色：声调与神色。情味：情感与趣味。刘昞注："自然之理，神动形色。诚发于中，德辉外耀。"

1-7 故心质亮直①，其仪劲固②。心质休决，其仪进猛③。心质平理，其仪安闲④。

【译文】

　　所以内心诚恳直爽，仪表稳固有力。内心宽宏果断，仪表勇猛进取。内心平静条理，仪表安稳悠闲。

【校注】

①心质：心脏的品质。古人认为人类思想情感活动的器官是心脏，心脏的品质决定了精神活动。《九征》提出从神、精、筋、骨、气、色、仪、容、言九种体表特征观人，而其五行之气生成骨、筋、气、肌、血五种生理组织的学说，只能解释九征中骨、筋、气三征的来源。仪、容、言、色、神、精六征，则明显游离于五行学说之外。为了弥补这个理论缺陷，刘邵提出了"虽体变无穷，犹依乎五质"的说法，认为五行之气在人体中综合变化，影响了思想器官"心"的素质——"心质"，并通过"心"的思想情感活动——"心气"表现出来，产生了容、言、色、神、精五种体表特征。下面1-8到1-11的文字，都是讨论"心气"与上述五种体表特征的关系。

②仪：静态的仪表，这里特指九征中的"仪"。刘邵认为，常态下的心理品质决定了静态的仪表。劲固：刚劲稳固。

③休决：大气果断。进猛：进取勇猛。

④平理：平静明理。安闲：安稳悠闲。

1-8 夫仪动成容①**，各有态度**②**：直容之动，矫矫行行**③**。休容之动，业业跄跄**④**。德容之动，颙颙卬卬**⑤**。

【译文】

心理活动的变化，使静态的仪表动起来，形成了各种不同的表情，叫做"容"：内心直率者的表情，勇武刚强；气量宏大者的表情，强健庄重；道德高迈者的表情，温和高朗。

【校注】

① 仪动：静止的仪态动起来。容：表情。成容：形成不同的表情。九征中的第八征"容"，指脸部的表情。

② 态度：神态气度。《吕氏春秋·去尤》："人有亡铁者，意其邻之子……动作态度，无为而不窃铁也。"

③ 直容：率直的表情。矫矫：勇武貌。语出《诗·鲁颂·泮水》："矫矫虎臣。"郑玄笺："矫矫，武貌。"行行（háng）：刚强貌。语出《论语·先进》："子路，行行如也。"皇侃疏："行行，刚强貌也。"矫矫行行：勇武刚强貌。

④ 休容：气量宏大的表情。业业：强健貌。语出《诗·小雅·采薇》："四牡业业。"毛传："业业然壮也。"跄跄（qiàng）：庄重貌。语出《诗·大雅·公刘》："跄跄济济。"郑玄笺："跄跄济济，士大夫之威仪也。"业业跄跄：强健而庄重。

⑤ 德容：有德者之表情。德：见 1-5 注 ②。颙颙（yóng）卬卬（áng）：温和、敬顺并且充实、高朗貌。语出《诗·大雅·卷阿》："颙颙卬卬，如圭如璋。"毛传："颙颙，温貌；卬卬，盛貌。"郑玄笺："王有贤臣，与之以礼义相切瑳。体貌则颙颙然敬顺，志气则卬卬然高朗，如玉之圭璋也。"孔颖达疏："言王者若得贤人，与之以礼义相切瑳，则能令王体貌颙颙然温和而敬顺，其志气卬卬然充满而高朗……颙颙是睹其形状，故以为体貌敬顺，敬顺即温和也；卬卬是见其遒逸，故以为志气高朗，高朗即盛壮也。既体貌敬顺，志气高朗，则可以比玉。"综上所述，指那种达到较高生命境界而呈现出温润从容的表情。

1-9 夫容之动作, 发乎心气 ①。心气之征, 则声变是
也 ②。夫气合成声, 声应律吕 ③。有和平之声 ④, 有清畅
之声 ⑤, 有回衍之声 ⑥。

【译文】

　　由于心气的变化, 产生了各种不同的表情。心气变化的另
一个体表特征, 就是说话的不同声调。心气汇合变为声音, 而声
音如同乐律, 有其内在规律: 有温和平静的声音, 有清晰流畅的
声音, 也有回旋绵延的声音。

【校注】

　　① 心气: 心脏之气, 指精神活动。古人认为心气的运动产生
了思想情感的变动, 并通过表情展现出来。刘昞注: "心气于内,
容见于外。"

　　② 心气之征: 心气变化的表征。声变: 声音发生变化。这里
的 "声", 就是九征中的 "言"。刘邵认为, 心气的变化能直接引起
表情与声音两种体表特征的变化。刘昞注: "心不系一, 声和乃
变。" 古人注重通过声音了解人的心态。例如《老子·第二十章》:
"唯之与阿, 相去几何。" 是依据对方语速的快慢, 了解其态度是
傲慢还是恭敬。小人物与大人物对话时, 小人物语速快, 唯唯诺
诺, "是是是"、"好好好", 老子称为 "唯之"; 大人物语速慢, 拖
长腔, "阿——"、"这个这个——", 老子称为 "阿"。西汉戴德在
《大戴礼记·文王官人》中提出了 "六征" 观人法, 其中第三征就
是听说话的音调, 认为心气不同, 声调各异: "心气华诞者, 其声

流散；心气顺信者，其声顺节；心气鄙戾者，其声斯丑；心气宽柔者，其声温好。"魏晋时期的人材鉴识，十分重视人物音调，对此，史书多有记载。例如《世说新语·识鉴》："潘阳仲见王敦小时，谓曰：'君蜂目已露，但豺声未振耳。必能食人，亦当为人所食。'"

②律吕：乐律的统称。中国古代音乐分六律六吕，合为十二律。此处指声音如同乐律，有其内在规律可循。刘昞注："清而亮者律，和而平者吕。"

③和平：和谐平稳，反映了内心平静。《世说新语·德行》注引《康别传》记载，王戎与嵇康见面数百次，"未尝见其疾声朱颜"，反映了嵇康内心平静。

④清畅：清晰流畅。《世说新语·文学》注引邓粲《晋记》："遐以辩论为业，善叙名理，辞气清畅，泠然若琴瑟。"反映了裴遐思路清晰通达。

⑤回衍：回旋绵延。如《宋书·张敷传》："善持音仪，尽详缓之致。与人别，执手曰：'念相闻。'余响久之不绝。"反映了张敷与人分别时内心的不舍。刘昞注："心气不同，故声发亦异也。"

1-10 夫声畅于气^①，则实存貌色^②。故诚仁必有温柔之色^③，诚勇必有矜奋之色^④，诚智必有明达之色^⑤。

【译文】

心气的变化一方面通过音调表现出来，而更多地反映在脸色上：内心仁慈，脸色一定温和柔顺；内心勇敢，脸色一定振奋坚强；内心睿智，脸色一定明白畅达。

【校注】

　　①畅：通达。气：心气。声畅于气：声音直接反映了心气的变化。

　　②实存：充分存留。貌色：面部神情，指九征中的第六征——"色"，其变化源于心气的活动。刘昞注："非气无以成声，声成则貌应。"《大戴礼记·文王官人》："五气诚于中，发形于外，民情不隐也。喜色由然以生，怒色拂然以侮，欲色呕然以偷，惧色薄然以下，忧悲之色累然而静。诚智必有难尽之色，诚仁必有可尊之色，诚勇必有难慑之色，诚忠必有可亲之色，诚絜必有难污之色，诚静必有可信之色。质色皓然固以安，伪色缦然乱以烦；虽欲故之，中色不听也，虽变可知。此之谓观色也。"

　　③诚仁：发自内心的仁慈。

　　④诚勇：发自内心的勇敢。矜奋：坚强振奋。

　　⑤诚智：发自内心的智慧。明达：明白畅达。刘昞注："声既殊管，故色亦异状。"

1-11　夫色见于貌①，所谓征神②。征神见貌，则情发于目③。故仁，目之精④，悫然以端⑥。勇，胆之精⑦，晔然以强⑧。

【译文】

　　脸色通过面部表情呈现出来，可以据此探究其精神。察颜观色探究精神，目光最重要，因为眼睛是直接反映内心真情的窗口。仁慈是眼睛的精气所生，表现为诚实端正的目光；勇敢是胆囊的精气所生，表现为强烈闪烁的目光。

【校注】

①色：脸色。见：呈现。貌：面部容颜。色见于貌：脸色通过面部容颜呈现出来。

②征：求证、探究。神：精神。征神：探究精神。九征各有相对独立性，但又互相联系，不是孤立存在。尤其是精神，作为所有心理活动的主宰，需要通过其他体表特征——气、色、仪、容、言、精表现出来，其中精（目光）最重要，因为眼睛是心灵的窗口。刘昞注："貌色徐疾，为神之征验。"

③情：真情。目：眼睛、眼神。此句意为：从相貌去观察精神，要注意眼神中蕴藏着的内在真情。刘昞注："目为心候，故应心而发。"古人重视通过眼睛观察人的内心世界。《孟子·离娄》："孟子曰：'存乎人者，莫良于眸子，眸子不能掩其恶。胸中正，则眸子瞭焉；胸中不正，则眸子眊焉。听其言也，观其眸子，人焉廋哉？'"魏晋人材理论及实践很重视对眼神的观察，如《三国志·钟会传》："中护军蒋济著论，谓'观其眸子，足以知人'。"又如王戎以眼睛"视日不眩"而大获名士们的盛誉，而赵至则因眼睛"白黑分明，视瞻停谛"，被嵇康看作气量狭小之人。

④精：精气。古人认为脏腑、器官、组织都会产生相应的精气。木气的道德属性是"仁"，在人体中形成了肝脏、眼睛、骨骼等。

⑤愨（què）：诚笃、忠厚。端：端正。刘昞注："心不倾倚，则视不回邪。"

⑥胆：胆囊。古人认为金气的道德属性是"义"（勇敢），在人体中形成了胆囊。胆囊中精气的数量和质量决定了勇怯程度。

⑦ 晔：光芒强烈。刘昞注："志不怯懦，则视不衰悴。"

1-12 然皆偏至之材，以胜体为质者也^①**。故胜质不精，则其事不遂**^②**。是故直而不柔则木**^③**，劲而不精则力**^④**，固而不端则愚**^⑤**，气而不清则越**^⑥**，畅而不平则荡**^⑦**。**

【译文】

　　然而，以上都属于偏颇型人材，这是由体内某种素质过于突出造成的。如果某种素质既突出，又不完善，就属于一事无成的不良材质，而不属于人材之列了。所以骨骼笔直但不柔和，品质僵化；筋腱强壮但不精致，品质笨拙；体态坚实但不端正，品质愚蠢；内气充盈但不清爽，品质狂妄；血色通畅但不均匀，品质放荡。

【校注】

　　① 偏：偏颇。至：美。偏至：偏于一种好材质。下文"一至，谓之偏材"可印证。胜：优越。体：部分。胜体：指某种素质过于优越，故造成人材的单项才能突出。刘昞注："未能不厉而威，不怒而严。"

　　② 胜质：胜体。不精：不完善。遂：成功。不遂：指不成其人材。就是说，偏颇素质不完善，则连偏材也不是（因为偏材毕竟属有用人材），而属不良材质，没有功用。这些不良材质，就是下面列举的"直而不柔则木……畅而不平则荡"五种情况，也叫"间杂"之材。刘邵认为，九征中有"一至"（一项完美）为偏材，

但这"一至"要有两个要素完备,如"骨植而柔者,谓之弘毅"。如果只具备其中一个要素,而另一个欠缺,则叫做"间杂",如下文"直而不柔则木"等。刘昞注:"能勇而不能怯,动必悔吝随之。"

③ 直:指骨骼笔直。不柔:不柔软。木:僵直,呆板。刘昞注:"木强激讦(《长短经》引'激'作'徼'),失其正直。"

④ 劲:指筋腱强劲。不精:不精细。力:笨拙。刘昞注:"负鼎绝膑,失其正劲。"

⑤ 固:指体态坚实。不端:不端正。愚:愚蠢。刘昞注:"专己自是,陷于愚戆。"

⑥ 气:指内气充盈。不清:不清爽。越:好高骛远,不肯安于自己的本分。刘昞注:"辞不清顺,发越无成。"

⑦ 畅:指血色通畅。不平:不均衡。荡:放荡。刘昞注:"好智无涯,荡然失(绝)[纪](据《墨海金壶》本和《龙谿精舍》本改)。"

1-13 是故中庸之质异于此类①。五常既备,包以淡味②。五质内充,五精外章③,是以目彩五晖之光也④。故曰物生有形,形有神精⑤。能知精神,则穷理尽性⑥。

【译文】

中庸之人的材质与上述偏材完全不同:由于五行之气的完美而和谐,呈现出无味平淡的中性气质。体内五行精气饱满充盈,向外四溢,以至眼睛里放射出五彩之光。所以说,万物有外在的形体与形迹,决定形体与形迹活动的,是其内在精神。如果能掌握了其内在精神，就能掌握其行为规律并还原其本性。

【校注】

　　① 中庸：中和。此类：偏材。刘昞注："勇而能怯，仁而能决。其体两兼，故为众材之主。"

　　② 包：总括、包合。淡味：平淡无味。包以淡味：使体内的五行之气中和平衡所达到的平淡无味状态。刘昞注："既体咸酸之量，而以无味为御。"

　　③ 五质：金木水火土五行之气。五精：仁义礼智信五种目光。刘昞注："五质淡凝，淳耀外丽。"

　　④ 目彩：眼睛放射光彩。五晖：指青、黄、赤、白、黑五色。五色和谐到最佳状态，则表现为平淡无色。无色不是没有颜色，而是各种颜色的中和状态。刘昞注："心清目朗，粲然自耀。"

　　⑤ 物：万物，这里指人物。形：形体与形迹。神精：主宰形体活动的精神。刘昞注："不问贤愚，皆受气质之禀性阴阳。但智有精粗，形有浅深耳（《墨海金壶》本'深'作'淡'）。寻其精色，视其仪象，下至皂隶牧圉，皆可想而得之也。"

　　⑥ 穷理：掌握运行规律。尽性：还原其本性。语出《易·说卦》："穷理尽性，以至于命。"孔颖达疏："穷极万物深妙之理，究尽生灵所禀之性。"刘昞注："圣人有以见天下之动而拟诸形容，故能穷理尽性以至于命。"

1-14 性之所尽，九质之征也①。然则平陂之质在于神②，明暗之实在于精③，勇怯之势在于筋④，强弱之植在于

骨⑤，躁静之决在于气⑥，惨怿之情在于色⑦，衰正之
形在于仪⑧，态度之动在于容⑨，缓急之状在于言⑩。

【译文】

还原人类本性的途径，是通过观察以下九种体表特征：正派
与邪佞，表现于精神；聪明与愚笨，表现于目光；勇敢与怯懦，表
现于筋腱；刚强与软弱，表现于骨骼；焦躁与安静，表现于内气；
伤感与愉悦，表现于脸色；衰颓与庄重，表现于仪表；佞媚与正
直，表现于表情；缓慢与急迫，表现于声音。

【校注】

① 性之所尽：即上文的"尽性"，指还原其本性。九质之征：
指下面列举的神、精、筋、骨、气、血、仪、容、言九种体表特征。刘
昞注："阴阳相生，数不过九。故性情之变，质亦同之。"

② 平陂：平坦与倾斜，指人品正派与邪佞。神：精神。刘昞注：
"神者，质之主也。故神平则质平，神陂则质陂。"

③ 明暗：聪明与愚笨。精：精气，可通过眼睛外泻，表现为目
光的明亮与昏暗。目光明亮者多聪明，目光昏暗者多愚笨。刘昞
注："精者，实之本。故精惠则实明，精浊则实暗。"

④ 勇怯：勇敢与怯懦。刘昞注："筋者，势之用。故筋劲则势
勇，筋弱则势怯。"

⑤ 强弱：坚强与脆弱。刘昞注："骨者，植之基。故骨刚则植
强，骨柔则植弱（《长短经》引'刚'作'粗'，'柔'作'细'）。"

⑥ 躁静：急躁与平静。刘昞注："气者，决之地也。气盛决于

躁，气冲决于静矣。"

⑦ 惨怿：伤心与喜悦。刘昞注："色者，情之候也。故色悴由情惨，色悦由情怿。"

⑧ 衰正：衰颓与端正。刘昞注："仪者，形之表也。故仪衰由形殆，仪正由形肃。"

⑨ 态：佞媚。度：正直。态度：佞媚与正直。刘昞注："容者，动之符也。故邪动则容态，正动则容度。"

⑩ 缓急：缓慢与焦急。刘昞注："言者，心之状也。故心恕则言缓，心褊则言急（《长短经》引'褊'作'偏'）。"

1-15 其为人也，［若］质素平淡①，中睿外朗②，筋劲植固③，声清色怿④，仪正容直⑤，则九征皆至⑥，则纯粹之德也⑦。九征有违⑧，则偏杂之材也⑨。

【译文】

有这样一种人：其材质全面均衡，精神睿智，目光明朗，筋腱强劲，骨骼坚固，声音清新，脸色和悦，仪表端庄，表情正直，即"九征"都高度完善，则是完美的人材，属于最高境界的圣人。如果"九征"存在缺陷，就属于偏至之材或间杂之人。

【校注】

① ［若］质素平淡：据《长短经》补。材质全面而中和，看不出有任何特点，表现为平淡无味。指通过其他"八征"呈现出的精神，即九征中"神"的完美状态。参本篇 1-2 "凡人之质量，中和

最贵矣。中和之质，必平淡无味"。

②中睿：内心聪明则目光睿智，指九征中"精"的完美状态。外朗：外发气息爽朗，指九征中"气"的完美状态。

③筋劲：肌腱强劲有力，指九征中"筋"的完美状态。植固：骨骼直立坚固，指九征中"骨"的完美状态。

④声清：声音清新爽朗，指九征中"言"的完美状态。色怿：脸色温润和悦，指九征中"色"的完美状态。

⑤仪正：仪态端庄稳健，指九征中"仪"的完美状态。容直：表情正派和善，指九征中"容"的完美状态。

⑥至：完善。九征皆至：神（精神）、精（目光）、筋（肌腱与静脉）、骨（骨骼）、气（内气）、色（脸色）、仪（仪态）、容（表情）、言（音调）九种体征，均达到了最佳状态。

⑦纯粹之德：完美人格，指圣人。刘昞注："非至德大人，其孰能与于此？"

⑧违：背离。九征有违：指九征中有不良素质。刘昞注："违，为乖戾也。"

⑨偏杂之材，即下文的偏至之材和间杂之人。刘昞注："或声清色怿，而质不平淡；或筋劲植固，而仪不崇直。"

1-16 三度不同，其德异称①。故偏至之材，以材自名②。兼材之人，以德为目③。兼德之人，更为美号④。是故兼德而至，谓之中庸⑤；中庸也者，圣人之目也⑥。具体而微，谓之德行⑦；德行也者，大雅之称也⑧。一至，谓之偏材⑨；偏材，小雅之质也⑩。一征，谓之依似⑪；

依似,乱德之类也⑫。一至一违,谓之间杂⑬;间杂,无恒之人也⑭。无恒、依似,皆风人末流⑮。末流之质不可胜论,是以略而不概也⑯。

【译文】

对九征的禀受不同,人材可以划分为以下三个档次:一、只有一种优良材质(一征完善)者,以其材质的特点命名。二、兼有数种好材质(两征以上完善)者,以其综合材质的美德命名。三、具备了各种美德者,则是名称最美好的圣人。中和了各种美德者,可称之为"中庸",这是圣人的称号。具备了多种美德却不能尽善尽美,可称之为"德行",这是综合型人材的称号。只具备一种好品质,可称之为"偏材",这是专门型人材的称号。似乎具备某种偏材品质的表征而实际没有,可称之为"依似"(似是而非型),这是一种容易鱼目混珠的伪人材;同时具备善与恶两种品质,可称之为"间杂"(善恶混杂型),这是一种没有固定品行的劣质人,亦可称为"无恒"之人(无常性型)。"依似"和"间杂"都属于伪劣材质,不在人材之列,而且种类繁多,所以在此不予研究评论。

【校注】

①三度:指下面所并列的偏至、兼材、兼德三类人材。刘昞注:"偏材荷一至之名,兼材居德仪之目,兼德体中庸之度。"

②至:完善。偏至:偏颇却完善,指具有某种优秀偏颇素质的人。以材自名:根据偏材的材质特点而产生相应的名称,如

刚毅材质便被称为"刚毅之人"。刘昞注："犹百工众伎，各有其名也。"

③ 兼材之人：指同时具有两种以上"偏至"材质的人材。如《接识篇》："若二至已上，亦随其所兼以及异数。"目：名目，名称。以德为目：指兼材之人以所达到的"德"而获得相应的人材名号。《人物志》对兼材之人的称呼有多种，取决于不同的观察视角。例如，"温直而扰毅，木之德也"，是从五行禀受角度观察。又如，"国体之人，兼有三材"，是从政治才能方面考察。兼材之人并非一种类型，而是由其兼有的"偏至"数量和种类不同，呈现出多种类型，是处于中和型（圣人）与偏至型（偏材）之间的综合型人材。刘昞注："仁义礼智，得其一目。"

④ 兼德之人：兼有各种"德"者，指圣人材质，即下文之"中庸"（中和型人材）。刘昞注："道不可以一体说，德不可以一方待。育物而不为仁，齐众形而不为德。凝然平淡，与物无际，谁知其名也？"

⑤ 中庸：指中和了各种优秀素质而呈现出的中性平淡状态。刘昞注："居中履常，故谓之中庸。"王弼《论语释疑》："故至和之调，五味不形；大成之乐，五声不分；中和备质，五材无名。"

⑥ 圣人：最高境界的人。儒家与道家对圣人人格的描述不同。《人物志》中的圣人，属于道家笔下平淡无味、无为顺应自然的人。刘昞注："大仁不可亲，大义不可报。无德而称，寄名于圣人也。"

⑦ 具体而微：各种素质大体具备而没有尽善尽美。语出《孟子·公孙丑上》："冉牛、闵子、颜渊，则具体而微。"汉赵岐注："体

者，四肢股肱也……一体者，得一肢也；具体者，四肢皆具；微，小也，比圣人之体微小耳。体以喻德也。”德行：原意为道德品行。孔子将德行视为四类人材之首，所举人物与《孟子》所举的“具体而微”者略同。《论语·先进》：“德行，颜渊、闵子骞、冉伯牛、仲弓。”刘邵此处所用“德行”，指兼材之人。

⑧大雅：原为《诗经》组成部分，有大雅、小雅之别。《诗·周南·关雎序》这样解释大、小雅的区别：“雅者，正也。言王政之所由废兴也。政有小大，故有小雅焉，有大雅焉。”后演变为对才德高低的概括。刘邵亦是借用大、小雅去区别兼材与偏材。刘昞注：“施仁以亲物，直义以利仁。失道而成德，抑亦其次也。”

⑨一至：九征中有一征完善。

⑩小雅：参考“大雅”注释。此处特指偏材。刘昞注：“徒仁而无义，徒义而无仁。未能兼济，各守一行，是以名不及大雅也。”

⑪一征：一种类似好材质的体表特征。依似：似是而非。刘邵笔下的“依似”，特指一种貌似偏材的伪劣人物。“依似”之人的行为，与偏材相似，但两者的动机不同：偏材动机正义，“依似”动机邪恶。详见本书《八观篇》第四观的解释。刘昞注：“纯讦似直而非直，纯宕似通而非通。”

⑫乱：扰乱。德：美德。乱德：以假乱真。《八观》：“偏之与依，志同质违，所谓似是而非也。是故轻诺似烈而寡信，多易似能而无效，进锐似精而去速，诃者似察而事烦，诈施似惠而无终，面从似忠而退违，此似是而非者也。”

⑬一至一违：同时具备一好一坏两种材质。间杂：善、恶混

杂,指自身恶劣品质战胜了优良品质的人,不属于人材。《八观》说:"何谓观其夺救以明间杂? 夫质,有至有违。若至[不能]胜违,则恶情夺正,若然而不然。故仁出于慈,有慈而不仁者……若夫见可怜则流涕,将分与则怊啬,是慈而不仁者……慈而不仁者,则怊夺之也。"

⑭无恒:没有恒定的品行,无主见。刘昞注:"善恶参浑,心无定是。无恒之操,胡可拟议?"

⑮风人:本义指古代采集民歌风俗等以观民风的人,后亦指诗人。此处引申为没有主见的人,如"无恒"之人。末流:低素质的人,不属于人材之流。刘昞注:"其心孔艰者,乃有教化之所不受也。"

⑯略:省略。不概:不予评说。刘昞注:"蕃徒成群,岂可数哉!"

附表 1: 五行与人材素质

五行	五体	优良体征	品质	五常	五德（优秀人格）
木气	骨骼	骨植而柔者	弘毅	仁	温直而扰毅
火气	内气	气清而朗者	文理	礼	简畅而明砭
土气	肌肉	体端而实者	贞固	信	宽栗而柔立
金气	筋腱	筋劲而精者	勇敢	义	刚塞而弘毅
水气	血液	色平而畅	通微	智	愿恭而理敬

附表 2：九征与人材素质

气		九征	反映的心理品质
元一阴阳五行之气	（心）心气	神（精神）	平陂之质在于神
		精（目光）	明暗之实在于精
		气（内气）	躁静之决在于气
		色（脸色）	惨怿之情在于色
		仪（仪态）	衰正之形在于仪
		容（表情）	态度之动在于容
		言（音调）	缓急之状在于言
	木气	骨（骨骼）	强弱之植在于骨
	金气	筋（肌腱）	勇怯之势在于筋

体别第二

【导读】

体：性格；别：差异；体别：指性格差异。刘昞注："禀气阴阳，性有刚柔。拘抗文质，体越各别。"本篇的主题，就是讨论人材的性格问题。主要观点如下：

其一，性格分类。依据禀受阴阳二气的不同，将人类性格分为中庸之德（中和型）与偏材（偏颇型）两大类。1.中庸之德（中和型），禀受阴阳二气中和平衡，刚柔相济，融合了各种性格而无任何突出特点，故无法命名。但是其面对不同的环境，能灵活应对，表现出不同的人格特点，能与各种人沟通。这是理想的领袖性格、圣人性格。2.偏材（偏颇型），禀受阴阳二气不均衡，或阴或阳，故性格或刚或柔。刘邵将偏材的性格分为十二种：六种阳性与六种阴性。一阳一阴为一对，性格相反，形成六个对子。

其二，偏材性格的特点：1.偏材性格的长处与短处同样鲜明，有一长就有一短。例如，勇猛型偏材的性格，长处是不怕危险，短处是不守纪律。谨慎型偏材的性格，长处是遵守纪律，短处是犹豫不决。2.偏材以自己的性格为标准，不会纠正自己的缺点，反而排斥与其相反的性格，将自己

的偏颇性格发展到极致。3.性格无所谓好坏,偏颇有偏颇
的用处,关键是使用得当。不要改造偏材性格,而是因势利
导,将其安置在与其性格相近的特定工作岗位上,发挥其
正面作用。如正直型偏材的性格,适合作监察工作。善良
型偏材的性格,适合从事救助工作。

2-1 夫中庸之德,其质无名^①。故咸而不蔹^②,淡而不
醹^③,质而不缦^④,文而不缋^⑤。能威能怀,能辨能讷^⑥,
变化无方,以达为节^⑦。

【译文】

　　中庸之人的性格,是无法用语言准确命名的。其中和了各
种性格要素,全面而均衡,表现为无特色的中性。就像五味俱全,
又无突出味道。说咸不咸,说淡也不淡。看起来朴素无华,却并
非没有色彩;看起来美丽,却没有华丽彩绘。此人既威严又慈祥,
既善辩又口讷。面对不同的环境与对象,表现出不同的性格特
点,能与各种类型的人沟通交流。

【校注】

　　① 质:材质。无名:没有名号。据魏晋形名学观点,名号生
于形质。由于中庸材质均匀平衡,无明显特色,故无法命名,所以
称之为"无名"。从哲学上看,明显受道家"圣人无名"思想的影
响。刘昞注:"泛然不系一貌,人无得而称焉。"

　　② 蔹:"碱"的异体字。刘昞注:"谓之咸耶,无蔹可容。公

成百卤,也与咸同。"

③餽(kuì):无滋味。刘昞注:"谓之淡耶,味复不餽。"

④质:朴素。缦:无花纹等修饰。此句意为:朴素却并非没有美丽的色彩。刘昞注:"谓之质耶,理不缦素(《墨海金壶》本和《龙谿精舍》本'素'作'索')。"

⑤文:文饰。缋(huì):同"绘",指画绣图案。刘昞注:"谓之文耶,采不画缋。"

⑥威:威严。怀:慈悲。辩:出言机捷。讷:出言迟钝。刘昞注:"居咸淡之和,处质文之际,是以望之俨然,即之而文,言满天下无辞费。"

⑦无方:没有固定方式。以达为节:以通达为准。刘昞注:"应变适化,期于通物。"

2-2 是以抗者过之①,而拘者不逮②。夫拘抗违中,故善有所章,而理有所失③。

是故厉直刚毅,材在矫正,失在激讦④。

柔顺安恕,(每)[美]在宽容,失在少决⑤。

雄悍杰健,任在胆烈,失在多忌⑥。

精良畏慎,善在恭谨,失在多疑⑦。

强楷坚劲,用在桢干,失在专固⑧。

论辨理绎,能在释结,失在流宕⑨。

普博周给,弘在覆裕,失在混浊⑩。

清介廉洁,节在俭固,失在拘扃⑪。

休动磊落,业在攀跻,失在疏越⑫。

沉静机密,精在玄微,失在迟缓⑬。

朴露径尽,质在中诚,失在不微⑭。

多智韬情,权在谲略,失在依违⑮。

【译文】

偏材之人的性格,或过于亢进,或过于拘谨,即或刚或柔,都不能达到和谐的中性。所以既有长处,又有短处,表现为得失分明。

(阳刚)性格严厉直率、坚强果断,优点是匡扶正义,缺点是揭人隐私。

(阴柔)性格柔和温顺、安详宽恕,优点是宽厚容人,缺点是犹豫不决。

(阳刚)性格威武猛烈、刚健无畏,优点是胆大勇敢,缺点是不守规矩。

(阴柔)性格精明善良、胆小慎重,优点是恭敬谨慎,缺点是疑心太重。

(阳刚)性格刚直专断、坚固执着,优点是始终不渝,缺点是刚愎自用。

(阴柔)性格能言善辩、推理演绎,优点是解释疑难,缺点是变化多端。

(阳刚)性格热情博爱、乐善好施,优点是热情洋溢,缺点是是非不清。

(阴柔)性格孤傲耿直、清廉洁白,优点是固守本分,缺点是不知变通。

（阳刚）性格志大奋进、胸怀坦荡，优点是积极进取，缺点是粗疏冒进。

（阴柔）性格沉默安静、深思熟虑，优点是思想深刻，缺点是迟疑缓慢。

（阳刚）性格真性外露、无所保留，优点是光明磊落，缺点是言行鲁莽。

（阴柔）性格深思熟虑、韬光养晦，优点是足智多谋，缺点是阳奉阴违。

【校注】

①抗：亢进，指性格外向，偏于阳刚。刘昞注："励然抗奋于进趋之途。"

②拘：迟缓，指性格内向，偏于阴柔。刘昞注："屯然无为于拘抗之外。"

③拘抗违中：性情或亢进或迟缓，不能适中。刘昞注："养形至甚，则虎食其外。高门悬薄，则病攻其内。"

④厉直：严厉直率。刚毅：坚强果断。可视为刚直型性格，是下文"强毅之人"的基本特征。矫正：纠正偏差。刘昞注："讦刺生于刚厉。"

⑤柔顺：柔和温顺。安恕：安详宽恕。可视为温柔型，是下文"柔顺之人"的基本特征。（每）[美]在宽容：据《墨海金壶》本和彭家屏本改。少决：不能决断。刘昞注："多疑生于恕懦。"

⑥雄悍：威武勇猛。杰健：特别刚健。可视为勇猛型，是下文"雄悍之人"的基本特征。胆烈：胆气盛烈，十分勇敢。忌：忌

惮、顾忌。多忌：伏俊琏依据上下文意考证后认为："'失在多忌'一句有误……'多'字为'不'字之误。"（伏俊琏《人物志译注》，上海古籍出版社2008年，第35页）伏氏说法有理，从之。失在不忌：指无所顾忌。此种性格的人胆大包天，无所畏惧，没有不敢干的事，不守规矩。刘昞注："慢法生于桀悍。"

　　⑦精良：精明善良。畏慎：畏惧慎重。可视为谨慎型，是下文"惧慎之人"的基本特征。恭谨：恭敬谨慎。刘昞注："疑难生于畏慎。"

　　⑧强楷：刚直专断。坚劲：坚强执著。可视为忠诚型，是下文"凌楷之人"的基本特征。桢干：原指筑墙所用木柱，引申为中坚力量。专固：专断固执，即刚愎自用。刘昞注："专己生于坚劲。"

　　⑨论辨：讨论辨析。理绎：推究事理。可视为能言善辩型，是下文"辨博之人"的基本特征。释结：解决疑难问题。流宕：放荡，指不着边际，变化多端。刘昞注："傲宕生于机辨。"

　　⑩普博：普遍广博。周给：全面施惠。可视为博爱型，是下文"弘普之人"的基本特征。覆裕：全面而周到。混浊：是非不清。刘昞注："混浊生于周普。"

　　⑪清介：孤傲耿直。曹魏鱼豢所撰《魏略》有《清介传》，记载了常林、吉茂、沐并、时苗四人，均为此种类型。廉洁：清廉洁白，与今意同。可视为清高型，是下文"狷介之人"的基本特征。俭固：俭朴并固守本分。扃（jiōng）：关闭。拘扃：拘泥而不知变通。刘昞注："拘扃生于廉洁。"

　　⑫休动：志大奋进。磊落：胸怀坦荡。可视为进取型，是下文"休动之人"的基本特征。攀跻：即攀登，指积极进取。疏越：

粗疏冒进。刘昞注："疏越生于磊落。"

⑬ 沉静：沉默安静。机密：深思熟虑。可视为深沉型，是下文"沉静之人"的基本特征。玄微：思想深刻奥妙。迟缓：迟疑缓慢。刘昞注："迟缓生于沉静。"

⑭ 朴露：真性外露。径尽：直截了当、无所保留。可视为真率型，是下文"朴露之人"的基本特征。中诚，内心诚实。不微：不懂人情世故而言行鲁莽。刘昞注："漏露生于径尽。"

⑮ 多智：富有智谋。韬情：不露真情。可视为韬晦型，是下文"韬谲之人"的基本特征。谲（jué）：权诈。谲略：计谋韬略。依：顺从。违：反对。依违：指模棱两可，阳奉阴违。刘昞注："隐违生于韬情。"

2-3 及其进德之日，不止揆中庸以戒其材之拘抗①，而指人之所短以益其失②，犹晋楚带剑递相诡反也③。

【译文】

当偏材之人需要增进美德时，他们并不以中庸为准则去修正自身偏颇的性格，而是以自己的长处去指责别人的短处，使自己的失误更严重，就像晋、楚两国佩剑习惯不同（楚左晋右），而互相指责对方佩错了位置那样荒谬。

【校注】

① 进德：增进美德。《易·乾·文言》："子曰：'君子进德修业。'"止：停止。揆：准则。不止揆中庸：不以中庸为准则。戒：

防止。刘昞注："抗者自是以奋励,拘者自是以守扃。"

　　②指:指责。刘昞注："拘者愈拘,抗者愈抗。或负石沉躯,或抱木燋死。"

　　③递:交替。相:互相。诡:奇怪。反:相反。递相诡反:互相奇怪对方与己相反的佩剑位置。刘昞注："自晋视楚,则笑其在左;自楚视晋,则笑其在右。左右虽殊,各以其用,而不达理者,横相诽谤。拘抗相反,皆不异此。"

2-4 是故强毅之人,狠刚不和,不戒其强之搪突,而以顺为挠,厉其抗①。是故可以立法,难与入微②。

【译文】

　　刚直型的人,刚正不阿,难以和睦。不介意自己的刚直会冒犯他人,反而把柔顺视为屈从,以至使自己的严厉进一步强化。因此能建立法律制度,不能探究事物的微妙情理。

【校注】

　　①搪突:亦作"唐突",指冒犯。挠:屈服。厉:"砺"的本字,引申为磨砺、强化。刘昞注："以柔顺为挠弱,抗其搪突之心。"

　　②立法:设立法律制度。入微:理解事物微妙的道理。刘昞注："狠强刚戾,何机微之能入?"

2-5 柔顺之人,缓心宽断,不戒其事之不摄,而以抗为刿,安其舒①。是故可与循常,难与权疑②。

【译文】

温柔型的人，性情缓慢，优柔寡断。不介意自己缺乏决断能力，反而把刚直视为伤害行为，更加安于自己的舒缓。因此能遵循一般常规制度，不能谋划解决疑难问题。

【校注】

①缓心：性情缓慢。宽断：优柔寡断。摄：执持，维持。刿（guì）：刺伤。舒：安详迟缓。刘昞注："以猛抗为刿伤，安其恕忍之心。"

②循常：遵循一般正常规则。《后汉书·仲长统传》："又中世之选三公也，务于清悫谨慎，循常习故者。是妇女之检柙，乡曲之常人耳。"权疑：谋划解决疑难问题。刘昞注："缓心寡断，何疑事之能权？"

2-6 雄悍之人，气奋勇决，不戒其勇之毁跌，而以顺为恇，竭其势①。是故可与涉难，难与居约②。

【译文】

勇猛型的人，勇气奋发，胆大果断。不介意自己的勇猛容易引起破坏和失误，反而把忍让视为怯弱，以至将自己的勇猛之势发展到极致。因此能奔赴艰难危险，不能按规则行事。

【校注】

①气奋：勇气奋发。勇决：大胆果断。徐干《中论·虚道》：

"勇决过人，未足贵也。"毁跌：破坏和失误。恇：怯弱。竭：穷尽。
刘昞注："以顺忍为恇怯，而竭其毁跌之势。"

② 涉难：奔赴艰难危险。居约：遵守规则。刘昞注："奋悍
毁跌，何约之能居？"

2-7 惧慎之人，畏患多忌，不戒其懦于为（义）［我］，而以勇为狎，增其疑①。是故可与保全，难与立节②。

【译文】

　　谨慎型的人，畏惧灾祸，顾虑重重。不介意自己怯懦是处于
自私动机，反而把勇敢视为轻率，以至进一步增长自己的疑虑。
因此能保全事物，使之不受损害，不能建功立业，树立名节。

【校注】

　　① 畏患：害怕灾祸。多忌，顾虑重重。懦（nuò）：怯懦。不
戒其懦于为（义）［我］：据《墨海金壶》本改。刘昞注："以勇戆
为轻侮，而增其疑畏之心。"

　　② 保全：使某事物不受损害。《汉书·贾捐之传》："非所以
救助饥馑，保全元元也。"立节：树立名节。刘昞注："畏患多忌，
何节义之能立？"

2-8 凌楷之人，秉意劲特，不戒其情之固护，而以辨为伪，强其专①。是故可以持正，难与附众②。

【译文】

忠诚型的人，坚持己见，特别固执。不介意自己感情过分专一而容易陷入片面和专断，反而把辨别事理视为虚伪浮夸，以至进一步强化了自己的固执。因此能坚守正义，不能使众人亲附。

【校注】

①凌：凌厉。楷：刚直专断。秉意：坚持某种观点。劲特：特别固执。固护：专一。《文选·马季长〈长笛赋〉》：“或乃聊虑固护，专美擅工。”李善注：“聊虑固护，精心专一之貌。”刘昞注：“以辨博为浮虚，而强其专一之心。”

②持正：坚守正义，无所偏倚。附众：使众人亲附。刘昞注：“执意坚持，何人众之能附？”

2-9 辨博之人，论理赡给，不戒其辞之泛滥，而以楷为系，遂其流①。是故可与泛序，难与立约②。

【译文】

善辩型的人，论辩道理，表达清楚。不介意自己的发言过于繁杂而不着边际，反而把专一视为束缚，使自己的思想观点更加动摇不定。因此能泛泛评论，不能订立规范性条约规则。

【校注】

①论理：论辩道理。赡给：发言时能将欲表达的思想讲清楚。《材理篇》：“辞能辩意，谓之赡给之材。”泛滥：形容所言过于繁

杂。系：束缚。遂：通"随"，听任。流：移动不定，指观点不固定。
刘昞注："以楷正为系碍，而遂其流宕之心。"

②泛序：泛泛评论。立约：订立明确的条约规则。刘昞注："辨
博泛滥，何质约之能立？"

2-10 弘普之人，意爱周洽，不戒其交之混杂，而以介为
狷，广其浊①。是故可以抚众，难与厉俗②。

【译文】

博爱型的人，热爱众生，遍布恩惠。不介意自己的交际过于
广泛混杂，反而把必要的节操视为拘泥，使自己的社交更加混浊
不堪。因此能安抚民众，不能整顿社会风纪。

【校注】

①意爱：发自内心的热爱。周洽：遍布恩惠。意爱周洽：指
普遍仁爱。介：有节操。狷：拘谨。刘昞注："以拘介为狷戾，而
广其混杂之心。"

②厉俗：整顿社会风纪。刘昞注："周洽混杂，何风俗之
能厉？"

2-11 狷介之人，砭清激浊，不戒其道之隘狭，而以普为
秽，益其拘①。是故可与守节，难以变通②。

【译文】

　　清高型的人,崇尚廉洁清正,抨击腐败风气。不介意自己清高的处世方式不受欢迎,反而把博爱视为污浊混杂,使自己更加拘泥迂腐。因此能恪守道德规范,不能随机应变。

【校注】

　　① 狷介:清高自律。砭清激浊:即扬清激浊,指赞扬廉洁清正,抨击腐败风气。隘狭:狭窄。刘昞注:"以弘普为秽杂,而益其拘局之心。"

　　② 守节:信守名分,保持节操。变通:不拘常规,灵活变化以适应外物。《易·系辞下》:"变通者,趣时者也。"刘昞注:"道狭津隘,何通途之能涉?"

2-12 休动之人,志慕超越,不戒其意之大猥,而以静为滞,果其锐^①。是故可以进趋,难与持后^②。

【译文】

　　进取型的人,志大奋进,企图超越条件限制去干大事业。不介意自己的志向大而无当,反而把安静视为拘泥,更加助长了其过于盛烈的锐气。因此能从事开拓性工作,不能从事默默无闻的基础性工作。

【校注】

　　① 志慕超越:因好志向远大而企图超越条件的限制去干大事

业。大猥：大而无当。果：果敢。刘昞注："以沉静为滞屈，而增
果锐之心。"

　　②进趋：积极进取，从事开拓性工作。持后：从事默默无闻的
基础性工作或补救性工作。刘昞注："志在超越，何谦后之能持？"

2-13 沉静之人，道思回复，不戒其静之迟后，而以动为疏，美其懦①。是故可与深虑，难与捷速②。

【译文】

　　深沉型的人，思考道理，深入反复。不介意自己沉静性格的
迟缓落后，反而把积极主动视为粗疏，更加赞赏自己的怯弱。因
此能深入思考谋划，不能敏捷应急。

【校注】

　　①道思回复：因深入思考道理而翻来覆去。迟后：迟缓落后。
疏：粗疏。懦：怯弱。刘昞注："以躁动为麄疏，而美其懦弱之心。"
　　②深虑：深入思考。捷速：敏捷迅速。刘昞注："思虑回复，
何机速之能及？"

2-14 朴露之人，中疑实砎①。不戒其实之野直，而以谲为诞，露其诚②。是故可与立信，难与消息③。

【译文】

　　真率型的人，内心思想情感毫无保留地全盘托出。不介意

自己的过分诚实会流于粗俗鲁莽，反而把必要的掩饰视为虚伪，使自己的思想感情更加外露。因此能恪守信用，不能通权达变。

【校注】

①中疑实碻：心中有疑问则如实托出，形容思想情感极度外露。

②野直：粗野鲁莽。谲：委婉、权变。诞：虚伪。刘昞注："以权谲为浮诞，而露其诚信之心。"

②立信：恪守信用。消息：消长变化，此处指权谋。刘昞注："实碻野直，何轻重之能量？"

2-15 韬谲之人，原度取容，不戒其术之离正，而以尽为愚，贵其虚①。是故可与赞善，难与矫违②。

【译文】

韬晦型的人，善于揣摩他人心理而加以讨好取悦。不介意自己的揣摩术背离正道，反而视诚实为愚蠢，以至使自己的品质更加虚伪狡诈。因此能歌功颂德，不能纠正失误。

【校注】

①韬：藏。韬谲：谓内怀变诈之术。原度：揣摩他人的心理。取容：讨好取悦于人。《吕氏春秋·任数》："人臣以不争持位，以听从取容。"刘昞注："以欸（èi）尽为愚直，而贵其浮虚之心。"

②赞善：赞扬美德。矫违：纠正过失。刘昞注："韬谲离正，

何违邪之能矫？"

2-16 夫学，所以成材也^①；恕，所以推情也^②。偏材之性不可移转矣^③！虽教之以学，材成而随之以失^④；虽训之以恕，推情各从其心^⑤。信者逆信^⑥，诈者逆诈^⑦。故学不入道，恕不周物^⑧，此偏材之益失也^⑨。

【译文】

　　学习知识，使人材得以成长；宽容相待，使人情得以沟通，而偏材之人的本性却是无法改变的。即使教他们学习知识，成材后与其本性不符的知识便统统丢弃；即使教育他们以宽容之心理解别人，他们仍然会按自己的偏颇本性去度测别人。结果只能是，诚信型偏材认为别人都守信用，诡诈型偏材则认为别人也诡诈。因此，偏材之人无法全面客观地学习知识并且了解他人，只能按照其偏颇本性自身的逻辑走向极端。

【校注】

　　①学：学习知识。刘昞注："强毅静其抗，柔顺厉其懦。"

　　②推情：推知他人内心感情。刘昞注："推己之情，通物之性。"

　　③移转：改变。刘昞注："固守性分，闻义不徙。"

　　④失：丢失与偏颇本性不同的知识。刘昞注："刚毅之性已成，激讦之心弥笃。"

　　⑤推情：度测他人心理。刘昞注："意之所非，不肯是之于人。"

　　⑥逆：预先度测。刘昞注："推己之信，谓人皆信，而诈者得

容为伪也。"

⑦诈：诡诈。刘昞注："推己之诈，谓人皆诈，则信者或受其疑也。"

⑧道：规律，此处指按客观规律看问题。周：全面。刘昞注："偏材之人，各是己能，何道之能入？何物能周也？"

⑨益失：更加偏颇。刘昞注："材不能兼，教之愈失。是以宰物者用人之仁去其贪，用人之智去其诈，然后群材毕御，而道周万物也矣（《墨海金壶》本'也矣'作'而已'）！"

附表1：十二性格特点表

序号	阴阳	性格特点	优点	缺点
1	阳	厉直刚毅	材在矫正	失在激讦
2	阴	柔顺安恕	美在宽容	失在少决
3	阳	雄悍杰健	任在胆烈	失在多忌
4	阴	精良畏慎	善在恭谨	失在多疑
5	阳	强楷坚劲	用在桢干	失在专固
6	阴	论辩理绎	能在释结	失在流宕
7	阳	普博周给	弘在覆裕	失在混浊
8	阴	清介廉洁	节在俭固	失在拘扃
9	阳	休动磊落	业在攀跻	失在疏越
10	阴	沉静机密	精在玄微	失在迟缓
11	阳	朴露径尽	质在中诚	失在不微
12	阴	多智韬情	权在谲略	失在依违

附表 2: 十二性格人物任用得失表

序号	阴阳	人物类别	特征	对自身特点的态度	任用得失
1	阳	强毅之人	狠刚不和	不戒其强之唐突，而以顺为挠，厉其抗。	可以立法，难与入微。
2	阴	柔顺之人	缓心宽断	不戒其事之不摄，而以抗为刿，安其舒。	可与循常，难与权疑。
3	阳	雄悍之人	气奋勇决	不戒其勇之毁跌，而以顺为怯，竭其势。	可与涉难，难与居约。
4	阴	惧慎之人	畏患多忌	不戒其懦于为我，而以勇为狎，增其疑。	可与保全，难与立节。
5	阳	凌楷之人	秉意劲特	不戒其情之固护，而以辩为伪，强其专。	可与持正，难与附众。
6	阴	辨博之人	论理赡给	不戒其辞之泛滥，而以楷为系，遂其流。	可与泛序，难与立约。
7	阳	弘普之人	意爱周洽	不戒其交之混杂，而以介为狷，广其浊。	可与抚众，难与厉俗。
8	阴	狷介之人	砭清激浊	不戒其道之隘狭，而以普为秽，益其拘。	可与守节，难以变通。
9	阳	休动之人	志慕超越	不戒其意之大猥，而以静为滞，果其锐。	可以进趋，难与持后。
10	阴	沉静之人	道思回复	不戒其静之迟后，而以动为疏，美其懊。	可与深虑，难与捷速。
11	阳	朴露之人	中疑实磏	不戒其实之野直，而以谲为诞，露其诚。	可与立信，难与消息。
12	阴	韬谲之人	原度取容	不戒其术之离正，而以尽为愚，贵其虚。	可与赞美，难与矫违。

流业第三

【导读】

流：流派，此处指不同类型的官材。业：职业，此处指官职。流业：各种类型的官材与相应官职的关系。刘昞注："三材为源，习者为流。流渐失源，其业各异。"本篇的主题，是将官材划分为"主德"与"偏材"两种类型，在"主德"领导下，十二种"偏材"处于合适的岗位，使国家机器协调运作。主要观点如下：

其一，"偏材"十二种，分为管理人材与技能人材两种类型。1.管理型人材共有八种，其中"清节家"擅长思想教化，"法家"擅长立法，"术家"擅长战略谋划，称之为"三材"，为领导力之本。"三材"各自派生出了擅长监察的"臧否"、擅长工程的"伎俩"和擅长揣摩心理的"智意"三个亚种。"三材"共同组合产生出了"国体"与"器能"两种"兼材"，从事综合型管理工作。2.技能型人材共四种："文章"擅长文献，"儒学"擅长传授，"口辩"擅长外交谈判，"雄杰"擅长军事。

其二，"主德"，指理想的君主，具备并中和了各种能力而无突出特点，因此能以公平的心去识别与任用各种人材。使十二种偏材都能安置在正确的岗位上。如果"主德"具有某种突出特长，其识人用人则难以客观公正。按照物以类聚的规律，容易识别和重用与自己相同的人材，其他人材则得不到合理使用，导致行政运作紊乱。刘邵主德与偏材关系观点，是黄老道家政治哲学在人材学上的应用。

　　需要指出的是，刘邵笔下与十二种偏材能力相应的政府官职，并不是汉魏时期实际运作的官职，而是来自儒家《周礼》与《尚书·周官》中的西周官职，在政治实践中早已不复存在。这一现象反映了汉魏之际中国思想界在"复古"的旗帜下，试图进行制度变革的努力。因此，刘邵关于官材与官职的学说，多有牵强附会之处，个别地方甚至自相矛盾，他列举的某些历史人物与其关于偏材的定义并不相符。[①]

3-1　盖人流之业十有二焉[①]。有清节家[②]，有法家[③]，有术家[④]，有国体[⑤]，有器能[⑥]，有臧否[⑦]，有伎俩[⑧]，有智意[⑨]，有文章[⑩]，有儒学[⑪]，有口辨[⑫]，有雄杰[⑬]。

【译文】

　　治国人材大致可划分为以下十二种类型：道德教化型偏材（清节家）、建法立制型偏材（法家）、战略谋划型偏材（术家）、综合决策型兼材（国体）、综合事务型兼材（器能）、批评督察

型偏材（臧否）、工程技巧型偏材（伎俩）、通权达变型偏材（智意）、编辑著述型偏材（文章）、文化传授型偏材（儒学）、能言善辩型偏材（口辨）、勇猛善战型偏材（雄杰）。

【校注】

①　流：流派。《汉书·艺文志》探讨先秦诸子百家的起源时，称各学术流派为"流"："儒家者流，盖出于司徒之官……道家者流，盖出于史官……纵横家者流，盖出于行人之官。"人流之业：指各流派的职业。刘昞注："性既不同，染习又异，枝流条别，各有志业。"

②　清节家：道德教化型偏材。刘昞注："行为物范。"

③　法家：建法立制型偏材。刘昞注："立宪垂制。"

④　术家：战略谋划型偏材。刘昞注："智虑无方。"

⑤　国体：综合决策型兼材。刘昞注："三材纯备。"

⑥　器能：综合事务型兼材。刘昞注："二材而微。"

⑦　臧否：批评督察型偏材。刘昞注："分别是非。"

⑧　伎俩：工程技巧型偏材。刘昞注："错意工巧。"

⑨　智意：通权达变型偏材。刘昞注："能炼众疑。"

⑩　文章：编辑著述型偏材。刘昞注："属辞比事。"

⑪　儒学：文化传授型偏材。刘昞注："道艺深明。"

⑫　口辨：能言善辩型偏材。刘昞注："应对给捷。"

⑬　雄杰：勇猛善战型偏材。刘昞注："胆略过人。"

上述十二种专门人材的名称，各有传统解释，但此处，应以刘邵文中的定义为准，故在此不作诠释，详见后注。

3-2 若夫德行高妙，容止可法，是谓清节之家，延陵、晏婴是也①。建法立制，强国富人，是谓法家，管仲、商鞅是也②。思通道化，策谋奇妙，是谓术家，范蠡、张良是也③。

【译文】

　　道德品行出众，行为举止可为表率者，称为道德教化型偏材（清节家），季札、晏婴是代表人物。建立政治法律制度，使国家强盛、人民富裕者，可称为建法立制型偏材（法家），管仲、商鞅是代表人物。洞察时势变化，作出正确战略决策者，可称为战略谋划型偏材（术家），范蠡、张良是代表人物。

【校注】

　　① 德行：道德品行。容止：容貌举止。清节：清廉节操。延陵：春秋时吴国贵族季札，吴王诸樊之弟，多次推让君位，封于延陵（今江苏常州），称延陵季子。晏婴：春秋时齐国大夫，字平仲，夷维（今山东高密）人。后为齐相，以节俭力行，名显诸侯。

　　② 管仲：春秋初期政治家，名夷吾，字仲，颍上（颍水之滨）人。初事齐公子纠，后相齐桓公。在齐国进行改革，富国强兵，使齐桓公成为春秋时第一个霸主。商鞅：战国时政治家，卫国人，姓公孙，名鞅，以封于商，称商鞅。初仕魏，为魏相公叔痤家臣，后入秦，历任左庶长、大良造。相秦十九年，辅佐秦孝公变法，废井田，开阡陌，奖励耕战，使秦国富强。秦孝公死后，被贵族诬害，车裂

而死。

　　③思通道化：思想能通晓事物深奥的变化机理。范蠡：春秋末政治家，字少伯，楚国宛（今河南南阳）人，越国大夫，以足智多谋著称，帮助越王勾践发奋图强，消灭了吴国。后游齐国，经商致富。张良：字子房。曾谋刺秦始皇。秦末战乱中，聚众归刘邦。作为重要谋士，对楚汉战争中刘邦的胜利起了极重要作用。汉朝建立，封留侯。

3-3 兼有三材，三材皆备①：其德足以厉风俗，其法足以正天下，其术足以谋庙胜，是谓国体，伊尹、吕望是也②。兼有三材，三材皆微③：其德足以率一国，其法足以正乡邑，其术足以权事宜，是谓器能，子产、西门豹是也④。

【译文】

　　如果完善地具备了清节家、法家、术家三种素质，道德人格能移风易俗，政治法律制度能匡正天下，奇谋妙计能克敌制胜，可称为综合决策型兼材（国体），如伊尹、吕望。如果具有了三种素质而不完美，道德品行能为一郡表率，法令能整顿地方秩序，权术能灵活处理具体政务，可称为综合事务型兼材（器能），如子产、西门豹。

【校注】

　　①三材：即上文的清节、法、术三家。刘昞注："德与法术皆

纯备也。"

②庙胜：指临战前朝廷所定克敌制胜的谋略。国体：原意指国家的基本典章制度，此处特指国家大政方针的制定者。伊尹：名伊，尹是官名。传说为奴隶出身，后帮助商汤攻灭夏桀，后长期主持国政。吕望：即姜子牙。

③微：不甚完美。刘昞注："不纯备也。"

④国：郡国。乡邑：泛指县以下基层组织。事宜：具体政务。子产：春秋时政治家，名侨，字子产。郑简公十二年为卿，后来执政，实行改革，给郑国带来了新气象。西门豹：战国魏文侯时为邺令，曾破除当地"河伯娶妇"的迷信，兴修水利，发展农业生产。器能是指地方各级行政长官，以西门豹为例比较合适，而以子产为例则明显不当。这个问题，古人已经指出，详见3-4注释⑦。

3-4 兼有三材之别，各有一流①：清节之流，不能弘恕②，好尚讥诃，分别是非③，是谓臧否，子夏之徒是也④。法家之流，不能创思远图⑤，而能受一官之任，错意施巧⑥，是谓伎俩，张敞、赵广汉是也⑦。术家之流，不能创制垂则⑧，而能遭变用权，权智有余，公正不足⑨，是谓智意，陈平、韩安国是也⑩。

【译文】

　　上述三材又各自分别衍生出三个相应的亚种（次级人材）：道德教化型偏材（清节家）的亚种，失去了清节家宽宏大量的本色，只能分辨是非，监察责备，称为批评督察型偏材（臧否），如子夏这类人。建法立制型偏材（法家）的亚种，失去了法家首创精神和深谋远虑能力，只能在操作层面施加技巧，称为工程技巧型偏材（伎俩），如张敞、赵广汉。战略谋划型偏材（术家）的亚种，失去了术家的重大战略决策能力，只能用灵活的权术应付突发事件，公平正直少，而诡计权诈多，可称为通权达变型偏材（智意），如陈平、韩安国。

【校注】

①别：分支。三材之别：指清节、法、术三材中之一家。流：支流或末流，即主体的衍生物。各有一流：指三材各有一种衍生出的亚种，即下文的清节之流（臧否）、法家之流（伎俩）、术家之流（智意）三种。刘昞注："三材为源，则习者为流也。"

②弘恕：宽宏大量。刘昞注："以清为理，何能宽恕？"

③讥诃：即责备、非难。刘昞注："己不宽恕，则是非生。"

④臧否：品评、褒贬。子夏：春秋卫国人，孔子弟子。

⑤创思：首创精神。远图：长远谋划。刘昞注："法制于近，思不及远。"

⑥错意：费尽心机。施巧：使用各种技巧。刘昞注："务在功成，故巧意生。"

⑦伎俩：技能。张敞：西汉河东平阳人，字子高。初为太仆丞。宣帝时任太中大夫、京兆尹、冀州刺史等。敢直言，严赏罚，所至有政绩。赵广汉：西汉涿郡蠡吾（今河北博野西南）人，字子都。少为郡吏、州从事。宣帝时，任颍川太守，迁京兆尹，执法不避权贵，后被杀。

　　显然,张敞与赵广汉不符合刘邵关于伎俩的定义。据《汉书》本传记载,这两个西汉官员从未主管过工程,也没有"错意施巧"的品质。他们都曾任京兆尹,以不畏权贵、严格执法著称。《流业》中"偏材"定义与所列举人物不匹配这个现象,古人就已经察觉。例如,唐朝李德裕在《穷愁志·人物志论》中指出:"余尝览《人物志》,观其索隐精微,研几玄妙,实天下奇才。然品其人物,往往不伦。以管仲、商鞅俱为法家,是不究其成败之术也。以子产、西门豹俱为器能,是不辨其精粗之迹也。子产多识博闻,叔向且犹不及,故仲尼敬事之,西门豹非其匹也。其甚者曰:辨不入道而应对资给,是谓口辩,乐毅、曹丘生是也。乐毅,中代之贤人,洁去就之分,明君臣之义,自得卷舒之道,深识存亡之机;曹丘生招权倾金,毁誉在口,季布以为非长者,焉可以比君子哉?"(李德裕:《李卫公会昌一品集》,中华书局,1985 版,第 270 ~ 271 页)

　　⑧创制垂则:创立法则流传后世。刘昞注:"以术求功,故不垂则。"

　　⑨遭变用权:遇到突发事件能够机智灵活地处理。刘昞注:"长于权者,必短于正。"

　　⑩智意:智谋。陈平:汉初阳武(今河南原阳东南)人。少时家贫,好黄老之术,为刘邦的谋士。曾建议用反间计使项羽去谋臣范增,并以爵位笼络大将韩信。汉朝建立,封曲逆侯。惠帝、吕后时任丞相。吕后死,他与周勃定计诛杀诸吕,迎立文帝。韩安国:西汉梁国成安(今河南临汝)人,字长孺。初为梁孝王中大夫,吴楚七国之乱时,击退吴兵,由此著名。武帝时,任御史大夫、卫尉。

3-5 凡此八业,皆以三材为本 ①。故虽波流分别,皆为 (轻)[经]事之材也 ②。

【译文】

上面八种人材,实际是以清节家、法家、术家三种人材为基础。所以尽管已有所变化,但都属于经邦治国所需要的政治人材。

【校注】

① 八业:清节、法、术、国体、器能、臧否、伎俩、智意。三材:清节、法、术。刘昞注:"非德无以正法,非法无以兴术。是以八业之建,常以三材为本。"

② 波流:变化。皆为(轻)[经]事之材也:据彭家屏本改。刘昞注:"耳目殊管,其用同功。群材虽异,成务一致。"

3-6 能属文著述,是谓文章,司马迁、班固是也 ①。能传圣人之业,而不能干事施政,是谓儒学,毛公、贯公是也 ②。辨不入道而应对资给,是谓口辩,乐毅、曹丘生是也 ③。胆力绝众,材略过人,是谓骁雄,白起、韩信是也 ④。

【译文】

有人善于编写撰述,可称为编辑著述型人材(文章),如司马迁、班固。能传授圣人留下的思想文化知识,却不能直接从事政治事务，可称为文化传授型人材（儒学），如毛公、贯公。不能深入辨析道理，却能在辩论中对答如流，可称为能言善辩型人材（口辩），如乐毅、曹丘生。胆量、气力和用兵战略都十分出色，可称为勇猛善战型人材（骁雄），如白起、韩信。

【校注】

①属文：写作文章。著述：编辑撰述。属文著述：泛指文字工作。文章：指著述编辑型人材。司马迁：西汉著名史学家，《史记》的作者。班固：东汉史学家。续父所著《汉书》，撰集《白虎通义》。

②业：学业。不能干事施政：不能从事实际政治工作。儒学：此处指文化传授型人材。毛公：汉初传授《诗经》学者。贯公：汉时人，从贾谊受《左氏传》，训古文，为河间献王博士。

③应对：对答。《韩非子·说疑》："进退不肃、应对不恭者斩于前。"资给：给对方丰富而清晰的回答。《材理篇》："聪睿资给，不以先人。"应对资给：指在论辩中对答如流。口辩：能言善辩型人材。乐毅：战国时燕国之将，燕昭王时任亚卿，曾率军击破齐国，先后攻下七十多座城。燕惠王即位，中齐国反间计，乐毅出奔，后死于赵国。曹丘生，汉初楚之辩士，投靠季布，使季布名声大振。

④胆力：胆量和力气。《英雄篇》："胆力者，雄之分也……雄以其力服众，以其勇排难。"材略：才智谋略。骁雄：刘邵认为要具备力气、胆量、智谋三要素才可称为"雄"，指勇猛善战型人材。《英雄篇》："力气过人，勇能行之，智是断事，乃可以为雄，韩

信是也。"与本篇的胆力、材略说法一致。白起：战国时秦国名将，屡战屡胜，夺得韩、赵、楚大量国土。曾率军攻克楚国首都，又于长平之战大胜赵军，坑杀俘虏四十多万。后为秦相国范睢所妒忌，被逼自杀。韩信：汉初诸侯王。淮阴（今江苏清江西南）人。初属项羽，继归刘邦，被任为大将，在楚汉战争中具有举足轻重的作用，被封为齐王。汉王朝建立后，被封为楚王。有人告他谋反，被降为淮阴侯，终被吕后所杀。

3-7 凡此十二材，皆人臣之任也①，主德不预焉②。主德者，聪明平淡，总达众材，而不以事自任者也③。是故主道立，则十二材各得其任也④。

　　清节之德，师氏之任也⑤。

　　法家之材，司寇之任也⑥。

　　术家之材，三孤之任也⑦。

　　三材纯备，三公之任也⑧。

　　三材而微，冢宰之任也⑨。

　　臧否之材，师氏之佐也⑩。

　　智意之材，冢宰之佐也⑪。

　　伎俩之材，司空之任也⑫。

　　儒学之材，安民之任也⑬。

　　文章之材，国史之任也⑭。

　　辩给之材，行人之任也⑮。

　　骁雄之材，将帅之任也⑯。

【译文】

上述十二种人，都属于大臣官员之材，而不是君主之材。君主之材，既聪明过人，又中和平淡，具备各种人材素质，却不擅长具体部门的工作。所以，君主以无为顺应人材规律，十二种人材就会各自在最合适的职位上发挥作用：

道德教化型偏材（清节家），负责意识形态部门工作，从事思想教化工作（师氏之任）。

建法立制型偏材（法家），负责公安司法部门工作（司寇之任）。

战略谋划型偏材（术家），辅佐最高决策机构，协助制定国家大政方针（三孤之任）。

综合决策型兼材（国体），负责最高决策机构，研究决定国家大政方针（三公之任）。

综合事务型兼材（器能），负责行政机构（执行机关）工作，处理日常政务（冢宰之任）。

批评督察型人材（臧否），辅佐道德教化型偏材从事意识形态工作（师氏之佐）。

通权达变型偏材（智意），辅佐综合事务型人材处理日常政务（冢宰之佐）。

工程技巧型偏材（伎俩），负责国家的工业生产和工程建设部门（司空之任）。

文化传授型偏材（儒学），负责用文化知识教育并安抚人民（安民之任）。

著述编辑型偏材（文章），负责国家历史、文化典籍的编撰、整理、保管、研究等部门的工作（国史之任）。

能言善辩型偏材（辩给），负责外交、礼宾部门的交际接待工作（行人之任）。

勇猛善战型偏材（骁雄），作为军队的将领，率军作战（将帅之任）。

【校注】

① 人臣之任：政府的各职能部门。刘昞注："各抗其材，不能兼备。保守一官，故为人臣之任也。"

② 主德：理想君主的品德。

③ 总达众材：领导各种人材。不以事自任：不从事任何具体部门工作。刘昞注："目不求视，耳不参听，各司其官，则众材达。众材既达，则人主垂拱无为而理。"

④ 主道立：指君主中庸无为的总原则确立。十二材各得其任：十二种偏材（兼材）被正确安置在合适的岗位上。刘昞注："上无为，则下当任也。"

⑤ 师氏：负责教育贵族子弟的官员。《周礼·地官·师氏》："师氏掌以媺诏王，以三德教国子。"刘昞注："掌以道德，教道胄子。"

⑥ 司寇：负责刑狱、纠察等公安司法工作的官员。《尚书·周书·周官》："司寇掌邦禁，诘奸慝，刑暴乱。"刘昞注："掌以刑法，禁制奸暴。"

⑦ 三孤：少师、少傅、少保，辅佐三公，讨论国家的大政方针，参与政治决策，地位在六卿之上。《尚书·周书·周官》："少师、少傅、少保，曰三孤。"孔安国传："此三官名曰三孤。孤，特也。

言卑于公，尊于卿。特置此三者。"刘昞注："掌以庙谟，佐公论正。"

⑧纯备：十分完善。三公：太师、太傅、太保，负责国家基本方针和军政大事决策的最高级官员，构成决策首脑机构。地位高于冢宰、司徒、司马、司空及以六卿为主的政治执行机构。《尚书·周书·周官》："立太师、太傅、太保。兹惟三公，论道经邦，燮理阴阳。"孔安国传："师，天子所师法。傅，傅相天子。保，保安天子于德义者。此惟三公之任，佐王论道，以经纬国事，和理阴阳，言有德乃堪之。"刘昞注："位于三槐，坐而论道。"

⑨冢宰：中央执行机关的行政长官，负责处理日常公务，为六卿之首。《尚书·周书·周官》："冢宰掌邦治，统百官，均四海。"刘昞注："天官之卿，总御百官。"

⑩师氏：见上注⑤。佐：处于辅助地位。师氏之佐：指辅佐师氏教育贵族子弟的官员。刘昞注："分别是非，以佐师氏。"

⑪冢宰之佐：辅佐冢宰去领导百官，处理日常政务的官员。刘昞注："师事制宜，以佐天官。"

⑫司空：负责工业生产和工程建设的官员。《国语·周语》："司空不视途。"注："司空，卿官，掌道路者。"刘昞注："错意施巧，故掌冬官。"

⑬安民：安抚人民。《尚书·皋陶谟》："安民则惠，黎民怀之。"此处指以儒家文化安抚和教化下民。按："安民"，《长短经》引为"保民"。疑"保民"为"保氏"之误。上文"安民"非具体官职，而"保氏"则是载于《周礼·地官》的官职，职责为：以儒家"六艺"、"五礼"等技能教育国子。师氏侧重道德教育，保氏侧重技术教育。刘昞注："掌以德毅，保安其人。"

⑭ 国史：国家的史官，负责历史文化典籍的编修保管等工作。《诗·周南·关雎序》："国史明乎得失之迹。"孔颖达疏："言国之史官皆博闻强识之士……国史者，周官大史、小史、外史、御史之等皆是也。"刘昞注："宪章纪述，垂之后代。"

⑮ 行人：负责朝觐聘问（即外交礼仪事务）的官员，有大、小行人之分。《周礼·秋官·大行人》："大行人掌大客之礼及大宾之仪，以亲诸侯。"《周礼·秋官·小行人》："小行人掌邦国宾客之礼籍，以待四方之使者。"刘昞注："掌之应答，送迎道路。"

⑯ 骁雄：勇猛雄武。刘昞注："掌辖师旅，讨平不顺。"

3-8 是谓主道得而臣道序，官不易方而太平用成①。若道不平淡，与一材同用好②，则一材处权，而众材失任矣③。

【译文】

总之，君主无为之道确立，人臣则各尽其材，无需改变制度便会天下太平。如果君主不能无为，偏好一种人材，那么只能使一种类型人材得到重用，而其他类型人材则不能发挥作用。

【校注】

① 序：秩序井然。易方：变化制度或治国之术。刘昞注："太平之所以成，由官人之不易方。若使足操物，手求行，四体何由宁？理道何由平？"

② 与一材同用好：与一种偏材有共同爱好。《墨海金壶》本

和彭家屏本无"用"字。刘昞注:"譬大匠善规,惟规之用。"

③一材处权:仅能识别并重用一种偏材。刘昞注:"惟规之用,则矩不得立其方,绳不得经其直,虽目运规矩,无由成矣。"

附:《流业》十二材表

十二材	与三材关系	人材特点	宜任官职	代表人物	备注	
清节家	德	德行高妙,容止可法。	师氏之任	延陵、晏婴	三材	政务官:总称经事之材
法家	法	建法立制,强国富人。	司寇之任	管仲、商鞅		
术家	术	思通道化,策谋奇妙。	三孤之任	范蠡、张良		
国体	三材皆备	德足以厉风俗,法足以正天下,术足以谋庙胜。	三公之任	伊尹、吕望	均为兼材	
器能	三材皆微	德足以率一国,法足以正乡邑,术足以权事宜。	冢宰之任	子产、西门豹		
臧否	清节之流	不能弘恕,好尚讥诃,分别是非。	师氏之佐	子夏之徒	三材之流	
伎俩	法家之流	不能创思远图,而能受一官之任,错意施巧。	司空之任	张敞、赵子汉		
智意	术家之流	不能创制垂则,而能遭变用权,权智有余,公正不足。	冢宰之佐	陈平、韩安国		
文章		能属文著述。	国史之任	司马迁、班固		非政务官
儒学		能传圣人之业,而不能干事施政。	安民之任	毛公、贯公		
口辨		辩不入道而应对资给。	行人之任	乐毅、曹丘生		
雄杰		胆略绝众,材略过人。	将帅之任	白起、韩信		

材理第四

【导读】

理：道理、标准。材理：人材标准。篇名为"材理"，而内容却全是关于论辩的技术性问题。因为人们误认为自己看人很客观，其实都是以自己为标准。人的性格能力存在巨大差异，人材标准并不相同，所以只能通过正确的辩论途径探讨。刘昞注："材既殊途，理亦异趣。故讲群材，至理乃定。"本篇的主题，是如何通过正确的辩论技巧找到相对合理的人材标准。由以下两个方面构成：

其一，不存在共同的人材标准。1.世界上存在自然、政治、伦理、心理四种不同的规律，同时存在通晓这四种规律的哲学家、政治家、教育家与心理学家，所持道理不同，人材标准不同。2.又有九种性格偏颇的人，各自根据自己的好恶看问题，使人材标准更难统一。因此只有通过正确的学术辩论，才能在不同性格能力与知识背景的人之间建立沟通的桥梁，找到一个大家都认可的相对合理的标准。如果不遵循正确的辩论规则，就无法达成一致意见。

其二，关于辩论技术问题。1."流有七似"：七种似是而非的错误辩论方式，会迷惑听众，混淆视听。2."说有三失"：不注重辩论技巧产生的三种失误，使对方不能理解自己的意思。3."难有六构"：双方诘难时，容易引起对方敌对情绪的六种错误辩论方法，使辩论无法进行。4."通有八能"：论辩中应当具备的八种良好的发言技能。偏材与兼材只能具备其中一种或数种，只有通人（主德），才能兼备八种技能，与各种人沟通，真正通晓材理。

学术界认为，魏晋清谈渊源于汉末清议。但是清议侧重于具体人物的评价，而清谈则重在探求事物的规律。两者是怎样转化的呢？关键是对人材标准的辨析，因为人材标准必然涉及政治、伦理、哲学等问题。在汉魏之际传统理论体系崩溃的历史条件下，思想界只能通过学术辩论的方式进行探讨。《人物志·材理》展现了这一转化的理论细节。

4-1 夫建事立义，莫不须理而定^①。及其论难，鲜能定之^②。夫何故哉？盖理多品而人异也^③。夫理多品则难通，人材异则情诡^④。情诡难通，则理失而事违也^⑤。

【译文】

创建事业，必须明确其意义，这就需要以某种原理（规律）为依据。然而，当为此展开讨论时，却很少能达成一致意见。是什么原因造成的呢？大概是规律的多元和人材的差异所致。规律多元，从而难以通达；人材有差异，从而使性情不同。规律多元和人材差异，导致正确的理论标准不立而事业失误。

【校注】

　　① 建事：创办事业。立义：确定事物的意义。刘昞注："言前定则不惑，事前定则不蹶。"

　　② 论难：辩论诘难。《后汉书·桓荣传》："会诸博士，论难于前。"

　　③ 理多品：理论品目繁多。人异：人材差异。刘昞注："事有万端，人情舛驳，谁能定之？"

　　④ 情：性情。诡：差异。情诡：性情差异。

　　⑤ 违：失误。刘昞注："情诡理多，何由而得？"

4-2 夫理有四部 ①，明有四家 ②。情有九偏 ③，流有七似 ④。说有三失 ⑤，难有六构 ⑥。通有八能 ⑦。

【译文】

　　规律分四大类，并有能明察相关规律的四种专家。人们的性格有九种偏颇类型，还有七种酷似偏材的似是而非者。陈述观点容易出现三种失误，展开辩论容易出观六种不良势态。要具备八种优良的辩论品质，才有可能公正客观地研究讨论并发现全部人材规律。

【校注】

　　① 部：门类。刘昞注："道义事情，各有部也。"

　　② 明：认识能力。刘昞注："明通四部，各有其家。"

　　③ 情：性情。偏：偏颇。刘昞注："以情犯明，得失有九。"

④流：流弊。似：似是而非。刘昞注："似是而非，其流有七。"

⑤说：发言。刘昞注："辞胜理滞，所失者三。"

⑥难：诘难。构：构成某种不良论辩气氛。刘昞注："强良竞气，忿构有六。"

⑦通：通晓辩论技巧。能：能力。刘昞注："聪思明达，能通者八。"

4-3 若夫天地气化，盈虚损益，道之理也①。法制正事，事之理也②。礼教宜适，义之理也③。人情枢机，情之理也④。

【译文】

　　宇宙万物生成变化的原理，属于哲学领域的规律。政治法律制度及社会管理的原理，属于政治学领域的规律。礼乐教化方面的原理，属于伦理学领域的规律。人类思想情感活动的原理，属于心理学领域的规律。

【校注】

　　①气化：阴阳五行之气的运行变化。盈虚：指事物的消长变化。《易·丰·彖》："天地盈虚，与时消息。"损益：亦指变化。道之理：宇宙万物生化之规律。刘昞注："以道化人，与时消息。"

　　②正事：处理政务。事之理：政治规律。刘昞注："以法理人，务在宪制。"

　　③宜适：因地制宜、因材施教。义之理：道德伦理规律。刘

昞注："以理教之，进止得宜。"

④ 枢机：事物的关键部分。《易·系辞上》："言行，君子之枢机。"韩康伯注："枢机，制动之主。"情之理：心理情感规律。刘昞注："观物之情，在于言语。"

4-4 四理不同。其于才也，须明而章，明待质而行①。是故质于理合，合而有明，明足见理，理足成家②。

【译文】

　　以上四大规律是客观并存，各不相同的。它们需要与人类认识能力结合，才能被揭示出来，而认识能力又以自身特定的人材素质为基础。所以，当某种人材素质与客观存在的规律因同构性而相契合时，来源于这种素质的相应认识能力就会显现出活力，发现那种与自己能力相契合的规律（原理）。当其认识能力完全理解了与之契合的规律后，就成了深通某种特殊规律的专家。

【校注】

　　① 四理：即上文的道之理、事之理、义之理、情之理。其于才也：四理与人材的关系。明：认识能力。章：被发现。须明而章：需要认识能力才能被发现。质：材质。明待质而行：认识能力发挥作用以自身的材质为基础。

　　② 质于理合：人材的素质与客观存在的规律（理）相契合。合而有明：契合后主体的认知能力才会显现出活力。明足见理：

当这一认知能力充实完备时,就会明察客观规律。理足成家:圆满地认识了客观规律(理),就成了深通某种规律的专家。刘昞注:"道义与事,情各有家。"

4-5 是故质性平淡,思心玄微①**,能通自然,道理之家也**②**。质性警彻,权略机捷**③**,能理烦速,事理之家也**④**。质性和平,能论礼教**⑤**,辩其得失,义礼之家也**⑥**。质性机解,推情原意**⑦**,能适其变,情理之家也**⑧**。

【译文】

材质中和均衡,思想深刻奥妙,能洞察宇宙万物生成变化规律的人,是哲学家。材质机敏明察,足智多谋,随机应变,能迅速敏捷地处理复杂而紧急政务的人,是政治家。材质和顺平稳,深通礼乐教化规律,并能分析其价值意义的人,是伦理学家。材质细微通达,能准确掌握别人思想变化的人,是心理学家。

【校注】

①质性:材质的特点。平淡:中和均衡。刘昞注:"容不躁扰,其心详密。"

②自然:宇宙万有的自然本性及其规律。道理之家:哲学家。刘昞注:"以道为理,故能通自然也。"

③警彻:机敏明察。权略:随机应变的谋略。机捷:灵活迅速。刘昞注:"容不迟钝,则其心机速。"

④烦速:复杂而紧急的公务。事理之家:政治家。刘昞注:"以

事为理,故审于理烦也。"

⑤ 和平:和顺平稳。刘昞注:"容不失适,则礼教得中。"

⑥ 义礼之家:伦理教育家。刘昞注:"以义为礼,故明于得失也。"

⑦ 机解:细微而通达。推情:度测他人情感。原意:了解他人本意。推情原意:准确掌握别人的心理活动。刘昞注:"容不妄动,则原物得意。"

⑧ 情理之家:心理学家。刘昞注:"以情为理,故能极物之变。"

4-6 四家之明既异,而有九偏之情,以性犯明,各有得失①。

刚略之人,不能理微②,故其论大体则弘博而高远③,历纤理则宕往而疏越④。

抗厉之人,不能回挠⑤,论法直则括处而公正⑥,说变通则否戾而不入⑦。

坚劲之人,好攻其事实⑧,指机理则颖灼而彻尽⑨,涉大道则径露而单持⑩。

辩给之人,辞烦而意锐⑪,推人事则精识而穷理⑫,即大义则恢愕而不周⑬。

浮沉之人,不能沉思⑭,序疏数则豁达而傲博⑮,立事要则炜炎而不定⑯。

浅解之人,不能深难⑰,听辩说则拟锷而愉悦⑱,审精理则掉转而无根⑲。

　　宽恕之人，不能速捷^⑳，论仁义则弘详而长雅^㉑，趋时务则迟缓而不及^㉒。

　　温柔之人，力不休强^㉓，味道理则顺适而和畅^㉔，拟疑难则濡愞而不尽^㉕。

　　好奇之人，横逸而求异^㉖，造权谲则倜傥而瑰壮^㉗，案清道则诡常而恢迂^㉘。

【译文】

　　四种专家的认识领域各自独立，已经很难互相沟通与理解，同时又有九种偏颇的性格干扰人们对规律的客规研究，形成许多片面的观点，既有收获，也有失误：

　　刚强粗略之人，缺乏分析具体事物的能力。宏观泛论时，似乎高瞻远瞩，而涉及问题细节时，就会漫无边际、不得要领。

　　勇猛严厉之人，直来直去，却不能辩证地看问题。当其论述法律制度的一般准则时，全面恰当，而说及灵活机动的策略时，则因思想僵化而难以变通。

　　坚强执著之人，喜欢探讨事实真相。谈论具体问题，详尽透彻，而涉及普遍原理时，则浅薄片面。

　　能言善辩之人，语言繁多，思想敏捷。推论人情世故时，说理透彻，而涉及人性基本规律时，则诧异茫然，谈不下去。

　　随波逐流之人，缺乏深入思考的能力。泛议现象时，夸夸其谈，博学多闻，而需要确定问题的要点时，则焦躁不安，心无主见。

　　思想肤浅之人，不能深刻辩析问题。听到清谈家们雄辩的发言时，仅仅醉心于谈锋犀利的形式美，而一旦深入分析精确的道理，则表现得束手无策，缺乏深刻稳定的独立见解。

宽容善良之人，不能迅速敏捷地处理问题。议论抽象的仁义道德时，广博而详尽，而判断当前时事要点，则反应迟钝缓慢，不得要领。

温顺柔和之人，缺乏旺盛的精力。体察可循的常规时，泰然自若，而遇到疑难问题就会迟缓怯懦，吞吞吐吐。

追求奇异之人，思想纵横奔放，喜欢惊人之举。谋划诡诈之术时，洒脱有气魄，而讨论清静无为规律时，则胡思乱想，不着边际。

【校注】

① 九偏：下文所列九种偏材之性。以性犯明：因偏颇的个性而影响明察。刘昞注："明出于真，情动于性，情胜明则蔽，故虽得而必丧也。"

② 刚略：刚强粗略。刘昞注："用意麁粗，意不玄微。"

③ 弘博：宏伟博大。高远：高超、深远。刘昞注："性刚则志远。"

④ 纤理：细微的道理。宕往：放荡无羁。疏越：粗疏散乱。刘昞注："志远故疏越。"

⑤ 抗厉：亢进严厉。刘昞注："用意猛奋，志不旋曲。"

⑥ 括处：全面。刘昞注："性厉则理毅。"

⑦ 否：闭塞。戾：乖张。否戾：指思想闭塞而且刚愎自用。刘昞注："理毅则滞碍。"

⑧ 坚劲：坚强执著。事实：事情真相。刘昞注："用意端确，言不虚徐。"

⑨ 机理：机制和道理。颖灼：敏悟明白。刘昞注："性确则言尽。"

⑩ 径露：浅薄。单持：片面。刘昞注："言切则义少。"

⑪ 意锐：思想敏锐。刘昞注："用意疾急，志不在退挫。"

⑫ 人事：人情世故。刘昞注："性锐则穷理。"

⑬ 大义：重大原理。恢愕：诧异茫然。刘昞注："理细故遗大。"

⑭ 浮沉：随波逐流，心无主见。刘昞注："用意虚廓，志不渊密。"

⑮ 序：评论。疏数：杂乱。序疏数：泛论各种现象。傲博：多言广闻，夸夸其谈。刘昞注："性浮则志微。"

⑯ 立事要：确定问题要点。爁炎：火势蔓延。《淮南子·览冥》："火爁炎而不灭，水浩洋而不息。"此处形容焦躁不安。刘昞注："志傲则理疏。"

⑰ 浅解：理解能力肤浅。刘昞注："用意浅脕（彭家屏本'脕'作'脱'），思不深熟。"

⑱ 拟：仿效。锷：刀剑之刃，此处指谈锋。拟锷：指仰慕犀利的谈锋。刘昞注："性浅则易悦。"

⑲ 掉转：摇摆不定。无根：没有根基，即没有理论主见。刘昞注："易悦故无根。"

⑳ 速捷：快速敏捷。刘昞注："用意徐缓，思不速疾。"

㉑ 弘详：广博而详尽。刘昞注："性恕则理雅。"

㉒ 迟缓：《长短经》引"缓"作"后"。刘昞注："徐雅故迟缓。"

㉓休强：大气刚强。刘昞注："用意温润，志不美悦。"

㉔味：体味，体察。顺适：泰然自若。和畅：和谐畅达。刘昞注："性和则理顺。"

㉕懦（rú）：迟缓。愞（nuò）：同"懦"，怯懦。刘昞注："理顺故依违。"

㉖横逸：纵横奔放。《长短经》引"横逸"作"横逆"。刘昞注："用意奇特，志不同物。"

㉗权谲：机巧诡诈。倜傥：洒脱。瑰壮：有气魄。刘昞注："性奇则尚丽。"

㉘清道：清静无为之道。《淮南子·原道》："是故圣人守清道而抱雌节。"诡常：违背常规。恢迂：迂阔，不切实际。刘昞注："奇逸故恢诡。"

4-7 此所谓性有九偏，各从其心之所可，以为理①。若乃性不精畅，则流有七似②：

有漫谈陈说，似（有）［若］流行者③。

有理少多端，似若博意者④。

有回说合意，似若赞解者⑤。

有处后持长，从众所安，似能听断者⑥。

有避难不应，似若有余而实不知者⑦。

有慕通口解，似悦而不怿者⑧。

有因胜情失，穷而称妙⑨，跌则掎蹠⑩，实求两解，似理不可屈者⑪。

凡此七似，众人之所惑也⑫。

【译文】

上述九种性格偏颇的偏材之人,将自己片面的看法,视为具有普遍意义的客观规律,因而难以求得真理。如果性格素质连偏材之人的水平都没有达到,就会出现七种貌似偏材论辩风格而实际上似是而非的假象:

无休止地泛泛议论,好像在传播真理。

实质性内容很少而论述的头绪繁多,好像有丰富的思想。

反复改变自己的说法去迎合所有人,好像理解并赞同别人的意见。

在众人的意见都说出之后,按大多数人的观点发表看法,好像具有综合不同观点作出决断的能力。

避开别人的诘问不理睬,好像有足够的学识而不屑回答,实际上根本不懂。

企望获得通晓一切道理的美名,所以听到别人的观点,即使不懂也立刻表示理解,看起来好像听得津津有味而内心并不愉悦。

求胜心切而无视辩论规则,明明理屈词穷反而宣称自己的理论微妙难以尽意,强辞夺理不肯认输,企图造成平局,好像自己所持观点没有被驳倒一样。

以上七种似是而非的假象,在辩论中起着混淆视听的破坏作用。

【校注】

①心之所可:内心所赞同的观点。刘昞注:"心之所可,以

为理,是非相蔽,终无休已。"《荀子·正名》:"心之所可中理,则欲虽多,奚伤于治! 欲不及而动过之,心使之也。心之所可失理,则欲虽寡,奚止于乱! 故治乱在于心之所可,亡于情之所欲。"荀子笔下的"心之所可",指内心所认可的道理。这是刘邵"心之所可"这句话的来源。

②精畅:精致完善。七似:因材质不完善而形成的七种貌似"偏材"的似是而非的假象。

③漫谈陈说:泛泛议论。似(有)[若]流行者:据孙人和说改。流行:传播。《孟子·公孙丑上》:"德之流行,速于置邮而传命。"刘昞注:"浮漫流雅,似若可行。"

④多端:头绪繁多。《三国志·郭嘉传》:"袁公徒欲效周公之下士,而未知用人之机,多端寡要,好谋无决。"理少多端:《墨海金壶》本作"理多端",无"少"字。博意:丰富的思想内容。刘昞注:"辞繁喻博,似若弘广。"

⑤回说:反复改变自己的说法。合意:迎合别人的观点。赞解:理解并赞同别人的意见。刘昞注:"外佯称善(《墨海金壶》本'佯'作'似'),内实不知。"

⑥处后持长:在别人意见都发表后,选择最好的意见发言。从众所安:迎合大多数人的观点。听断:听取意见并作出决断。刘昞注:"实自无知如不言,观察众谈,赞其所安。"

⑦避难不应:避开别人的诘问不回答。似若有余而实不知者:《长短经》引"余"作"解"。刘昞注:"实不能知,忘佯不应。似有所知,而不答者。"

⑧口解:口头上理解。刘昞注:"闻言即说,有似于解者,心

中漫漫不能悟。"

⑨ 因胜情失：因为求胜而不顾情理。穷而称妙：已理屈词穷反而自称妙理难以表达。刘昞注："辞已穷矣，自以为妙而未尽。"

⑩ 跲：被对方驳倒。掎（jǐ）：拖住。蹠（zhí）："跖"的异体，踩住。掎蹠：指强辞夺理不肯认输。刘昞注："理已跲矣，而强牵据。"

⑪ 实求两解：试图使辩论双方出现平局。似理不可屈：好像自己所持观点没有被驳倒。刘昞注："辞穷理屈，心乐两解，而言犹不止，听者谓之未屈。"

⑫ 惑：迷惑。刘昞注："非明镜，焉能监之？"

4-8 夫辩有理胜^①，有辞胜^②。理胜者，正白黑以广论，释微妙而通之^③；辞胜者，破正理以求异，求异则正失矣^④。

夫九偏之材，有同，有反，有杂^⑤。同则相解^⑥，反则相非^⑦，杂则相恢^⑧。故善接论者，度所长而论之^⑨；历之不动，则不说也^⑩；傍无听达，则不难也^⑪。不善接论者，说之以杂反^⑫；说之以杂反，则不入矣^⑬。

善喻者，以一言明数事^⑭；不善喻者，百言不明一意^⑮；百言不明一意，则不听也^⑯。

是说之三失也。

【译文】

辩论中有以理论正确取胜的，也有强辞夺理取胜的。以理论正确取胜,是指通过广泛深入的讨论去分辨是非,将深奥的原理解释明白;以强辞夺理取胜,是指为了刻意求新而颠覆正确的理论,使真理不明。

九种偏材之间,有性格相同者,有性格相反者,还有性格不同不异的相杂者。相同性格之间,容易互相理解;相反性格之间,容易互相攻击;相杂性格之间,则互相宽容对待,敬而远之。所以,擅长展开讨论的人,从对方的热点话题谈起,对方不感兴趣则不再讲下去,对方没有听懂则不去诘问;不擅长与人展开讨论的人,却说一些与对方爱好无关或相反的话,对方根本就不可能听进去。

擅长语言表达的人,用一句话即可说清几个意思;不擅长语言表达的人,用一百句话也不能说明一个意思,如此难懂,对方就不会再听下去。

以上是陈述观点时常见的三种失误。

【校注】

① 理胜:以理论的正确取胜。刘昞注:"理至不可动。"

② 辞胜:强词夺理,以言辞取胜。刘昞注:"辞巧不可屈。"

③ 白黑:白色和黑色,比喻是非、善恶等。微妙:深奥。《老子》:"古之善为士者,微妙玄通,深不可识。"刘昞注:"说事分明,有如粉黛。朗然区别,辞不溃杂。"

④ 破正理以求异:为标新立异而破坏正确的理论。刘昞注:"以白马非白马,一朝而服千人,及其至关禁锢,直而后过也。"

⑤ 同:同一类性格,如同为"刚略之人"。反:相反的性格,

如"抗厉之人"与"温柔之人"之间互相水火。杂：既不相同，又不相反，指不相关，如"刚略之人"与"抗厉之人"的关系。

⑥ 相解：互相了解。刘昞注："譬水流于水。"

⑦ 相非：互相攻击。刘昞注："犹火灭于水。"

⑧ 相恢：互相宽容对待，敬而远之。刘昞注："亦不必同，又不必异，所以恢达。"

⑨ 接论：讨论问题。度所长而论之：按照对方所擅长并感兴趣的话题展开讨论。刘昞注："因其所能，则其言易晓。"

⑩ 历之不动，则不说也：发言后对方无反应则不再继续讲下去。刘昞注："意在（杓）[狗]马（据《墨海金壶》本和《龙谿精舍》本改），彼俟他日。"

⑪ 傍无听达，则不难也：发言后对方没有听懂，就不要诘问。刘昞注："凡相难讲，为达者听。"

⑫ 杂反：不相关或相反。刘昞注："彼意在狗，而说以马；彼意大同，而说以小异。"

⑬ 说之以杂反，则不入矣：发言内容与辩论对手的兴趣爱好无关或相反，对方不可能听进去。刘昞注："以方入圆，理终不可。"

⑭ 善喻：善于说明问题。刘昞注："辞附于理，则言寡而事明。"

⑮ 百言：多言。刘昞注："辞远乎理，虽泛滥多言，已不自明，况他人乎？"

⑯ 不听：不再倾听对方的发言。刘昞注："自意不明，谁听之？"

4-9 善难者，务释事本①。不善难者，舍本而理末②。舍本而理末，则辞构矣③。

　　善攻强者，下其盛锐④，扶其本指，以渐攻之⑤。不善攻强者，引其误辞以挫其锐意⑥。挫其锐意，则气构矣⑦。

　　善蹑失者，指其所趺⑧。不善蹑失者，因屈而抵其性⑨。因屈而抵其性，则怨构矣⑩。

　　或常所思求，久乃得之⑪。仓卒谕人，人不速知，则以为难谕⑫。以为难谕，则忿构矣⑬。

　　夫盛难之时，其误难迫⑭。故善难者，征之使还⑮。不善难者，凌而激之，虽欲顾藉，其势无由⑯。其势无由，则妄构矣⑰。

　　凡人心有所思，则耳且不能听⑱。是故并思俱说，竞相制止，欲人之听己⑲。人亦以其方思之故，不了己意，则以为不解⑳。人情莫不讳不解㉑，讳不解则怨构矣㉒。

　　凡此六构，变之所由兴也㉓。然虽有变构，犹有所得㉔。若说而不难，各陈所见，则莫知所由矣㉕。由此论之，谈而定理者眇矣㉖！

【译文】

　　在辩论中善于诘难的人，一定会抓住事情的本质问题不放。不善于诘难的人，往往在枝节问题上纠缠不休。在枝节问题上纠缠，造成了强词夺理的辩论局面。

　　善于挫败强手的人，一般先避开其进攻锋芒，然后按对方论点的逻辑思路,由浅入深逐步反攻。不善于和强手对垒的人,往往企图抓住对方发言中的措辞失误去挫败其锐气,结果只能造成对方失去理智而意气用事的辩论势态。

善于处理对方发言失误的人,对失误点到为止。不善于处理对方发言失误的人,却利用失误迫使对方认输,使其感到人格受辱而产生怨恨情绪。

有人经过长期思考才获得了对某个难题的解答,在辩论中却企图使他人立刻明白。他人不可能短时间明白,于是便认为他人难以理解自己,因而产生愤慨情绪。

当双方辩论达到高潮时,不要揪住对方发言中的失误不放,以致步步紧逼。善于辩论的人,力图使失误的对手回到辩论主题的思路上来,继续辩下去。不善于辩论的人却攻击对方的失误使矛盾激化,矛盾一旦激化则无法控制,即使打算安抚对手使之恢复正常辩论,也已经不可能了,从而造成了混乱的辩论局面。

人们心中考虑着问题,耳朵就很难听取别人的陈述。所以当论战双方同时处于思考问题并忙于发言表达时,都企图制止对方的发言,让对方先听取自己的意见。然而,双方都在思考问题,不可能注意理解对方陈述的内容,所以双方都抱怨对方没有认真领会自己的思想。众所周知,厌恶自己的观点不被理解,是人之常情,所以导致了双方的愤怒心态。

以上是辩论中容易出现的六种不良变态。然而,尽管产生变态,辩论仍是有收获的。如果双方都陈述己见而不展开辨析诘问,那么就不知谁是谁非、应当遵循哪种道理了。

【校注】

①善难者：善于诘问对方的人。务释事本：致力于说明事物的根本问题。刘昞注："每得理而止住。"

②理末：纠缠于枝节问题。刘昞注："逐其言而接之。"

③构：造成某种局面或状态。辞构：造成了强词夺理的辩论局面。刘昞注："不寻其本理，而以烦辞相文。"

④攻强：在辩论中挫败进攻型对手。下其盛锐：避开对方的进攻锋芒。刘昞注："对家强梁，始气必盛，故善攻强者，避其初鼓也。"

⑤扶：沿着。本指：本旨。扶其本指，以渐攻之：按照对方论点的逻辑思路，由浅入深地逐步进攻。刘昞注："三鼓气胜，衰则攻易。"

⑥误辞：对方的措辞错误。刘昞注："强者意锐，辞或暂误，击误挫锐，埋之难也。"

⑦气构：造成失去理智而意气用事的辩论势态。刘昞注："非徒群言交错，遂至动其声色。"

⑧蹑失：处理对方在辩论中出现的失误。跌：失误。指其所跌：指出对方的失误而已。刘昞注："彼有跌失（《墨海金壶》本和《龙谿精舍》本'跌失'作'所跌'），暂指不逼。"

⑨因：利用。屈：理屈。因屈而抵其性：抓住对方失误不断进攻，使对方感到人格尊严受污辱。刘昞注："陵其屈跌而抵挫之。"

⑩怨构：造成了对方的怨恨心态。刘昞注："非徒声色而已，怨恨逆结于心。"

⑪常所思求：经常思考某个问题。久乃得之：过了很久才得

到答案。

⑫ 仓卒：仓促、匆忙。难谕：难以理解。刘昞注："己自久思，而不恕人。"

⑬ 忿构：造成了愤慨争执的心态。刘昞注："非徒怨恨，遂生忿争。"

⑭ 盛难之时：辩论中互相诘难达到高潮时。其误难迫：不要攻击对方的辞误。刘昞注："气盛辞误，且当避之。"

⑮ 征：召。征之使还：使失误的对手回到辩论主题的原思路上来。刘昞注："气折意还，自相应接。"

⑯ 凌：攻击。激：激烈化。凌而激之：攻击对方的失误并激化矛盾。顾藉：给对方留有挽回的余地或让对方有台阶下。其势无由：辩论场上的激烈形势已无法控制。刘昞注："弃误顾藉，不听其言。"

⑰ 妄：虚妄混乱。妄构：造成了虚妄混乱的辩论势态。刘昞注："妄言非訾，纵横恣口。"

⑱ 凡人心有所思，则耳且不能听：不能既思考又倾听，指一心不能二用。刘昞注："思心一至，不闻雷霆。"

⑲ 并思俱说：既思考又诉说。刘昞注："止他人之言，欲使听己。"

⑳ 不了：不了解。刘昞注："非不解也，当己出言，由彼方思，故人不解。"

㉑ 不解：不理解，指不能同情地理解自己。刘昞注："谓其不解，则性讳怒。"

㉒ 怒构：构成愤怒的辩论心态。刘昞注："不顾道理是非，于

其凶怒忿肆。"

　㉓ 六构：即上文所言诘难方法不对构成的辞、气、怨、忿、妄、怒六种不良辩论局面。变：与正常辩论相反的不良变态。

　㉔ 变构：变态。得：收获。刘昞注："造事立义，当须理定，故虽有变说小故，终于理定功立。"

　㉕ 说而不难：各自陈述观点而不诘问对方的观点。莫知所由：不知应当遵循哪种道理。刘昞注："人人竞说，若不难质，则不知何者可用也。"

　㉖ 眇：微小。刘昞注："理多端，人情异，故发言盈庭，莫肯执其咎。"

4-10 必也！聪能听序①，思能造端②，明能见机③，辞能辩意④，捷能摄失⑤，守能待攻⑥，攻能夺守⑦，夺能易予⑧。兼此八者，然后乃能通于天下之理。通于天下之理，则能通人矣⑨。

【译文】

　　正确的辩论技能如下：能听明白别人发言的本意，能创造性提出新观点，能发现克敌制胜的机会，能清晰地表达自己的思想，能迅速纠正自己的失误，能使自己的论点不被驳倒，能彻底驳倒对方的论点，能灵活运用多种论战方法。同时具备了以上八种技能，才能在清谈论辩中通晓天下一切原理。只有通晓了天下一切原理，才能通晓人材之理。

【校注】

①聪：听力准确。序：次序分明。聪能听序：能将别人发言的意思听得十分明白。刘昞注："登高能赋，求物能名。如颜回听哭，苍舒量象。"

②造端：开端。《中庸》："君子之道，造端乎夫妇。"思能造端：思想有创见，提出新观点。刘昞注："子展谋侵晋，乃得诸侯之盟。"

③明能见机：洞察力能够发现机会。此处指有能力发现清谈中克敌制胜的战机。刘昞注："臾骈睹目动，即知秦师退。"

④辞能辩意：语言能够说清楚自己的思想。刘昞注："伊藉答吴王，一拜一起，未足为劳。"

⑤捷：敏捷。摄失：迅速纠正失误。刘昞注："郭淮答魏帝曰：自知必免防风之诛。"

⑥守能待攻：在论辩中能使自己的观点不被对方驳倒。刘昞注："墨子谓楚人，吾弟子已学之于宋。"

⑦攻能夺守：在论战中善于打破防守，驳倒对方的论点。刘昞注："毛遂进曰，今日从，为楚不为赵也。楚王从而谢之。"

⑧夺：强取。易：转变。予：给予。夺能易予：在论辩中因势利导，灵活运用进退攻守各种战术达到目的。刘昞注："以子之矛，易子之盾，则物主辞穷。"

⑨通人：通晓人材之理。

4-11 不能兼有八美，适有一能①，则所达者偏，而所有异目矣②。

是故聪能听序，谓之名物之材③。

思能造端，谓之构架之材④。

明能见机，谓之达识之材⑤。

辞能辩意，谓之赡给之材⑥。

捷能摄失，谓之权捷之材⑦。

守能待攻，谓之持论之材⑧。

攻能夺守，谓之推彻之材⑨。

夺能易予，谓之贸说之材⑩。

【译文】

　　如果不能同时兼备这八种技能，而只具其中之一，就属于偏颇型辩论之材，其辩材名称也各不相同：

　　能真正理解别人本意者，称为准确定名型辩材。

　　能创造性提出新观点者，称为理论创新型辩材。

　　能发现克敌制胜机会者，称为明察战机型辩材。

　　能清晰表达自己思想者，称为善于言表型辩材。

　　能迅速纠正自己失误者，称为补救敏捷型辩材。

　　能使自己论点不被驳倒者，称为善于持论型辩材。

　　能彻底驳倒对方论点者，称为推理驳论型辩材。

　　能灵活运用多种论战方法者，称为灵活机动型辩材。

【校注】

　　①一能：八种辩论技能之一。刘昞注："所谓偏材之人。"

　　②目：品题，人材性质的定名。《后汉书·许劭传》："曹操微时，常卑辞厚礼，求为己目。"下文就是对九种辩材性质的定名，

即所谓"异目"。刘昞注："各以所通,而立其名。"

③序：同"叙",叙述。名物：确定事物性质并准确命名,此处指能准确理解对方发言本意的辩论人材。

④构架：进行创造性思维活动,提出新的观点,指理论创新型辩论人材。

⑤达识：有过人的观察能力,指明察战机型辩论人材。

⑥赡给：供给丰富。指在辩论中能充分而清楚地表达自己的意思,指善于言表型辩论人材。

⑦权：因事制宜,灵活善变。捷：迅速敏捷。权捷：在论辩中反应机敏,巧妙藏拙,不露破绽,指补救敏捷型辩论人材。

⑧持论：在论战中坚持自己的观点不被驳倒,指善于持论型辩论人材。

⑨推：追问。彻：透彻。推彻：指在辩论中寻根问底,穷追不舍,彻底驳倒对方的论点,指推理驳论型辩论人材。

⑩贸：变易。说：说法。贸说：即根据情况变化,综合运用多种方法表达自己的观点,指灵活机动型辩论人材。

4-12 通材之人,既兼此八材,行之以道①。与通人言,则同解而心喻②；与众人言,则察色而顺性③。虽明包众理,不以尚人④；聪睿资给,不以先人⑤。善言出己,理足则止⑥；鄙误在人,过而不迫⑦。写人之所怀,扶人之所能⑧。不以事类,犯人之所婳⑨；不以言例,及己之所长⑩。说直说变,无所畏恶⑪。采虫声之善音,赞愚人之偶得⑫。夺与有宜,去就不留⑬。方其盛气,折谢不恪^⑭；方其胜难，胜而不矜^⑮。心平志谕，无适无莫^⑯，期于得道而已矣！是可与论经世而理物也^⑰。

【译文】

全材之人，集上述八种辩材优点于一身，并且遵循以无为顺应自然的规律参加论辩。在交谈中，如果对方同样是全材之人，自然会互相理解、心心相印；如果对方是偏材之人，就需要观察其神色，以便顺应其性格偏好展开讨论。虽然自己深通各种理论，却不自居他人之上；虽然自己聪明过人并善于言辞，却不处他人之前。自己发言精辟，说清道理便不再发挥；对方发言浅薄荒谬，则将谈锋越过而不去责难。说对方内心想说的话，赞扬对方的优点。不涉及那些有影射嫌疑的事物，以免触犯对方的忌讳；不说那些能烘托自己长处的话，以免夸耀自己的优点。如果具备上述辩论品质，就可以放手讨论一切问题而不必担心出现不良后果了。去广泛听取各种意见，博采众长，包括地位卑微者的美言与愚笨者的妙语。在论战中进退取舍，处理得恰到好处。总之，达到了这种境界：处于斗志昂扬的势头，突然遭到攻击而没有耻辱感；刚刚战胜了对方的进攻，而没有任何优越感。内心平和，志向明确，对一切事物均不抱任何偏见，目的在于体证宇宙万物的根本规律。达到这种境界，就可以探讨经邦治国、管理社会的问题了。

【校注】

①道：宇宙万物的运行规律，特点是顺应事物的自然之性。

②通人：通材之人，即全材之人。同解：互相理解。心喻：心心相印。刘昞注："同即相是，是以心相喻。"

③察色而顺性：观察对方神色以顺应其性情偏好。刘昞注："下有盛色，避其所短。"

④明包众理：明察一切道理。尚人：自居他人之上。刘昞注："恒怀谦下，故处物上。"

⑤聪睿：非常聪明。资给：充分给予。聪睿资给：非常聪明并能充分表达自己的智慧。先人：占他人上风。刘昞注："常怀退后，故在物上。"

⑥刘昞注："通理则止，不务烦辞。"

⑦鄙误：浅陋和谬误。过：越过，指不深究对方的失误而使谈锋越过。迫：责备逼迫。刘昞注："见人过跌，辄当历避。"

⑧写：通"泻"，宣泄、抒发。怀：内心思想感情。写人之所怀：说出对方内心想说的话。扶：赞扬。扶人之所能：赞扬对方的才能。刘昞注："扶赞人之所能，则人人自任矣。"

⑨事类：类似的事情。姻（hù）：忌讳。刘昞注："胡故反。与（育）[盲]人言（据嘉靖本、《墨海金壶》本和彭家屏本改），不讳眇瞎之类。"

⑩言例：语言事例。及己之所长：涉及自己的长处。刘昞注："己有武力，不与嬎虎之伦。"

⑪说直说变：泛指讨论任何问题。畏恶：担心不良后果。刘昞注："通材平释，信而后谏。虽触龙鳞，物无害者。"

⑫虫：泛指动物。虫声：喻卑微者的言论。刘昞注："不以声丑，弃其善曲。"

⑬ 偶得：偶然说出的妙语。刘昞注："不以人愚，废其嘉言。"

⑭ 夺与：强取与给予，喻支持与反对。有宜：合时宜。夺与有宜：恰到好处地表达对别人观点的态度。去就：进退，指辩论中的进攻或退避。不留：不迟滞，即不会犹豫不决。

⑮ 盛气：斗志旺盛。折谢：被挫败。恡："吝"的异体字，此处指耻辱感。刘昞注："不避锐跌，不惜屈挠。"

⑯ 胜难：战胜对方诘难。矜：自高自大。刘昞注："理自胜耳，何所矜也。"

⑰ 心平：内心平和。志谕：志向在于明白事理。无适无莫：一视同仁而无偏见。语出《论语·里仁》："君子之于天下也，无适也，无莫也。"刘昞注："付是非于道理，不贪胜以求名。"

⑱ 经世：经邦治国。理物：管理社会事务。刘昞注："旷然无怀，委之至当。是以世务自经，万物自理。"

附表1：四理与四家

四理（并存的四种不同规律）	四家（通晓四理的四种专家）
天地气化，盈虚损益，道之理也（自然规律）	质性平淡，思心玄微，能通自然，道理之家也（哲学家）
法制正事，事之理也（社会规律）	质性警彻，权略机捷，能理烦速，事理之家也（政治家）
礼教宜适，义之理也（教化规律）	质性和平，能论礼教，辩其得失，义礼之家也（教育家）
人情枢机，情之理也（心理规律）	质性机解，推情原意，能适其变，情理之家也（心理学家）

附表 2：性格与话题

九偏之性	人格特点	擅长的话题	不擅长的话题
刚略之人	不能理微	其论大体则弘博而高远	历纤理则宕往而疏越
抗厉之人	不能回挠	论法直则括处而公正	说变通则否戾而不入
坚劲之人	好攻其事实	指机理则颖灼而彻尽	涉大道则径露而单持
辩给之人	辞烦而意锐	推人事则精识而穷理	即大义则恢愕而不周
浮沉之人	不能沉思	序疏数则豁达而傲博	立事要则炟炎而不定
浅解之人	不能深难	听辩说则拟锷而愉悦	审精理则掉转而无根
宽恕之人	不能速捷	论仁义则弘详而长雅	趋时务则迟缓而不及
温柔之人	力不休强	味道理则顺适而和畅	拟疑难则濡愞而不尽
好奇之人	横逸而求异	造权谲则倜傥而瑰壮	案清道则诡常而恢迂

人物志卷中

材能第五

【导读】

材：材质。能：能力。材能：此处特指各种政治人材材质所蕴含的不同领导能力。刘邵的政治人材理论，由"材"和"能"两个各自独立而又互相联系的部分构成，能力来源于相应的材质，即本篇所说的"能出于材"。如果说《流业篇》探讨的是从材质角度研究人材问题，《材能篇》则侧重从能力角度讨论。刘昞注："材能大小，其准不同。量力而授，所任乃济。"本篇的主题，是从政治能力这一特定视角，论述各种人材所适合担任的官职。由以下两个思想层次构成：

其一，批判了当时流行的所谓"能大不能小"的观点，即杰出人材能干大事不能干小事的说法。刘邵运用了形名学的逻辑方法，对"能"（能够）与"宜"（适宜）两个概念的内涵进行了限定和比较，指出了两者的差异。他认为，杰出人材既然能从事某种性质的工作，能干大事，自然也能干小事，只是不适合干小事，即"人材各有所宜"。"能大不能小"的命题无法成立。

其二，不同类型的材能，适合不同类型的官职。遵照

《流业篇》将政治人材素质分为偏材、兼材与主德的模式，《材能篇》将能力作同样分类。1. 偏材与兼材之能。他列举了八种偏材能力的特点，以及适合担任的官职，认为偏材的能力适宜负责某个与其能力相应的政府部门，而不适宜担任一个郡国的行政长官。郡国的行政长官与朝中宰相，都需要多方面综合能力，应当由兼材任职。但是，如果郡国的社会状况需要以偏纠偏，偏材任行政长官反而会效果良好。2. 主德之能，即理想君主的能力，不是干具体工作，而是识人用人。其特点是拥有各种能力而中和平淡，没有突出的具体能力。如此，才能保证其用人客观公正，不向某种偏材倾斜。

由于刘邵将脱离实际的《周礼》作为制度典范加以运用，所以其政治偏材与官职关系的理论，很难自圆其说。将《材能篇》与《流业篇》关于偏材任职的表述相对照，则不难发现其中存在的问题。1.《流业篇》中"清节家"属于"偏材"，对应的官职是负责贵族子弟教育的"师氏"，而在《材能篇》中则一变为总理朝政的"冢宰"。而《流业篇》中的冢宰，由兼有清节、法、术三种素质的"器能"担任。2.《流业篇》中从事政务的偏材是清节家、法家、术家三材与臧否、伎俩、智意三材之流，共六种；而在《材能篇》中，政治偏材从六种变成了八种，将《流业篇》中的不属于政治人材的"豪杰之材"列入其中，并增加了《流业篇》所没有的"谴让之材"。

5-1 或曰："人材有能大而不能小，犹函牛之鼎不可以烹鸡。"① 愚以为此非名也②。

【译文】

有人说："大材能干大事而不能干小事，就像煮牛的鼎不能用来煮鸡一样。"鄙人认为这种观点不符合逻辑。

【校注】

① 能大而不能小：指大材只能干大事，不能干小事，即大材不能小用。函牛之鼎：能煮牛的大鼎。汉魏之际，思想界经常以此来比喻大材小用现象。《后汉书·边让传》："传曰：'函牛之鼎以亨鸡，多汁则淡而不可食，少汁则熬而不可熟。'此言大器之于小用，固有所不宜也。"

② 名：概念，引申为逻辑。非名：不符合逻辑。刘昞注："夫人材犹器，大小异。或者以大鼎不能烹鸡，喻大材不能治小，失其名也。"

5-2 夫"能"之为言，已定之称①，岂有能大而不能小乎？凡所谓能大而不能小，其语出于性有宽急②。性有宽急，故宜有大小③：宽弘之人，宜为郡国，使下得施其功，而总成其事④；急小之人，宜理百里，使事办于己⑤。然则郡之与县，异体之大小者也⑥。以实理宽急论辨之，则当言大小异宜，不当言能大不能小也⑦。若夫鸡之与牛，亦异体之小大也⑧。故鼎亦宜有大小，若以烹犊,则岂不能烹鸡乎⑨?故能治大郡,则亦能治小郡矣。推此论之,人材各有所宜,非独大小之谓也⑩。

【译文】

根据逻辑学关于概念的定义,"能"这个概念的内涵是"能够完成某类事情",既然已经"能够完成某类事情"了,怎么却只能干同类事中的大事而不能干小事呢?我估计,有些人之所以持这种观点,大概是看到人们性情有宽宏和急切的差别。因为性情宽宏与急切,适合从事不同类型的工作:性情宽宏大量者,能放手让下属各尽其职,而自己只作原则性指导,所以适合管理一个郡国;性情急切偏狭者,喜欢亲自处理各种政务,所以适合管理一个县。然而,郡与县之间的差别并非单纯的大小之别,而是两种不同层次、不同类型的行政单位。因此,根据名实相符的逻辑规则说明宽宏与急切两种性情与所干事业的关系时,应当说双方分别适合于不同类型的事,而不是大事与小事,所以"能干大事者不能干小事"的命题,也就无法成立。比如,鸡与牛也属于两种不同类型,并不单纯是大、小的差别。同样,鼎也存在大小各种型号,那种煮牛犊的小型号的鼎,难道不能煮鸡吗?所以说,能治理大郡者,也能治理小郡。由此可见,人材各有其适合干的事业,而决不是用"大小"所能概括的。

【校注】

①能:能力。言:概念。能之为言:"能力"作为一个概念。已定:已经确定。之:指能力。称:称号,指概念。已定之称:已

经有了明确的定义。魏晋形名学方法论认为：事物的"名"（概念）产生于事物的实质，确定了事物的本质属性。所以，当时思想界十分重视对"名"（概念）内涵的限定和比较分析。在本段，刘邵重点辨析了"能"（能够）和"宜"（适合）两个概念的差异，以此为根据，反驳"人材能大不能小"的观点，树立自己"人材各有所宜"的观点。刘昞注："先有定质，而后能名生焉。"

　　②性有宽急：性格有宽宏大量和急切偏狭的差别。刘昞注："宽者弘裕，急者急切。"

　　③宜：适宜。刘昞注："宽弘宜治大，急切宜治小。"

　　④郡国：郡与藩王国。刘昞注："急切则烦碎，事不成。"

　　⑤百里：古代一县大约辖百里，因而以百里作为县的代称。《世说新语·言语》："李弘度常叹不被遇，殷扬州知其家贫，问：'君能屈志百里不？'……遂授剡县。"使事办于己：《墨海金壶》本"办"作"辨"。刘昞注："弘裕则网漏，庶事荒矣。"

　　⑥异体：不同性质或不同类型。刘昞注："明能治大郡，则能治小郡。能治大县，亦能治小县。"

　　⑦实：名实之"实"，指"实际"。理：处理，指研究。以实理宽急论辨之：从实际出发研究性情的宽宏与急切并加以辨析。刘昞注："若能大而不能小，仲尼岂不为季氏臣？"

　　⑧刘昞注："鼎能烹牛，亦能烹鸡。铫能烹鸡，亦能烹犊。"

　　⑨犊：小牛。烹犊：煮小牛。刘邵认为，鸡与牛非大小之别，而属不同类型。鼎也有各种类型，那种用来煮牛犊的小型的鼎，难道不能煮鸡吗？刘昞注："但有宜与不宜，岂有能与不能？"

　　⑩此句为本段的段旨。刘邵认为："大小"是指同一性质（包

括类型、类别、层次等）事物中的量的差别，如大郡和小郡，大县和小县。人的能力如果能胜任某种性质的工作，那么在其种属范围内，就不可能只可干大的而干不了小的工作，即刘昞所注："能治大郡，则能治小郡。能治大县，亦能治小县。"但是对不同性质（类型）事物之间的差别，则不能用大小去表述（即使存在大小差异），而只能看作"异体"。人的能力与不同类型工作之间，是"宜不宜"，即适合与不适合的关系。刘昞注："文者理百官，武者治军旅。"

5-3 夫人材不同，能各有异：有自任之能 ①，有立法使人从之之能 ②，有消息辨护之能 ③，有德教师人之能 ④，有行事使人谴让之能 ⑤，有司察纠摘之能 ⑥，有权奇之能 ⑦，有威猛之能 ⑧。

【译文】

人的材质不同，能力也随之有以下多种类型：道德表率能力（自任之能），建法立制能力（立法使人从之之能），鉴别治理能力（消息辨护之能），思想教育能力（德教师人之能），巡视督察能力（行事使人谴让之能），整饬风纪能力（司察纠摘之能），谋略策划能力（权奇之能），威武勇猛能力（威猛之能）。

【校注】

① 自任之能：以自身道德人格成为百官表率的能力。刘昞注："修己洁身，总御百官。"

② 立法使人从之：建立制度让人们遵守。刘昞注："法悬人惧，无敢犯也。"

③ 辨：鉴别梳理。护：治理。辨护：指鉴别治理。《墨子·号令》："养吏一人，辨护诸门。"孙诒让注："辨护，犹言监治也。"下文"辨护之政"的特点是"宜于治烦，以之治易则无易"。刘昞注："事皆辨护，烦乱乃理，甚于督促，民不便也。"可见辨护的特点是处理烦乱的政务。《人物志·接识》说："器能之人，以辨护为度，故能识方略之规。"器能：指综合事务型人材，适合总领行政杂务。综上所述，辨护之能应指处理烦乱政务的能力。刘昞注："智意辨护，周旋得节。"

④ 德教师人：以官方意识形态教育他人。刘昞注："道术深明，动为物教。"

⑤ 行事：巡行视察。谴让：责备。行事使人谴让：巡行视察督促官员尽心尽职，即巡视督察。刘昞注："云为得理，义和于时。"

⑥ 司察：检查法纪。纠摘：分辨是非。司察纠摘：指检查风纪、分辨是非、检举违法行为等，简称整饬风纪能力。刘昞注："督察是非，无不区别。"

⑦ 权奇：谋略策划。刘昞注："务以奇计，成事立功。"

⑧ 威猛：威武勇猛。刘昞注："猛毅昭著，振威敌国。"

5-4 夫能出于材，材不同量。材能既殊，任政亦异①。

是故自任之能，清节之材也。故在朝也，则冢宰之任，为国则矫直之政②。

立法之能，治家之材也。故在朝也，则司寇之任，为国则公正之政③。

计策之能，术家之材也。故在朝也，则三孤之任，为国则变化之政④。

人事之能，智意之材也。故在朝也，则冢宰之佐，为国则谐合之政⑤。

行事之能，谴让之材也。故在朝也，则司寇之（任）[佐]，为国则督责之政⑥。

权奇之能，伎俩之材也。故在朝也，则司空之任，为国则艺事之政⑦。

司察之能，臧否之材也。故在朝也，则师氏之佐，为国则刻削之政⑧。

威猛之能，豪杰之材也。故在朝也，则将帅之任，为国则严厉之政⑨。

【译文】

能力来源于材质。材质并非一个模式，能力也就随之有多种多样。各种人材在中央政府适合任职的部门不同，出任地方行政长官（郡太守或国相）后的施政特点也大相径庭：

道德表率型能力，产生于道德教化型材质。在中央政府适合担任政务执行机关负责人，出任郡国（守、相）之施政特点为清廉正直。

建法立制型能力，产生于建法立制型材质。在中央政府适合担任司法部门负责人，出任郡国之施政特点为公平严厉。

计谋策略型能力，产生于计策谋略型材质。在中央政府适合辅佐最高决策机构制定大政方针，出任郡国之施政特点为政策变化多端。

人情世故型能力，产生于通权达变型材质。在中央政府适合辅佐政务执行机关负责人，出任郡国之施政特点为苟且调合。

巡视督察型能力，产生于求全责备型材质。在中央政府适合辅佐公安司法部门长官，出任郡国之施政特点为督察责备。

诡诈奇谋型能力，产生于技巧型材质。在中央政府适合担任工业工程部门负责人，出任郡国之施政特点为片面发展工巧技艺。

整饬风纪型能力，产生于督察型材质。在中央政府适合辅佐国家意识形态部门负责人，出任郡国之施政特点为冷酷苛刻。

威严猛烈型能力，产生于勇猛善战型材质。在中央政府适合担任军事将领，出任郡国之施政特点为凶猛凌厉。

【校注】

① 任：任职朝廷某部门。政：治理郡国（任郡太守或王国相）的施政特色。刘邵认为，偏才适合负责中央某个部门的工作，而不适合出任情况正常的郡国守相，因为他们在郡国将会推行与其偏颇能力类似的政治方针。

② 朝：朝廷，中央政府。冢宰：详见《流业》3—7 注 ⑨。在《流业》中，刘邵认为清节家适合担任"师氏"一职，而本篇却认为适合任"冢宰"，说法不一。刘邵是个善于逻辑思辩的名理学家，不应当犯这种明显自相矛盾的错误——将属于"偏材"的"清节家"与属于"兼材"的"器能"视为同一类人，均可担任冢宰官职。

这个问题已经引起了学者们的注意。李崇智先生是这样解释的：
"《流业篇》云：'清节之材，师氏之任也。'又'三材而微，冢宰之
任也'。又'兼有三材，三材皆微，其德足以率一国，其法足以正
乡邑，其术足以权事宜，是谓器能'。此'冢宰之任'应为'师氏之
任'。刘昞按冢宰作注，可见正文在刘昞之前即有误。"（李崇智：
《人物志校笺》，巴蜀书社，2001年11月版，第116页）笔者认为，
李崇智先生的解释有一定道理，但是在没有文献支持的情况下，
还不能轻易断定刘昞手中的《人物志·流业篇》关于清节家与任
职的正文有误。正文如果存在如此明显的错误，大儒刘昞不可能
毫无察觉。也就是说，刘昞依据的《人物志》版本质量应当没有大
问题。出现混乱的原因，应是将《周礼》中的官职作为典范所致。

③治家：据《流业》、《材理》、《利害》、《接识》等篇所论述
的"三材"模式，疑"治家"为"法家"之误。公正之政：公平严厉
的施政特点。刘昞注："法无私，故掌秋官而诘奸暴。"

④变化之政：政策多变的施政特点。刘昞注："计虑明，故辅
三槐而助论道。"刘昞注下文"策术之政"为："权略无方，解释患
难。术数烦众，民不安矣。"

⑤人事：人情关系。谐合之政：苟且调合的施政特点。刘昞
注："智意审，故佐天官而谐内外。"刘昞注下文"谐合之政"为：
"国新礼杀，苟合而已。苟合之教，非礼实也。"

⑥则司寇之（任）［佐］：据彭家屏本改。上文称"立法之
能"为"司寇之任"，已明。督责之政：督察责备的施政特点。刘
昞注："辨众事，故佐秋官而督傲慢。"

⑦艺事：技艺。艺事之政：片面发展工巧技艺的施政特点。

刘昞注："伎能巧，故任冬官而成艺事。"

　　⑧ 刻削之政：冷酷苛刻的施政特点。刘昞注："是非章，故佐师氏而察善否。"下文刘昞注"公刻之政"为："刻削不深，奸乱不止。众民惮法，易逃叛矣。"

　　⑨ 严厉之政：严峻凌厉的施政特点。刘昞注："体果毅，故总六师而振威武（《墨海金壶》本和《龙谿精舍》本 '武' 作 '风'）。"

5-5　凡偏材之人，皆一味之美①。故长于办一官②，而短于为一国③。何者？夫一官之任，以一味协五味④；一国之政，以无味和五味⑤。又国有俗化，民有剧易⑥，而人材不同，故政有得失⑦。

　　是以王化之政宜于统大⑧，以之治小则迂⑨。

　　辨护之政宜于治烦⑩，以之治易则无易⑪。

　　策术之政宜于治难⑫，以之治平则无奇⑬。

　　矫抗之政宜于治侈⑭，以之治弊则残⑮。

　　谐和之政宜于治新⑯，以之治旧则虚⑰。

　　公刻之政宜于纠奸⑱，以之治边则失众⑲。

　　威猛之政宜于讨乱⑳，以之治善则暴㉑。

　　伎俩之政宜于治富㉒，以之治贫则［民］劳而下困㉓。

【译文】

　　材能偏颇的人，因为只有一种突出才能，故只适合负责政府的一个专门机构，而不适合出任地方郡（国）的行政长官（太守或相）。原因何在呢？因为管理政府某个专业部门，需要以一种偏颇能力为主,与其他各种能力互相配合;管理一个郡国所需要的,则是以综合平衡能力去中和各种能力,使之化为和谐的政治运作。另外,各郡国发展不平衡,情况千差万别:文明程度有闭塞和开化之别,民风有凶悍与驯良之别。所以,偏材之人也并非绝对不适合担任郡国的行政长官(因为有时需要以偏纠偏)。偏材特点不同,各郡国民情不同,因而偏材的施政有得有失。例如:

自然无为型施政特点,适合治理大郡,治理小郡则流弊于疏阔。

鉴别治理型施政特点,适合治理政情混乱复杂的郡国,治理简单明白的郡国则流弊于人为制造烦乱。

计谋策略型施政特点,适合治理形势危难的郡国,治理和平安定的郡国则难以施展奇谋。

矫枉过正型施政特点,适合治理风气奢侈腐化的郡国,治理残破衰败的郡国则流弊于残酷。

苟且调合型施政特点,适合治理各种制度刚建立的新归附地区,治理早已辖属的郡国则流弊于敷衍塞责。

公正苛刻型的施政特点,适合治理邪恶势力嚣张的郡国,治理边远地区则易使民众逃亡。

威严猛烈型施政特点,适合讨伐叛乱,治理民心善良的郡国则容易流弊于凶暴。

技巧型施政特点,适合治理富裕的郡国,治理贫穷地区则人民劳苦并且更加贫穷。

【校注】

①一味之美：只有一种政治能力。刘昞注："譬饴以甘为名，酒以苦为实。"

②长于办一官：擅长某个职能部门的工作。刘昞注："弓工揉材（《墨海金壶》本'揉'作'操'），而有余力。"

③短于为一国：短处是不适合担任郡国行政长官。刘昞注："兼掌陶冶，器不成矣。"

④一味：五味（酸、苦、甘、辛、咸）之一，比喻负责一种部门的能力。协：协作，既互相配合，又各自独立。一味协五味：指协同其他部门共同工作。刘昞注："盐人调盐，醯人调醯，则五味成矣。譬梓里治材，土官治墙，则厦屋成。"

⑤无味：没有某种突出的味道，指综合平衡能力。和：中和。五味：酸、苦、甘、辛、咸，指政府各种职能部门。以无味和五味：指君主无为，使各部门和谐工作。刘昞注："水以无味，故五味得其和。犹君体平淡，则百官施其用。"

⑥国有俗化：各郡国有愚昧闭塞与文明开化的区别。民有剧易：各地民风有凶悍和驯良的差别。刘昞注："五方不同，风俗各异。土有刚柔，民有剧易。"

⑦刘昞注："以简治易则得，治烦则失。"

⑧王化之政：君主治理天下的政治风格，此处指自然无为的方针。统大：治理大郡。刘昞注："易简而天下之理得矣。"

⑨治小：治理小郡。迂：疏阔，即宽大无边而法纪荡然。刘昞注："网疏而吞舟之奸漏。"

⑩辨护：见前注。治烦：治理复杂繁乱的政治局面。刘昞注：

"事皆辨护，烦乱乃理。"

⑪ 治易：治理简单明白的政治局面。无易：因为人为地鉴别梳理政务，而失去原先简单明白的好局面。刘昞注："甚于督促，民不便也。"

⑫ 治难：处理危难局面。刘昞注："权略无方，解释患难。"

⑬ 治平：管理和平局面。无奇：奇谋妙计无用武之地。刘昞注："术数烦众，民不安矣。"

⑭ 矫抗之政：矫枉过正的施政特点。治侈：整顿奢侈腐化之风。刘昞注："矫枉过正，以厉侈靡。"

⑮ 弊：破败。治弊：治理残破衰败的地区。残：残酷。刘昞注："俗弊治严，则民残矣。"

⑯ 治新：治理各种制度刚刚建立的新归附地区。刘昞注："国新礼杀，苟合而已。"

⑰ 治旧：治理各种制度已长期实行的原行政辖区。虚：虚假，即敷衍塞责。刘昞注："苟合之教（《墨海金壶》本'教'作'救'），非礼实也。"

⑱ 公刻之政：公正而苛刻的施政特点，即上文的刻削之政。纠奸：打击邪恶。刘昞注："刻削不深，奸乱不止。"

⑲ 治边：治理边远地区。以之治边则失众：《长短经》引"失众"作"失其众"。刘昞注："众民惮法，易逃叛矣。"

⑳ 讨乱：讨伐叛乱。刘昞注："乱民桀逆，非威不服。"

㉑ 治善：治理民风良善地区。刘昞注："政猛民残，滥良善矣。"

㉒ 治富：治理富裕地区。刘昞注："以国强民，以使［富饶］（据《四库全书》本补）。"

㉓治贫：治理贫困地区。则[民]劳而下困：据《长短经》补。刘昞注："易货改铸，民失业矣。"

5-6 故量能授官，不可不审也。凡此之能，皆偏材之人也。故或能言而不能行，或能行而不能言①。至于国体之人，能言能行，故为众材之隽也。人君之能，异于此②。故臣以自任为能③，君以[能]用人为能④；臣以能言为能⑤，君以能听为能⑥；臣以能行为能⑦，君以能赏罚为能⑧。所能不同⑨，故能君众材也⑩。

【译文】

衡量才能授予官职，是一项必须认真对待的工作。上面所列举的能力，均属偏材之人范畴。有的能谋划而不能实施，有的能实施而不能谋划。至于那种被称为"国体"的综合决策型人材，则既能谋划，又能实施，被视为人材中的出类拔萃者。理想帝王的才能与前面所介绍的一切能力类型都不相同。可以说，官员们的能力表现在自己能胜任某项工作，帝王的能力则表现于能够使用人材；官员们的能力是能发表意见，帝王的能力是能听取意见；官员的能力是付诸行动，帝王的能力则是正确赏罚官员。正是因为官员与帝王所具备的能力不同，所以帝王能统辖各种类型的官员。

【校注】

①言：出谋划策。行：付诸行动。刘昞注："智胜则能言，材

胜则能行。"

② 人君之能：理想君主（主德）的能力。刘昞注："平淡无为，以任众能。"

③ 自任：自己胜任某个岗位。刘昞注："竭力致功，以取爵位。"

④ 君以［能］用人为能：据《长短经》补。刘昞注："任贤使能，国家自理。"

⑤ 能言：献计献策，提出建议。刘昞注："各言其能，而受其官。"

⑥ 能听：从谏如流，择善而从。刘昞注："听言观行，而授其官。"

⑦ 能行：能付诸行动。刘昞注："必行其所言。"

⑧ 能赏罚：运用赏罚控制官员。刘昞注："必当其功过也。"

⑨ 所能不同：《长短经》引"能"作"以"，引"同"作"能"。刘昞注："君无为而臣有事。"

⑩ 君：管理。故能君众材也：《长短经》引"材"作能。刘昞注："若君以有为代大匠斫，则众能失巧，功不成矣。"

附表 1：《材能》偏材任职表

材	能	在朝廷宜任官职	管理郡国施政特点	适宜管理的郡国情况	不适宜管理的郡国情况
清节之材	自任之能	冢宰之任	矫直之政	宜于统大	以之治小则迂
法家之材	立法之能	司寇之任	公正之政	宜于治烦	以之治易则无易
术家之材	计策之能	三孤之任	变化之政	宜于治难	以之治平则无奇
智意之材	人事之能	冢宰之佐	谐合之政	宜于治新	以之治旧则虚
谴让之材	行事之能	司寇之佐	督责之政	宜于治侈	以之治弊则残

伎俩之材	权奇之能	司空之任	艺事之政	宜于治富	以之治贫则民劳而下困
臧否之材	司察之能	师氏之佐	削刻之政	宜于纠奸	以之治边则失众
豪杰之材	威猛之能	将帅之能	严厉之政	宜于讨乱	以之治善则暴

附表2:《材能》与《流业》偏材任职对比表

材质	政治能力	《材能篇》宜任官职	《流业篇》宜任官职
清节之材	自任之能	冢宰之任	师氏之任，与《流业篇》不同
法家之材	立法之能	司寇之任	任职与《流业篇》同
术家之材	计策之能	三孤之任	任职与《流业篇》同
臧否之材	司察之能	师氏之佐	任职与《流业篇》同
伎俩之材	权奇之能	司空之任	任职与《流业篇》同
智意之材	人事之能	冢宰之佐	任职与《流业篇》同
豪杰之材	威猛之能	将帅之任	《流业篇》中不属于经事之材
谮让之材	行事之能	司寇之佐	《流业篇》十二材中无此种人材

利害第六

【导读】

利害：利益与损害，指政治偏材治国实践中产生的利弊、得失及其个人命运。刘昞注："建法陈术，以利国家。及其弊也，害归于己。"本篇的主题，是探讨清节家、法家、术家三材与臧否、伎俩、智意三个亚种共六种政治偏材，在经邦治国实践中的得失以及他们各自的命运。

6-1 盖人业之流，各有利害①。

夫（节清）［清节］之业，著于仪容，发于德行②，未用而章。其道顺而有化③。故其未达也，为众人之所进④；既达也，为上下之所敬⑤。其功足以激浊扬清，师范僚友⑥。其为业也，无弊而常显⑦，故为世之所贵⑧。

【译文】

一般情况下，各种政治偏材的事业，既有成功之处，也有相应弊端。

道德教化型偏材（清节家）的事业，是以其高尚的道德情操影响社会。所以，不必经过任职试用，其政治价值就会得到普遍承认。这种事业所表现出的规律性特征是：顺应外物而自然感化之。所以，当其没有成功时，就被人们所推崇；成功后，则受到各个阶层广泛尊敬。其政治功绩是社会风气好转，官员们有了效法的好榜样。其事业几乎没有任何弊端，一直保持显要地位，受到社会的尊重。

【校注】

①人业之流：即《流业篇》的"人流之业"，指政治偏材从事的相应官职。参见《流业篇》解释。利害：得与失。语出《易·系辞下》："情伪相感而利害生。"刘昞注："流渐失源，故利害生。"

②夫（节清）［清节］之业："清节"原作"节清"。按"清节"是作者习用之语，见于《流业》、《材能》、《接识》等篇，孙人和认为当以"清节"为是，据改。刘昞注："心清意正，则德容外著。"

③顺而有化：顺应外物而感化之。刘昞注："德辉昭著，故不试而效。效理于人，故物无不化。"

④达：仕途通达。未达：还没有处于高官位置。刘昞注："理顺则众人乐进之。"

⑤既达：已经处于高位。刘昞注："德和理顺，谁能慢之？"

⑥激浊扬清：斥恶奖善。师范僚友：成为同辈的学习榜样。

⑦无弊而常显：没有弊端并保持显赫地位。刘昞注："非徒不弊，存而有显。"

⑧为世之所贵：被社会所尊重、推崇。刘昞注："德信有常（《墨海金壶》本和《龙谿精舍》本'信'作'治'），人不能贱。"

6-2 法家之业，本于制度，待乎成功而效^①。其道前苦而后治，严而为众^②。故其未达也，为众人之所忌^③；已试也，为上下之所惮^④。其功足以立法成治^⑤。其弊也，为群枉之所仇^⑥。其为业也，有敝而不常用^⑦，故功大而不终^⑧。

【译文】

建法立制型偏材（法家）的事业，是创建政治法律制度。其政治价值需要成功后才会得到承认。这种事业所表现出的规律性特征是：为了社会利益而严刑峻法，使人们开始时感到痛苦不便，但最终会安居乐业。所以，当其开始推行时，人们为此顾虑重重；当其已经推行时，社会各阶层都感到恐惧。其政治功绩在于通过建法立制去平定天下，其不足之处在于容易被邪恶势力中伤而失利。从总体上看，这种事业因有一定缺陷和弊端而不能经常运用，所以尽管功绩巨大却难得善终，往往是悲剧结局。

【校注】

①制度：创建政治法律制度。效：有成效，即被承认。刘昞注："法以禁奸，奸止乃效。"

②前苦：开始使人痛苦。刘昞注："初布威严（《墨海金壶》本和《龙谿精舍》本'布'作'以'），是以劳苦。终以道化，是以民治。"

③忌：顾虑。刘昞注："奸党乐乱，忌法者众。"

④惮：惧怕。刘昞注："宪防肃然（《墨海金壶》本和《龙谿

精舍》本'防'作'网'），内外振悚。"

　　⑤治：治理成功。刘昞注："民不为非，治道乃成。"

　　⑥群枉：群邪，即邪恶势力。《汉书·刘向传》："谗邪进则众贤退，群枉盛则正士消。"仇：仇恨。刘昞注："法行宠贵，终受其害。"

　　⑦敝：弊端。刘昞注："明君乃能用之强。明不继世，故法不常用。"

　　⑧不终：不长久，难得善终。刘昞注："是以商君车裂，吴起肢解。"

6-3 术家之业，出于聪思，待于谋得而章①。其道先微而后著，精而且玄②。其未达也，为众人之所不识③。其用也，为明主之所珍④。其功足以运筹通变⑤。其退也，藏于隐微⑥。其为业也，奇而希用⑦，故或沉微而不章⑧。

【译文】

　　战略谋划型偏材（术家）的事业，是运用聪明才智出谋划策。其政治价值有待于谋略的成功而被承认。这种事业所表现出的规律性特征是：奥妙的计谋，开始并不引起注意而最终成效显著。所以，当其没有成功时，人们不可能了解其作用；其运作成功，则为英明君主所器重。其政治功绩是运用奇谋去克敌制胜。当其不用时，难以察觉其价值。从整体上看，这种事业具有神奇的功效，但使用率甚低。所以常常在沉默中消亡而没有机会一鸣惊人。

【校注】

　　① 谋得：计谋获得成功。章：彰显，得到承认。刘昞注："断于未行，人无信者。功成事效，而后乃彰也。"

　　② 先微而后著：开始隐微不显而最终功业卓著。精而且玄：精明而奥妙。刘昞注："计谋微妙，其始至精。终始合符，是以道著。"

　　③ 未达：没有成效时。不识：不能识别其价值。刘昞注："谋在功前，众何由识？"

　　④ 珎："珍"的异体字。刘昞注："暗主昧然，岂能贵之？"

　　⑤ 运筹：运筹帷幄。通变：顺应变化获得成功。刘昞注："变以求通，故能成其功。"

　　⑥ 退：不使用时。隐微：难以察觉其价值。刘昞注："计出微密，是以不露。"

　　⑦ 奇：奇谋。希用：很少有使用的机会。刘昞注："主计神奇，用之者希也。"

　　⑧ 刘昞注："世希能用，道何由章？"

6-4 智意之业，本于原度，其道顺而不忤 ①。故其未达也，为众人之所容（矣）②；已达也，为宠爱之所嘉 ③。其功足以赞明计虑 ④。其蔽也，知进而不退 ⑤，或离正以自全 ⑥。其为业也，谞而难持 ⑦，故或先利而后害 ⑧。

【译文】

　　通权达变型偏材（智意）的事业，是揣摸他人心理而投其所好的活动。这种事业所表现出的规律性特征是：顺应外物而不与之抵触。所以，当其没有成功时，便能被人们广泛接受；当其成功之后，则会深得朝中权贵们的欢心。其政治优点在于，能够佐助或促成明智的决策；其缺点在于，只知进取而不注意后路，有时甚至为了自己的利益而背弃正道。从整体上看，这种事业虽然机智却难以长久维持，所以往往先得利而结局不好。

【校注】

①原度：见《体别》"原度取容"注文。忤：触犯。刘昞注："将顺时宜，何忤之有？"

②为众人之所容（矣）："容"下原有"矣"字。按下句"已达也，为宠爱之所嘉"无"矣"字；《墨海金壶》本与彭家屏本"容"下无"矣"字，据删。刘昞注："庶事不逆，善者来亲。"

③宠爱：被君主宠爱的权贵。刘昞注："与众同和，内外美之。"

④赞：佐助。明：明智。计虑：出谋划策。赞明计虑：佐助或促成英明的决策。刘昞注："媚顺于时，言计是信也。"

⑤不退：不注重退路。刘昞注："不见忌害，是以慕进也。"

⑥离正：背离了正道。刘昞注："用心多媚，故违于正。"

⑦谞（xǔ）：才智、机谋。难持：难以持久。刘昞注："韬情谞智，非雅正之伦也。"

⑧先利而后害：开始得利而结局不好。刘昞注："知进忘退，取悔之道。"

6-5 臧否之业，本乎是非，其道廉而且砭①。故其未达也，为众人之所识^②。已达也，为众人之所称^③。其功足以变察是非^④。其敝也，为诋诃之所怨^⑤。其为业也，峭而不裕^⑥，故或先得而后离众^⑦。

【译文】

批评督察型偏材（臧否）的事业，是辨析是非功过的活动。这种事业的规律性特征是：宣扬清白廉正并且公开斥恶奖善。所以，当其未成功之时，便受到人们的重视；成功后，则备受赞赏。其政治优势在于能够明察是非功过，其缺点是遭到那些被批评者们的怨恨。作为一种事业，它苛刻而不宽宏大量，因而，往往先获得美誉而最终失去社会的支持。

【校注】

①廉：清白高洁。砭：原意为以石针治病，引申为批评谏诤。刘昞注："清而混杂，砭去纤芥。"

②识：识别、拥戴。刘昞注："清洁不污，在幽而明。"

③称：赞誉。刘昞注："业常明白，出则受誉。"

④变：通"辨"。变察：辨别考察。刘昞注："理清道洁，是非不乱。"

⑤诋诃：责备。此处指被诋诃者，即受到"臧否之业"责备的人。刘昞注："诋诃之徒，不乐闻过。"

⑥峭：苛刻。裕：宽宏。刘昞注："峭察于物，何能宽裕？"

⑦离众：脱离群众，被社会抛弃。刘昞注："清亮为时所称，理峭为众所惮。"

6-6 伎俩之业,本于事能,其道辨而且速①。其未达也,为众人之所异②。已达也,为官司之所任③。其功足以理烦纠邪④。其敝也,民劳而下困⑤。其为业也,细而不泰,故为治之末也⑥。

【译文】

工程技巧型偏材(伎俩)的事业,是善于从事具体操作。这种事业的规律性特征是:善于辨察事理并反应机敏迅速。所以,当其未成功时,被人们视为奇异;成功后,则被政府作为能人而任用。其政治优势在于处理繁杂事务并纠察邪恶;其流弊是穷折腾,使下层民众更加辛劳困苦。作为一种事业,它琐碎烦扰而不太平,因而将其排于六种事业之末。

【校注】

① 辨而且速:善于辨察事理,并且机敏迅速。刘昞注:"伎计如神,是以速辨。"

② 异:奇异,不同寻常。刘昞注:"伎能出众,故虽微而显。"

③ 官司:政府。刘昞注:"遂事成功,政之所务。"

④ 理烦:处理烦乱。纠邪:纠正邪恶。刘昞注:"释烦理邪,亦须伎俩。"

⑤ 民劳:民众辛劳。下困:下层生活困苦。刘昞注:"上不端而下困。"

⑥ 细而不泰:琐碎烦扰而不太平。刘昞注:"道不平弘,其能太乎(彭家屏本'太'作'泰')?"

附表：政治偏材的施政特点与命运

偏材		功绩	弊端	命运
三材	清节家	师范僚友	无弊而常显	为世之所贵
	法家	立法成治	为群枉之所仇	功大而不终
	术家	运筹通变	奇而希用	或沉微而不章
三材之流	臧否	变察是非	为诋诃之所怨	先得而后离众
	伎俩	理烦纠邪	民劳而下困	为治之末
	智意	赞明计虑	离正以自全	先利而后害

接识第七

【导读】

接：初次接触。识：识别人材。接识：初次交际时识别人材。刘昞注：“推己接物，俱识同体。兼能之士，乃达群材。”本篇主题是，在初次见面接触时，如何通过谈话鉴别人材。主要论点如下：

其一，初次见面，通过谈话鉴别人，是最有效的方法。问题是，人们都是以自己为标准，因此偏材在谈话时，只能识别与自己相同类型的人。刘邵分析了清节家、法家、术家、器能、智意、伎俩、臧否、言语（口辩）八种人的人材标准与认识局限。这八种人源于《流业篇》的人材分类，其中除了政治偏材三材与三材之流外，还增加了偏材“言语”（口辩）与兼材“器能”。

其二，因为政治能力的根源是德、法、术三材，所以谈话的话题主要是道德教化、建法立制、战略决策三种。通过对方介入谈话的情况，判断其是偏材还是兼材。偏材只能介入与自己能力一致的话题，不关心对方的其他能力；兼材则能介入多种话题，对各种能力都会发现并予以肯定。

值得注意的是，刘邵认为，通过谈话全面了解人，必须

谈三天:一天谈道德,一天谈制度,一天谈战略,以便识别
兼有三材的"国体"之人。问题是,用一天时间先后谈这三
个话题不可以吗?为什么分别谈三天?笔者认为,只有放
在魏晋清谈的大环境中才能作出合理解释。魏晋清谈的特
点是开放式的学术辩论,参加者都是对特定问题感兴趣的
人,如命运、道德、法律等等,所以每次(天)辩论只能讨
论一个题目。

7-1 夫人初甚难知①,而士无众寡,皆自以为知人②。
故以己观人,则以为可知也③;观人之察人,则以为不
识也。夫何哉④?是故能识同体之善⑤,而或失异量
之美⑥。何以论其然?

【译文】

　　初次见面是很难立刻鉴别人材的,然而人们却不论知识水
平的高低,都自以为能很快识别人材。所以,当自己考察人材时,
则认为自己能正确鉴别;看别人对人材的考察,则认为别人没有
识别人材的能力,原因何在? 这是因为,人们能识别与自己同一
类型的人,不能识别与自己不同类型的人。为什么这样说呢?
请看以下解释。

【校注】

　　①人初:人们之间的初次交往。甚难知:很难了解对方真相。
刘昞注:"貌厚情深,难得知也。"

② 众寡：多少，指思想水平的高低。

③ 以己观人：看自己鉴别人。以为可知：认为自己会识人。刘昞注："己尚清节，则凡清节者皆己之所知。"

④ 观人之察人：看别人鉴别人。以为不识：认为别人不会鉴别人。刘昞注："由己之所尚，在于清节。人之所好，在于利欲。曲直不同于他，便谓人不识物也。"

⑤ 同体：同类型的人材。刘昞注："性长思谋，则善策略之士。"

⑥ 异量：不同类型的人材。刘昞注："遵法者虽美，乃思谋之所不取。"

7-2 夫清节之人，以正直为度，故其历众材也，能识性行之常①，而或疑法术之诡②。

法制之人，以分数为度，故能识较方直之量③，而不贵变化之术④。

术谋之人，以思谟为度，故能（成）[识]策略之奇⑤，而不识遵法之良⑥。

器能之人，以辨护为度，故能识方略之规⑦，而不知制度之原⑧。

智意之人，以原意为度，故能识韬谞之权⑨，而不贵法教之常⑩。

伎俩之人，以邀功为度，故能识进趣之功⑪，而不通道德之化⑫。

臧否之人，以伺察为度，故能识诃砭之明⑬，而不畅倜傥之异⑭。

言语之人，以辨析为度，故能识捷给之惠^⑮，而不知含章之美^⑯。

【译文】

道德教化型偏材（清节家），以公正廉直为标准，当其选择人材时，能够识别高尚的道德人格，却怀疑法制与权术的存在价值。

建法立制型偏材（法家），以考察名实关系为标准，能识别正直的品质，而看不到计谋策略的意义。

战略谋划型偏材（术家），以出谋划策为标准，能识别奇妙的计策谋略，而不重视遵守法纪的优良品质。

综合事务型兼材（器能），以鉴别处理政务为标准，能识别政策规则能力，而不知道设立制度所依据的原理。

通权达变型偏材（智意），以善于度测心理为标准，能识别韬光养晦的智慧，而忽视遵守道德法律常规的意义。

工程技巧型偏材（伎俩），以获得功利为标准，能识别积极进取精神的价值，而不理解自然无为的功能。

批评督察型偏材（臧否），以明察是非为标准，能认识激浊扬清的意义，而不能看到旷达洒脱的价值。

能言善辩型偏材（口辩），以辨别分析为标准，能识别敏捷应对的雄辩之材，而不能识别含蓄内秀之美。

【校注】

①度：指衡量人材的标准。性行：原意为禀性和行为，后引申为反映本性的道德操行。汉魏时期流行的观点认为，道德行为

是人性的最重要表现，所以"性"与"行"连用，表示人的道德本
性。与刘邵同时的人材学家卢毓"于人及选举，先举性行，而后
言才"（《三国志·卢毓传》）。杜恕《笃论》也称："考实性行，莫
过于乡闾。校才选能，莫善于对策。"可见"性行"均指道德本性。
刘昞注："度在正直，故悦有恒之人。"

　　②法术：法律与权术。诡：诡诈。法术之诡：认为法律权术诡
诈，违背正直原则。刘昞注："谓守正足以致治，何以法术为也？"

　　③分：部分、范围、界线等，例如名分、职分。《英雄篇》说：
"夫聪明者，英之分……胆力者，雄之分。"分数：各种名分（概
念）之间的复杂关系，即考察比较名分之间关系，辨名析理。例
如，《英雄篇》将"英雄"这一"名"（概念），视为"英"和"雄"
两个"名"的组合，并且由"聪"、"明"、"胆"、"力"四种要素构
成。这四种要素中，"聪"、"明"属于英的名分；"胆"、"力"属
于雄的名分。但要成为"英材"，则需要聪、明之本分外，另加雄分
中的"胆"。"雄材"亦然。因此两种名分之间关系复杂，互相包含。
刘邵说："是故聪明秀出谓之英，胆力过人谓之雄，此其大体之别
名也。若校其分数，则牙则须。各二以分，取彼一分，然后乃成。"
整个《英雄篇》就是在校定"英"与"雄"两者的分数。众所周知，
汉魏之际的法家均以形名学为思想方法，去研究政治法律制度和
人材学各方面的名实关系。因此，刘邵将辨析名分视为法家考察
人材的准则。识：识别。较：通"校"，指考察。识校：识别考察。
方直：正直。刘昞注："度在法分，故悦方直之人。"

　　④变化之术：随机应变的权术。刘昞注："谓法分足以济业
（彭家屏本'业'作'时'），何以术谋为也？"

　　⑤思：思考。谟：计谋。思谟：出谋划策。故能（成）[识]
策略之奇：据《长短经》改。上下文句型均为"能识……"，可佐
证。刘昞注："度在思谋，故贵策略之人。"

　　⑥不识遵法之良：《长短经》引"不识"作"或失"。刘昞注：
"谓思谟足以化民，何以法制为也？"

　　⑦辨护：鉴别治理，见《材能》注释。方略：策略。刘昞注："度
在辨护，故悦方计之人。"

　　⑧制度之原：建立制度的原理。刘昞注："谓方计足以立功，
何以制度为也？"

　　⑨原意：揣摩（还原）别人的心意。韬：隐藏。谞：机谋。
韬谞：内藏机谋。刘昞注："度在原意，故悦韬谞之人。"

　　⑩法教：法律与教化。刘昞注："谓原意足以为正，何以法理
为也？"

　　⑪邀：追求。功：成效。邀功：追求功利。进趣：积极进取
去建立功业。刘昞注："度在邀功，故悦功能之人。"

　　⑫道德之化：道德教化的作用。刘昞注："谓伎能足以成事，
何以道德为也？"

　　⑬伺：通"司"。伺察：即司察。《材能篇》："司察之能，臧否
之材也。"是其证。诃：诋诃，指责备，见《利害篇》。砭：针砭，喻
批评指正。诃砭：责察批评，分辨是非功过。刘昞注："度在伺察，
故悦谴诃之人。"

　　⑭倜傥：旷达洒脱，变通宽容。刘昞注："谓谴诃乃成教，何
以宽弘为也？"

　　⑮捷给：敏捷应对。刘昞注："度在剖析，故悦敏给之人。"

⑯ 含章：内藏优秀品质而不外露。《易·坤》："含章可贞。"孔颖达疏："章，美也……唯内含章美之道，待命乃行，可以得正。"《三国志·管宁传》载陶丘一等官员推荐以内秀著称的管宁时说："含章素质。"刘昞注："谓辨论事乃理，何以含章为也？"

7-3 是以互相非驳，莫肯相是①。取同体也，则接论而相得②；取异体也，虽历久而不知③。凡此之类，皆谓一流之材也④。若二至已上，亦随其所兼以及异数⑤。故一流之人，能识一流之善⑥；二流之人，能识二流之美⑦；尽有诸流，则亦能兼达众材⑧。故兼材之人与国体同⑨。

【译文】

上述八种人材之间常常互相指责，不肯承认对方的价值。遇到同类型的人，一经交谈便互相认可；遇到不同类型的人，长期交往也一无所知。这些人都属于只具一种专长的偏材。如果具备了两种以上的偏材素质，那么其自身具备几种素质，就能识别几种相应的人材。所以说，具备一种偏材素质者能识别一种偏材，具备两种素质者能识别两种偏材，兼备了各种人材素质，就能识别一切人材。这种兼材之人就是所谓综合决策型政治人材（国体）。

【校注】

①非驳：非难指责。刘昞注："人皆自以为是，谁肯道人之是？"

②同体：与自己同类型的人。则接论而相得：彭家屏本和《墨

海金壶》本"论"作"治"。刘昞注："性能苟同,则虽胡越,接响而情通。"

③异体:与自己不同类型的人。刘昞注："性能苟异,则虽比肩,历年而逾疏矣。"

④一流:一种类型的才能。一流之材:指某种偏材。刘昞注："故同体则亲,异体则疏。"

⑤二至已上:有两种以上的完善材质。异数:不同数目,即下文的一流、二流乃至兼材的不同数目系列。所谓一流、二流、诸流,不是指一等、二等,而是指一种、兼有二种、兼有诸种。刘昞注："法家兼术,故能以术辅法。"

⑥一流之人,能识一流之善:大意为,偏材只能识别同类偏材的优点,如法家只能识别法家。刘昞注："以法治者,所以举不过法。"

⑦二流之人,能识二流之美:大意为,有两种偏材素质的兼材,能识别相应的兼材。刘昞注："体法术者,法术兼行。"

⑧尽有诸流,则亦能兼达众材:大意为,具备了各种偏材能力的兼材,能识别各种偏材。刘昞注："体通八流,则八材当位,物无不理。"

⑨国体:三材皆备的综合决策型兼材。见《流业篇》注释。刘昞注："谓八材之人,始进陈言;冢宰之官,察其所以。"

7-4 欲观其一隅,则终朝足以识之①。将究其详,则三日而后足②。何谓三日而后足?夫国体之人,兼有三材,故谈不三日,不足以尽之。一以论道德,二以论法

制，三以论策术，然后乃能竭其所长，而举之不疑^③。

【译文】

只准备考察对方是否具有某一种才能，那么谈一天也就够了。如果准备全面地了解对方，则必须谈三天才能完成。为什么必须谈三天呢？因为综合决策型人材（国体），兼备清节、法、术三种才能，所以不谈三天，不能使其全部才能得到发挥。一天用来讨论道德伦理问题，一天用来讨论政法制度问题，再用一天讨论计策谋略问题。这样才能使其才能全部表现出来，对其评价也就准确无误了。

【校注】

①隅：角落、方面。一隅：一个方面，指一种才能。《荀子·解蔽》："此数具者，皆道之一隅也。"此处指一种材能。终朝：一天时间。

②详：全面详细。将究其详：准备全面了解一个人的素质。三日而后足：必须谈三天，才能全面了解。

③何谓三日而后足：为什么要谈三天呢？刘邵认为，各种政治人材都是清节家、法家、术家三材衍生或组合而成。因此考察人材的特点，主要看道德教化、建法立制与战略谋划三种素质，而通过谈话是了解人材特点最快的方法。尤其是兼有三材的"国体"之人，需要从通过三种谈话话题考察他。在本篇中，除了三材之外，刘邵探讨了器能、智意、伎俩、臧否、口辩五种人材，都是源于三材。刘昞注："在上者兼明八材，然后乃能尽其所进，用而无

疑矣。"

7-5 然则何以知其兼偏而与之言乎^①？其为人也，务以流数杼人之所长而为之名目，如是兼也^②。如陈以美，欲人称之^③，不欲知人之所有，如是者偏也^④。不欲知人，则言无不疑^⑤。是故以深说浅，益深益异^⑥。异则相返，反则相非^⑦。

是故多陈处直，则以为见美^⑧。

静听不言，则以为虚空^⑨。

抗为高谈，则［以］为不逊^⑩。

逊让不尽，则以为浅陋^⑪。

言称一善，则以为不博^⑫。

历发众奇，则以为多端^⑬。

先意而言，则以为分美^⑭。

因失难之，则以为不喻^⑮。

说以对反，则以为较己^⑯。

博以异杂，则以为无要^⑰。

论以同体，然后乃悦^⑱，于是乎有亲爱之情，称举之誉^⑲。此偏材之常失^⑳。

【译文】

　　怎样才能迅速确知对方属于兼材或是偏材，以便采取合适的交谈方式呢？一般情况下，那种在交谈中力图以各类人材感兴趣的不同话题使对方充分表现思想性格，并且加以评论赞誉的人,属于兼材。那种总是陈述自己的特长并希望获得对方称赞,却不打算了解对方特长的人,属于偏材。偏材之人既然不打算了解别人,就会对别人所说的一切都不相信。所以对偏材之人讲其不爱好的内容,就等于将高深的道理讲给理解力肤浅的人听,结果只能是说得越深入则对方越诧异。诧异就会产生不同看法,看法不同,则必然予以否定。例如:

对方发表许多正确的观点,则被视为故意炫耀以获赞誉。

对方安静地倾听而不发言,则被视为思想贫乏无学识。

对方直言大谈高层次的论题,则被视为不谦逊。

对方谦逊退让而不把全部思想表达,则被视为思想肤浅闭塞。

对方发言只称赞一种美德,则被视为见识不广博。

对方广泛涉及各种奇闻轶事,则被视为繁杂琐碎。

对方先说出了自己想说而没说的话,则被视为企图与自己争荣誉。

对方针对自己发言中的失误提出问题,则被视为理解能力差。

对方发表相反的意见,则被视为企图与自己比高低。

对方广泛陈述与自己见解不同或无关系的观点,则被视为发言缺乏要点。

只有与同类型人材谈论,才感到愉快,并能产生亲近热爱的感情,称赞推举的美誉也随之而来。这就是偏材鉴别人材经常出现失误的原因所在。

【校注】

① 兼偏：兼材与偏材。刘昞注："察言之时，何以识其偏材？何以识其兼材也？"

② 流数：人流之数，即各种类型的人材，此处指各种类型的人材所感兴趣的不同话题。名目：赞誉。《三国志·王粲传评》："昔文帝、陈王以公子之尊，博好文采，同声相应，才士并出，惟粲等六人最见名目。"刘昞注："每因事类，杼尽人之所能，为之名目，言不容口。"

③ 陈：陈述。美：美德。陈以美：宣扬自己的美德。刘昞注："己之有善，因事自说，又欲令人言常称己。"

④ 不欲知人之所有：大意为，不想了解对方的长处。刘昞注："人之有善，耳不乐闻。人称之，口不和也。"

⑤ 言无不疑：对别人所说的都表示怀疑。刘昞注："闻法则疑其刻削，闻术则疑其诡诈。"

⑥ 以深说浅：将高深的道理讲给肤浅之人听。益深益异：说得越深入则听方越诧异。刘昞注："浅者意近，故闻深理而心逾炫。是以商君说帝王之道不入，则以强兵之义示之。"

⑦ 返：同"反"。异则相返：诧异就会产生不同的看法。反则相非：观点不同就会予以否定。刘昞注："闻深则心炫，焉得而相是？是以李兑塞[耳]（据嘉靖本、彭家屏本和《墨海金壶》本补），而不听苏秦之说。"

⑧ 多：多种。陈：陈述。处：居、处于。直：正直、正确。多陈处直：发表许多正确的观点。见：显摆。美：赞美。见美：故意炫耀以获美誉。刘昞注："以其多方，疑似见美也。"

⑨ 静听不言：安静倾听而不发言。刘昞注："待时来语，疑其无实。"

⑩ 抗：直言。抗为高谈：直接了当地发表高见。[以]为不逊："以"字据上下文补。以为不谦逊。刘昞注："辞护理高，疑其凌己。"

⑪ 逊让：谦逊退让。不尽：不把看法全部表达。浅陋：思想肤浅闭塞。刘昞注："卑言寡气，疑其浅薄。"

⑫ 言称一善：发言只称赞一种美德。不博：见识不广博。刘昞注："未敢多陈，疑其陋狭。"

⑬ 历发众奇：谈话广泛涉及各种奇闻轶事。多端：繁多琐碎。刘昞注："偏举事类，则欲以释之，复以为多端。"

⑭ 先意而言：对方先说出了自己想说而没说的话，不谋而合。分美：认为对方企图与自己争荣誉。刘昞注："言合其意，疑分己美。"

⑮ 因失难之：对方针对自己发言中的过失而提问。不喻：不能明白事理。刘昞注："欲补其失，反不喻也。"

⑯ 说以对反：发表相反的意见。较己：与自己比高低。刘昞注："欲反其事而明言，乃疑其较也。"

⑰ 博以异杂：广泛陈述与自己偏好不同或无密切关系的观点。无要：发言没有中心或要点。刘昞注："控尽所怀，谓之无要。"

⑱ 刘昞注："弟兄忿肆，为陈管蔡之事，则（欣）[欢]畅而和悦（据彭家屏本和《墨海金壶》本改）。"

⑲ 称举：称赞推举。刘昞注："苟言之同，非徒亲爱而已，乃至誉而举之。"

⑳ 常失：经常出现的失误。刘昞注："意常姻护，欲人同己，

己不必得，何由暂得？"

附表：政治人材识别人材的局限

人材类型	识人标准	能识别的人材	不能识别的人材
清节之人	以正直为度	能识性行之常	或疑法术之诡
法制之人	以分数为度	能识方直之量	不贵变化之术
术谋之人	以思谟为度	能识策略之奇	不识遵法之良
器能之人	以辨护为度	能识方略之规	不知制度之原
伎俩之人	以邀功为度	能识进趣之功	不通道德之化
智意之人	以原意为度	能识韬谞之权	不贵法教之常
臧否之人	以伺察为度	能识诃砭之明	不畅倜傥之异
言语之人	以辨析为度	能识捷给之惠	不知含章之美

英雄第八

【导读】

英雄：指能白手起家的创业者，从割据一方的军阀到建立新王朝的开国帝王，都属于英雄。辅佐英雄创业的关键人物是英材（军师）与雄材（将军）。刘昞注："自非平淡，能各有名，英为文昌，雄为武称。"本篇主题是讨论创业英雄与英材、雄材的素质及其关系。由以下两个层次构成：

其一，英雄素质，是"英分"（文的部分）与"雄分"（武的部分）两方面素质的组合。"英分"包含"聪"（战略谋划能力）与"明"（发现战机能力）两个要素。"雄分"包含"胆"（果断实施能力）与"力"（膂力过人）两个要素。因此，一个创业者需要具备聪、明、胆、力四种能力。在创业初期，"英雄"靠个人素质中的这四种能力从事各种具体工作，如谋划决策、训练部队与作战。而发展为大军事集团后，英雄的个人素质已不再是从事具体工作，而是用来吸引、识别与任用"英材"与"雄材"。

其二，英材与雄材，分别指文韬型与武略型两种杰出人材。英材即军师，保证战略决策正确，张良是代表。英材的素质，除了自身的"聪"与"明"外，还要具备雄材的

"胆"；如果没有"胆"，即没有当机立断的能力，就会犹豫不决，坐失战机。雄材即将军，保证战略决策的实施，韩信是代表。雄材的素质，除了自身的"胆"和"力"外，还需要英材的"明"；如果没有"明"，即没有发现战机的能力，则无法应对瞬息万变的战局。

8-1 夫草之精秀者为英，兽之特群者为雄①。故人之文武茂异，取名于此②。是故聪明秀出谓之英，胆力过人谓之雄，此其大体之别名也③。若校其分数，则牙则须④。各以二分，取彼一分，然后乃成⑤。

【译文】

　　精美秀丽的花草叫作"英"，强健超群的走兽称作"雄"。所以，对那些文韬与武略出类拔萃的人物，用"英"与"雄"去命名。一般来说，具有战略谋划与发现战机这两种素质者，可称为"英"材；具有勇敢决断和膂力过人这两种素质者，可称为"雄"材。然而，"英"与"雄"两种不同名号只是对其所具素质的大致概括，如果仔细考察两个名号（概念）外延之间的逻辑关系，就会发现双方界线呈现出部分重合的交叉关系，即各自在具备了应有的两种素质后，还要拥有对方的一种素质（有了三种素质），然后才能形成英材或雄材。

【校注】

　　①特：出众。特群：超群。刘昞注："物尚有之，况于人乎？"

②文武：文或武。茂异：特别出众。刘昞注："文以英为名，武以雄为号。"

③大体：大致。别名：分别名号。刘邵认为，英材与雄材都有对方的要素，即英材有雄材要素"胆"，雄材有英材要素"明"。之所以还是将他们分别定名为英材或雄材，是依据其主导素质而大致划分。

④校：仔细考察。分数：名分之间的逻辑关系。参考《接识》注释。牙：犬牙交错。须：互相依赖。刘昞注："英得雄分，然后成章。雄得英分，然后成刚。"

⑤二分：二种素质，指"英"这一名分内所包含的"聪"和"明"二种成分，"雄"这一概念中所包含的"胆"与"力"二种成分。取彼一分，然后乃成：即再取对方一种成分，才能成为英材或雄材。例如，英具备分内的聪、明，再取雄的"勇"，才能成为英。刘昞注："胆者雄之分，智者英之分。英有聪明，须胆而后成；雄有胆力，须知而后立。"

8-2 何以论其然？夫聪明者，英之分也，不得雄之胆，则说不行①。胆力者，雄之分也，不得英之智，则事不立②。是故英以其聪谋始，以其明见机③，待雄之胆行之④；雄以其力服众，以其勇排难⑤，待英之智成之⑥。然后乃能各济其所长也⑦。

【译文】

为什么这样说呢？战略谋划与发现战机的能力，是英材的名分内素质,但是,如果没有雄材的勇敢,则只能发表高见而不敢付诸实施。同样,勇敢和力气,属于雄材的名分内素质,但是,如果没有英材的智谋,则事业无法成功。所以,英材以杰出的智能去谋划创业的蓝图,以敏锐的洞察力去发现战机,还需要"雄"材的勇敢使之付诸实施。"雄"材以过人的膂力使众人心服,以当机立断的勇敢去排除艰难险阻,还需要英材的杰出智慧使事业成功。总之,只有具备对方的某种素质,英、雄二材各自的特长才能得到发挥。

【校注】

① 说不行:仅能提出意见而不敢实施。刘昞注:"智而无胆,不能正言。"

② 事不立:不能保证决策正确。刘昞注:"勇而无谋,不能立事。"

③ 聪:杰出的智慧。谋始:原创性战略规划。明:敏锐的洞察力。见机:发现战机或时机。刘昞注:"智以谋事之始,明以见事之机。"

④ 胆:勇敢。行:果断实施。刘昞注:"不决则不能行。"

⑤ 服众:使众人心服。排难:排除艰难险阻。刘昞注:"非力众不服,非勇难不排。"

⑥ 英之智:谋略能力或发现机会的能力。刘昞注:"智以制宜,巧乃可成。"

⑦ 济:协助。乃能各济其所长:大意为,对方的素质使英材与雄材成功。刘昞注:"譬金待水而成利功,物得水然后成养功。"

8-3 若聪能谋始，而明不见机，（乃）可以坐论，而不可以处事①。若聪能谋始，明能见机，而勇不能行，可以循常，而不可以虑变②。

【译文】

如果智力能够完成创业谋略，但洞察力欠缺而不能发现时机，则只可以充当咨询人员，而不能干实际工作。如果智力能够胜任创业谋略，洞察力足以发现时机，但勇气欠缺而不能当机立断，则只可按常规办事，而不能应对变化参与决策（不是英材）。

【校注】

①坐论：坐而论道。本意指无固定职守，专门讨论国家大政方针，《三国志·杜恕传》："古之三公，坐而论道。"此处"坐论"，指仅能出谋划策进行咨询参谋者。（乃）可以坐论：据孙人和说删。刘昞注："智能坐论，而明不见机，何事务之能处？"

②循常：遵循常规。《后汉书·仲长统传》："又中世之选三公也，务于清悫谨慎，循常习故者。是妇女之检柙，乡曲之常人耳。"虑变：对付突然的事变。刘昞注："明能循常，勇不能行，何应变之能为？"

8-4 若力能过人，而勇不能行，可以为力人，未可以为先登①。力能过人，勇能行之，而智不能断事，可以为先登，未足以为将帅②。

【译文】

　　如果膂力过人,但勇气不足,以至犹豫不决,则只能当大力士作表演,而不能成为冲锋陷阵的勇士。如果膂力过人,勇气足以临事决断,而智慧不足,缺乏分析判断问题的谋略智慧,则只能成为冲锋陷阵的勇士,而不能胜任独当一面的军事统帅。

【校注】

　　① 力人:大力士,类似相扑,作表演。先登:冲锋在前的勇士。刘昞注:"力虽绝群,胆雄不决,何先锋之能为?"

　　② 断事:分析判断能力。刘昞注:"力能先登,临事无谋,何将帅之能为?"

8-5 必聪能谋始,明能见机,胆能决之,然后[乃]可以为英,张良是也①。气力过人,勇能行之,智足断事,[然后]乃可以为雄,韩信是也②。体分不同,以多为目,故英、雄异名③。然皆偏至之材,人臣之任也。故英可以为相④,雄可以为将⑤。

【译文】

　　只有智力足以胜任创业之谋略,洞察力足以发现战机,胆略足以临事决断,才能成为英材,张良是代表人物。只有膂力过人,勇敢果断,又善于分析判断,才能成为雄材,韩信是代表人物。可见英材与雄材名号之所以不同,是由于双方禀受的英、雄素质的多寡不同,以占主导地位的素质获得相应名称。两者都属于优秀的偏材（兼材），堪任重要官职：英材适宜担任宰相，雄材适宜担任将军。

【校注】

①然后［乃］可以为英：据《长短经》补。

②［然后］乃可以为雄：据《长短经》补。

③体分不同：各自体质中禀受的"英"与"雄"成分多寡不同。目：名号。以多为目：以所禀"英"或"雄"素质多者而获得相应的名号。如英材成分多，被称为"英"；雄材成分多，则被称为"雄"。英雄异名：英与雄各自独立为两个名号。刘昞注："张良英智多，韩信雄胆胜。"

④相：宰相，朝中有决策权的高官。刘昞注："制胜于近。"

⑤将：将军，战区军事长官。刘昞注："扬威于远。"

8-6 若一人之身兼有英雄，则能长世①，高祖、项羽是也。然英之分以多于雄，而英不可以少也②。英分少，则智者去之。故项羽气力盖世，明能合变③，而不能听采奇异，有一范增不用，是以陈平之徒皆亡归高祖④。英分多，故群雄服之，英材归之，两得其用⑤，故能吞秦破楚，宅有天下⑥。

【译文】

如果某人兼备了英材和雄材的全部素质，便是创立帝王之业的英雄之材，汉高祖刘邦和西楚霸王项羽便是典型。对英雄之材来说，其所禀英材素质可以多于雄材素质，而英材素质绝不可以减少。因为，英材素质欠缺，会使智谋之士离去。例如，项羽尽管勇气和力量举世无双，洞察力也能明见时局变化，但缺乏识别并任用奇特英材的能力，因此未能重用范增，并使陈平之类谋士纷纷逃亡归顺了刘邦。如果禀受的英材素质多，不仅雄材服从他，而且英材也纷纷归附，两种人材均能为其所用，故刘邦能够消灭秦王朝并击败项羽，建立了西汉王朝。

【校注】

①长世：统治天下，即创业帝王。

②英之分：英的成分（谋略策划能力与发现战机的能力）。此句大意是，创业英雄的素质中，"英"的成分必须多于"雄"的成分。刘昞注："英以致智，智能役雄，何可少也！"

③明能合变：洞察力能发现战机变化，指项羽发现战机后，破釜沉舟，以少胜多，击败秦军主力的巨鹿之战。刘昞注："胆烈无前，济江焚粮。"

④听采奇异：采用奇谋或任用奇材。范增：项羽的谋臣。鸿门宴上，范增劝项羽杀掉刘邦，项羽未采纳。后来刘邦施反间计，致范增被迫辞归。事见《史记·项羽本纪》。陈平：初从项羽破秦，官拜都尉，因项羽不能重用，逃亡归汉。事见《史记·陈丞相世家》。

⑤刘昞注："雄既服矣，英又归之。"

⑥吞秦破楚：即推翻秦朝和消灭西楚霸王项羽。宅：本义为住所。帝王视天下为己家，故称"宅有天下"。

8-7 然则英雄多少,能自胜之数也^①。徒英而不雄,则雄材不服也^②;徒雄而不英,则智者不归往也^③。故雄能得雄,不能得英^④;英能得英,不能得雄^⑤。故一人之身兼有英雄,乃能役英与雄。能役英与雄,故能成大业也^⑥。

【译文】

由此可见,自身英、雄素质的禀受情况,是创业者能否建立新王朝的决定性因素。自身只具英材素质而无雄材素质,则雄材不会服从;只具雄材素质而无英材素质,则英材不会归附。所以,雄材能得到雄材,而不能得到英材;英材能得到英材,而不能得到雄材。只有一身兼备了英材与雄材,才能使用英材与雄材。只有能使用英材和雄材,才能创建帝王霸业。

【校注】

① 自:自己。胜:胜任。数:定数。自胜之数:指创业者自身的英雄素质是决定其成功的关键。刘昞注:"胜在于身,则能胜物。"

② 徒英而不雄:只有英材而无雄材。雄材不服:雄材不会臣服。刘昞注:"内无主于中,外物何由入?"

③ 徒雄而不英:只有雄材而无英材。智者不归往:英材不会归顺。刘昞注:"无名以接之,智者何由往?"

④ 雄能得雄,不能得英:大意为,雄材互相吸引,不能吸引英材。刘昞注:"兕虎自成群也。"

⑤ 英能得英,不能得雄。大意为,英材自然亲和,雄材不会

归顺。刘昞注："鸾凤自相亲也。"

　　⑥ 大业：帝王霸业。刘昞注："武以服之，文以绥之，则业隆当年，福流后世。"

八观第九

【导读】

八观：八种观察鉴别人材的方法，是《人物志》十二篇中字数最多的一篇。刘昞注："群材异品，志各异归。观其通否，所格者八。"本篇的主题是从言谈、神色、相貌、举止与行为各个方面系统观人，透过现象看本质，探究其心理活动，确定其道德品行、性格能力的基本特点。从以下八个方面展开：

第一，观察善恶行为，识别"间杂"之人。在《人物志》的人材体系中，偏材性格能力在其偏颇的领域是完善的。例如正直的偏材为了正义无所畏惧，因此属于人材范畴。还有一种善恶参混的人，叫作"间杂"之人，不属于人材。例如，某人有正直的好品质，同时又有过度欲望这种坏品质，所以在关键时刻不能主持正义了。因此，观察一个人，既要看其身上的优良品质，同时还要看有没有相应的恶劣品质，看两者谁占上风，有两种情况：一是坏品质占优势，使好品质无法实现；二是好品质占了上风，使相应的坏品质无法起作用。

第二，观察言谈神色，了解人格特点。这种观察方法，一是观察发言者关注的问题和对别人观点的反应,从中可见其人格特点,对此刘邵列举了十三种发言风格与其相应的人格。二是观察发言者的神色。心态改变立刻引起神色变化,是无法掩饰的,将神色变化与所发言论一起对照考察,可以判断其发言与内心是否一致,进而把握其人格特点。

第三,观察体表特征,确定人材名号。通过观察神(精神)、精(目光)、筋(肌腱)、骨(骨骼)、气(内气)、色(脸色)、仪(仪态)、容(表情)、言(音调)九种体表特征,即九征观人法,研究人的品德、性格与能力。《九征篇》对这种方法已经详细说明,但重点讨论了偏材问题,认为九征中一征完善,则有一种优良人材素质,叫作"一至",属于偏材;"二至"即二征以上完善,则具备了两种以上优良品质,叫作兼材,但是对"二至"以上兼材的体表特征,没有进行描述。《八观篇》介绍这种方法时,列举了二至、四至等兼材的特点与名称,可对《九征篇》作补充。

第四,观察行为动机,鉴别"依似"之人。《九征篇》关于人物分类的系列中,有一种酷似偏材的劣质人,因"似是而非",被冠名为"依似",这是《人物志》发明的专有名词。"依似"之人是一种伪偏材,其危害是以假乱真、混淆视听,必须予以揭露。如果仅仅从行为看,"依似"与偏材很难区别。鉴别两种人的关键是看行为背后的动机。例如,本性正直的偏材检举他人的违纪问题;本性恶毒的"依似"之人,同样检举他人的违纪问题。但是两种人的动机不同,偏材的动机是正义,"依似"的动机是害人。

第五,观察爱敬品质,预知处世境况。因为亲爱与尊敬是人性中最宝贵的情感,也是道德的最高境界。如果有爱和敬的诚心,就顺应了人类最根本的道德规律,自然会与他人心心相印,更容易与他人交往、沟通。人脉广而人际关系好,这是一个人事业成功必不可少的条件。尽管爱与敬两种品质都重要,但是爱比敬更重要。尊敬这种品质的缺点,是严肃而使人产生距离感。而亲爱则亲切感人,消除距离感,产生巨大的凝聚力,可以获得更多的社会资源。所以,通过观察爱与敬的程度,便可预知其处世境况是顺利还是艰难。

第六,观察能否谦恭,区分君子小人。人们都希望被人尊重,不希望被人蔑视。但是君子与小人的不同,是君子气量大,能控制自己的感情,不为物喜,不以己悲,即使被人冒犯,亦能宽恕对方;小人气量小,听到赞美会喜形于色,被人冒犯则怒气溢于言表。因此,通过谈话刺激对方的虚荣心,观察其情绪及表情变化,是鉴别君子与小人的快捷方法。在此,刘邵提出用六种谈话方法刺激对方,通过对方的表情变化了解其人。

第七,观察偏材缺点,推知相应特长。为何通过观察偏材的缺点以推知相应的特长呢?偏材之人,各有不同缺点:正直型偏材的缺点是攻讦(揭人短),刚强型偏材的缺点是严厉,和善型偏材的缺点是怯懦,节操(气节操守)型偏材的缺点是拘谨。对偏材的长处,人们不一定看到,而对其缺点则会敏锐感受到。例如，某人特别正直，则容易揭露攻击别人的错误缺点，被视为破坏团结的人，引起大家警惕。因此应当从有相应缺点的人里，物色有相应特长的偏材，从事特定工作。例如对攻讦行为的人，观察其是否出于正义目的；对行为拘谨的人，观察其是否有气节操守。

第八，观察聪明程度，鉴定人材档次。仁、义、礼、智、信是五种最重要的优良品质，在构建完美人格的过程中，所起的作用不同：仁，是基础；义，是原则；礼，是文采；信，是支柱；智，是统帅。当仁、义、礼、智、信五种美德独立发挥作用时，"仁"的意义最重要，没有仁爱之心者是恶人。但是当五种美德综合发挥作用时，聪明智慧（"智"）则最为重要，处于统帅与指导地位。以聪明智慧指导仁慈，则恩泽无不遍及；以聪明智慧指导正义勇敢，则战无不胜；以聪明智慧指导规律的研究，则无所不通。显然这最后一观，是讨论"德""才"的关系。刘邵的观点是："仁"是基础，没有基础绝对不行。在德行已经合格的情况下，智慧的高低，则决定人材档次。

9-1 八观者：

一曰，观其夺救，以明间杂[①]。

二曰，观其感变，以审常度[②]。

三曰，观其志质，以知其名[③]。

四曰，观其所由，以辨依似[④]。

五曰，观其爱敬，以知通塞[⑤]。

六曰，观其情机，以辨恕惑^⑥。

七曰，观其所短，以知所长^⑦。

八曰，观其聪明，以知所达^⑧。

【译文】

八观分别是：

一、观察善恶行为，识别间杂之人。

二、观察言谈神色，了解人格特点。

三、观察体表特征，确定人材名号。

四、观察行为动机，排除依似之人。

五、观察爱敬品质，预知处世境况。

六、观察能否谦恭，区分君子小人。

七、观察偏材缺点，推知相应特长。

八、观察聪明程度，鉴定人材档次。

【校注】

①夺救：指"恶情夺正"与"善情救恶"。夺：夺去，指"恶情夺正"，即自身的恶劣情感夺去了良好的品质。救：挽救，指"善情救恶"，即自身的善良情感挽救了恶劣品行。间杂：善恶混杂之人，是一种劣质人，不入人材之列。《九征》："一至一违，谓之间杂。间杂，无恒之人也。"此句大意为：通过观察某人的矛盾行为，鉴别其是否属于善恶混杂的"间杂"之人。刘昞注："或慈欲济恤，而悋夺（某人）[其仁]（据《四库全书》本改）；或救济广厚，而乞醯为惠。"

②感变：言谈神色反映出情感变化。常度：真实的人格。观其感变，以审常度：通过观察某人发言风格与神色变化，可以了解其人格特点。刘昞注："观其愊怍，则常度可审。"

③志质：应为"至质"，指完善的人材素质。人材素质决定了人材的性质，因此人材的名称各异。所谓人材素质，在刘邵笔下有时指完善的生理素质，如骨、气、筋等；有时则指生理素质完善所产生的品格特征，例如，"骨直"所产生的正直品格，"筋劲"所产生的强健品格等。但在刘邵的意识中，两者是一致的表里关系。所以，尽管刘邵在下文中有时不讲生理素质，而仅讲心理品质，但这些心理品质都有相应的生理素质为基础。刘昞注："征质相应，睹色知名。"

④观其所由：语出《论语·为政》，指观察某人行为所遵循的原则。依似：《九征篇》创造的专有名词，指酷似偏材的劣质人。观其所由，以辨依似：通过观察动机辨别"依似"之人。刘昞注："依讦似直，仓卒难明。察其所安，昭然可辨。"

⑤爱敬：亲爱之情与恭敬之情。《孟子·离娄下》："仁者爱人，有礼者敬人。爱人者，人常爱之；敬人者，人常敬之。"这是说，你怎样对别人，别人就会怎样对待你。通塞：境遇的顺达与艰难。回报是人类的本能，所以爱人、敬人者，人际关系自然好，事业更容易成功。观其爱敬，以知通塞：观察其爱与敬这两种素质，可以预知其未来事业发展是顺利还是艰难。刘昞注："纯爱则物亲而情通，纯敬则理疏而情塞。"

⑥情机：感情变化的枢机。恕：宽恕。慝：不良情绪。恕慝：比喻贤良君子和鄙劣小人。君子与小人品质多有不同，其中能否

行"恕"道，是个重要标志。观其情机，以辨恕惑：通过谈话刺激对方的虚荣心，观察其表情变化，以此鉴别君子小人。刘昞注："得其所欲则恕，违其所欲则惑。"

⑦ 短：短处，缺点。长：长处，优点。观其所短，以知所长：通过观察偏材的缺点，可以推知其相应的特长。因为偏材的特点就是长处与短处同样鲜明，例如正直的偏材，长处是主持正义，短处是揭人隐私。刘昞注："讦刺虽短，而长于为直。"

⑧ 达：达到。观其聪明，以知所达：通过观察聪明程度，鉴定其所达到的人材层次。刘昞注："虽体众材，而材不聪明，事事蔽塞，其何能达？"

9-2 何谓观其夺救以明间杂？ 夫质，有至有违 ① 。若至[不能]胜违 ② ，则恶情夺正，若然而不然 ③ 。故仁出于慈，有慈而不仁者。仁必有恤，有仁而不恤者。厉必有刚，有厉而不刚者 ④ 。若夫见可怜则流涕 ⑤ ，将分与则恡啬，是慈而不仁者 ⑥ 。睹危急则恻隐 ⑦ ，将赴救则畏患，是仁而不恤者 ⑧ 。处虚义则色厉 ⑨ ，顾利欲则内荏，是厉而不刚者 ⑩ 。

然则慈而不仁者，则恡夺之也 ⑪ 。仁而不恤者，则惧夺之也 ⑫ 。厉而不刚者，则欲夺之也 ⑬ 。故曰，慈不能胜恡，无必其能仁也 ⑭ 。仁不能胜惧，无必其能恤也 ⑮ 。厉不能胜欲，无必其能刚也 ⑯ 。是故不仁之质胜，则伎力为害器 ⑰ ；贪悖之性胜，则强猛为祸梯 ⑱ 。

亦有善情救恶，不至为害 ⑲ 。爱惠分笃，虽傲狎，不离[20]。助善著明，虽疾恶，无害也[21]。救济过厚，虽取人，不贪也[22]。

是故观其夺救，而明间杂之情，可得知也[23]。

【译文】

为什么可以通过观察行为，判断其是否为善恶混杂的"间杂"之人呢？人的素质中有优良和低劣成分。如果优良素质不能胜过低劣素质，恶劣思想动机就会取代优良品德，使人品发生本质改变。例如仁爱产出于同情心，而某些有同情心的人却不仁爱。仁爱者应当会救助他人，而有些仁慈者却不肯救助他人。严厉者一般具有刚直品质，然而有些严厉者却不刚直。

遇见可怜者同情流泪，一旦需要解囊相助，则变得十分吝啬，这就是有同情心却不仁爱者。见人处于危险中便生怜悯，一旦需要前去救助，则惧怕祸及其身，这就是仁爱却不能见义勇为者。论说抽象的道义时慷慨激昂，一旦触及个人私利，则立刻软弱无力，这就是性情严厉却不刚直者。

有同情心而不仁爱，是吝啬之心击败了同情心。仁爱却不能见义勇为，是恐惧之心击败了仁爱。严厉而不刚直，是私欲击败了严厉。同情心不能战胜吝啬，一定不会成为仁爱之人。仁爱不能战胜恐惧，一定不会见义勇为。严厉不能战胜私欲，一定不会刚直。不仁爱的品质占了上风，技艺才能反而成了害人害己的工具；贪婪邪恶的性情占了上风，坚强勇猛反而成了通向灾祸之路。

此外，还有另一种情况，即善良品质战胜了恶劣品质，使恶劣品质不至于造成危害。例如，处于真诚的恩爱，即使过分亲昵以致举止轻佻不恭敬，也不会导致对方的离异；处于行善动机，即使过分严厉地对待坏人，也不会有什么危害；为了救助弱势群体，即使索取了分外财物，也不是贪污。

综上所述，通过观察善与恶两种行为的冲突，可以鉴定善恶混杂的"间杂"之人。

【校注】

①质：人材素质。至：优秀素质。违：不良素质。刘昞注："刚质无欲，所以为至。贪情或胜，所以为违。"

②若至［不能］胜违：底本及所有参校本均为"若至胜违"。"若至胜违"，与本段文意相矛盾，疑有脱字。刘邵认为：当优秀素质（至）不能战胜恶劣素质（违）时，才会造成"恶情夺正"，即恶劣品质替代了优秀品质的局面。下文："故曰，慈不能胜惧，无必其能仁也；仁不能胜惧，无必其能恤也；厉不能胜欲，无必其能刚也。"可视为"若至［不能］胜违"这一抽象概括的具体展开。因此补"不能"二字。

③恶情夺正：恶劣品质夺去了优良品质。若然而不然：表面依旧而实质已改变。例如贪欲夺去了正义之心，面对不公正的事，虽然表面上生气，而内心已经改变，不会主持正义了。刘昞注："以欲胜刚，以此似刚而不刚。"

④慈：同情心。仁：仁爱。恤：救助，见义勇为。厉：严厉。刚：刚强正直。此句大意为：仁爱源于同情心，但某些人有同情心却不仁爱；仁爱者应当救助他人，但某些人有仁爱之心却不能见义

勇为；严厉者应当刚强正直，但有人严厉却不刚直。

⑤流涕：流眼泪。刘昞注："慈心发于中。"

⑥分与：捐赠财物。刘昞注："为仁者必济恤。"

⑦恻隐：同情。刘昞注："仁情动于内。"

⑧将赴救则畏患：准备救助却害怕危险。刘昞注："为恤者必赴危。"

⑨处虚义则色厉：论述抽象的伦理原则时慷慨激昂。刘昞注："精厉见于貌。"

⑩内荏（rěn）：内心怯懦。刘昞注："为刚者必无欲。"

⑪悋夺之：吝啬夺去了同情心。刘昞注："爱财伤于慈。"

⑫惧夺之：畏惧夺去了仁爱之心。刘昞注："恇怯损于仁。"

⑬欲夺之：私欲夺去了刚直之心。刘昞注："利欲害于刚。"

⑭无必其能仁：未必能仁爱。刘昞注："爱则不施，（何于仁之为能）[何仁之能为]（据孙人和说改）？"

⑮仁不能胜惧：仁爱不能战胜恐惧。刘昞注："畏懦不果，何恤之能行？"

⑯厉不能胜欲：严厉不能战胜欲望。无必其能刚也：未必能实现刚直的品质。刘昞注："情存利欲，何刚之能成？"

⑰伎力：技艺才能。害器：害人害己的工具。刘昞注："仁质既弱而有伎力，此害己之器也。"

⑱贪悖：贪婪邪恶。祸梯：通向灾祸之路。刘昞注："廉质既负，而性强猛，此祸己之梯也。"

⑲上一段旨在论证"恶情夺正"，而本段则旨在论证"善情救恶"。这两种现象都是"间杂"人物的典型特征。善情救恶，不至

为害：善良的动机补救了恶劣行为，不至于产生危害。本段列举了三种"善情救恶"的具体表现。刘昞注："恶物宜剪而除，纯善之人，怜而救之，此稠厚之人，非大害也。"

⑳ 爱惠分笃：过分的恩爱亲昵。傲狎：轻佻而不恭敬。不离：不离异。刘昞注："平生结交，情厚分深，虽原壤夷俟而不相弃，无大过也。"

㉑ 助善：帮助善事。著明：明显。助善著明：十分明显的行善动机。刘昞注："如杀无道，以就有道，疾恶虽甚，无大非也。"

㉒ 取人：索取他人财物。刘昞注："取人之物，以有救济，虽讥在乞醮，非大贪也。"

㉓ 间杂之情：间杂之人的性情特点。刘昞注："或畏愞夺慈仁，或救过济其分，而平淡之主顺而恕。"

9-3 何谓观其感变以审常度？夫人厚貌深情[①]，将欲求之，必观其辞旨，察其应赞[②]。夫观其辞旨，犹听音之善丑[③]；察其应赞，犹视智之能否也[④]。故观辞察应，足以互相别识[⑤]。

然则论显扬正，白也[⑥]。

不善言应，玄也[⑦]。

经纬玄白，通也[⑧]。

移易无正，杂也[⑨]。

先识未然，圣也[⑩]。

追思玄事，睿也[⑪]。

见事过人，明也[⑫]。

以明为晦，智也⑬。

微忽必识，妙也⑭。

美妙不昧，疏也⑮。

测之益深，实也⑯。

假合炫耀，虚也⑰。

自见其美，不足也⑱。

不伐其能，有余也⑲。

故曰，凡事不度，必有其故⑳。忧患之色，乏而且荒㉑。疾疢之色，乱而垢（杂）［理］㉒。喜色，愉然以怿㉓。愠色，厉然以扬㉔。妒惑之色，冒昧无常㉕。

及其动作，盖并言辞㉖。是故其言甚怿，而精色不从者，中有违也㉗。其言有违，而精色可信者，辞不敏也㉘。言未发而怒色先见者，意愤溢也㉙。言（将）［已］发而怒气送之者，强所不然也㉚。凡此之类，征见于外，不可奄违㉛。虽欲违之，精色不从㉜。感愕以明，虽变可知㉝。是故观其感变而常度之情可知㉞。

【译文】

　　为什么可以通过观察谈吐神色去窥见真实心态呢？人们往往将真情深藏在重重伪饰之内。探求真情，一定要观察其发言的主旨和对别人观点的反应。观察其发言主旨，还要注意语气音调。观察其对他人观点的反应，还要从中辨别智能高低。同时，应将其发言主旨与对他人观点的反应互相对照，以探求其真实的人材特点。

发言旗帜鲜明且弘扬正义,性格真率坦白。

内心明白却不善于用语言表达,性格内向玄奥。

条理清晰并且深入浅出,学识融会贯通。

论点变化多端而无一定之规,思想观点杂乱无章。

高瞻远瞩地预知未来,智慧过人。

深入思考玄虚哲理,内在聪慧。

见机行事的能力非同一般,洞察力过人。

内藏聪明而不外露,大智若愚。

明辨微小事理,思想深奥。

善于发现各种美德,通达疏朗。

交谈越深则发现其学识越高,才智充实。

为迎合众人而炫耀自己的学识,内心空虚。

自我夸耀,才智不足。

不自我夸耀,才智有余。

一般情况下,语调神色不同寻常者,内心情感必定有异常变化。例如:忧愁牵挂,神色恍惚、失落。遭遇灾祸,神色慌乱、晦气。恰逢喜事,神色和悦、欢快。怒气在胸,神色严厉、激昂。心怀妒嫉,神色多变、无常。

将神色的动态变化与所发言论一起对照考察,有利于进一步了解其内心真情。说得头头是道,但神色不可信,是违心之论。说得不合情理,但神色可信,是不善辞令。说话之前已见神情愤怒,是怒不可遏。话已说出再强加愤怒声调,是装腔作势。上述情况,都有明显的外部表现可观察,难以通过伪装遮盖真相。即使作假,神色也很难掩饰,因为在外界突然刺激下,内心情绪的真实变化是意志无法控制的，无论怎样掩饰仍能窥见。所以说，观察谈吐神色可以窥见真实心态。

【校注】

①厚貌深情：深藏真实感情于重重伪装之内。《庄子·列御寇》："人者厚貌深情，故有貌愿而益，有长若不肖。"

②辞旨：发言的主旨。应赞：对别人观点或提问做出的反应。刘昞注："视发言之旨趣，观应和之当否（彭家屏本'当'作'能'）。"

③犹：还要。音之善丑：音调语气的特点。魏晋人清谈注重音质，并以此鉴别人材，如《九征》所言，音调为心气所致。刘昞注："音唱而善丑别。"

④察其应赞，犹视智之能否：大意为，通过观察其论辩时的反应能力，可以了解其智能的高低。刘昞注："声和而能否别。"

⑤互相别识：指将其发言和反应过程中的各种要素，如辞旨、音质、回答时的神态等，互相参考对照进行鉴别，以分析出其真实情感。刘昞注："彼唱此和，是非相举。"

⑥论显扬正：发言时旗帜鲜明地弘扬正义。白：性格坦白真率。刘昞注："辞显唱正，是曰明白。"

⑦不善言应：不善于用语言回答问题。玄：性格内向深奥。刘昞注："默而识之，是曰玄也。"

⑧经纬：原意为织物的纵、横线，此处比喻论述得条理清楚。玄白：深奥与明白。经纬玄白：指条理清晰地将深奥道理说明白，深入浅出。通：学识通达。刘昞注："明辨是非，可谓通理。"

⑨ 移易无正：论点变化多端而无一定之规。杂：思路杂乱。刘昞注："理不一据，言意浑杂。"

⑩ 先识未然：在事情发生前已经预料到。圣：智慧超人。

⑪ 追思玄事：理解并解释玄妙哲理。睿：内在聪慧。

⑫ 见事过人：见机行事超出一般人。明：明察。

⑬ 以明为悔：将自己的聪明深藏于内心而不外露。智：大智慧。刘昞注："心虽明之，常若不足。"

⑭ 忽：古代极小的长度单位名称。《孙子算经》："度之所起，起于忽。欲知其忽，蚕吐丝为忽。十忽为一丝，十丝为一毫，十毫为一厘，十厘为一分。"微忽：形容极小的事物或道理。妙：细微奥妙。刘昞注："理虽至微，而能察之。"

⑮ 不昧：不晦暗。《老子》："其上不皦，其下不昧。"美妙不昧：指能使美好而隐微的事物发扬光大。疏：通达明朗。刘昞注："心致昭然，是曰疏朗。"

⑯ 测之益深：越深入交谈，越感到对方学识高不可及。实：才智充实。刘昞注："心有实智，探之愈精，犹泉滋中出，测之益深也。"

⑰ 假合：虚假地迎合别人。炫耀：指自我夸耀卖弄以迷惑众人。虚：内心空虚。刘昞注："道听途说，久而无实，犹池水无源，泄而虚竭。"

⑱ 自见其美：自己夸耀自己的美德。不足：才智不完备。刘昞注："智不赡足，恐人不知以自伐。"

⑲ 不伐：不自夸。刘昞注："不畏不知。"

⑳ 不度：不合常度。刘昞注："色貌失实，必有忧喜之故。"

㉑ 忧患：忧愁担心。乏：欠缺，即失落感。荒：通"恍"，恍惚，心神不定。乏而且荒：神色失落，恍惚。刘昞注："忧患在心，故形色荒。"

㉒ 疢疾（chèn）：即疢疾，指灾祸。《孟子·尽心上》："人之有德慧术知者，恒存乎疢疾。"朱熹集注："疢疾，犹灾患也。"乱：慌乱、紊乱。乱而垢（杂）[理]：据《长短经》改。垢：污垢。理：面部皮肤纹理。垢理：污垢嵌入皮肤纹理，显得脸色黯然，给人晦气的感觉。乱而垢理：指脸色晦气、神态慌乱。刘昞注："黄黑色杂，理多尘垢。"

㉓ 愉：神色和悦。怿：欢喜快乐。愉然以怿：因为欢喜快乐而和颜悦色。

㉔ 愠：怨恨。厉：严厉。扬：激扬，即激昂。厉然以扬：神色严厉激昂。

㉕ 妒：妒忌。惑：疑惑。妒惑之色：妒忌和疑惑之类代表烦恼情绪的神色。冒昧：鲁莽冒失。无常：变化不定。冒昧无常：形容神态变化唐突而无规律，反映了内心的烦躁情绪。刘昞注："粗白粗赤，愤愤在面。"

㉖ 动作：神态变动。盖并言辞：结合发言一起考察。刘昞注："色既发扬，言亦从之。"

㉗ 精：精气，即眼神。精色：神色。中有违：内心真情与言论不一致，属违心之论。刘昞注："心恨而言强和，色貌终不相从。"

㉘ 其言有违：指不合情理的言论。辞不敏：语言表达能力欠缺。刘昞注："言不自尽，故辞虽违而色貌可信。"

㉙ 刘昞注："愤怒填胸者，未言而色貌已作。"

㉚ 言（将）〔已〕发：据《长短经》改。强所不然：装腔作势。刘昞注："欲强行不然之事，故怒气助言。"

㉛ 奄：覆盖。奄违：以伪装去掩盖真相。刘昞注："心欢而怒容，意恨而和貌。"

㉜ 虽欲违之：想违背内心真情说假话。精色不从：神色无法控制。刘昞注："心动貌从。"

㉝ 感：感情。愕：惊愕。感愕：指在外界突然刺激下内心感情无法控制的自然流露。刘昞注："情虽在内，感愕发外，千形万貌，粗可知矣。"

㉞ 刘昞注："观人辞色而知其心，物有常度，然后审矣。"

9-4 何谓观其至质以知其名？凡偏材之性，二至以上，则至质相发而令名生矣①。

是故骨直气清，则休名生焉②。

气清力劲，则烈名生焉③。

劲智精理，则能名生焉④。

智直强悫，则任名生焉⑤。

集于端质，则令德济焉⑥。

加之学，则文理灼焉⑦。

是故观其所至之多少，而异名之所生可知也⑧。

【译文】

什么是通过观察生理素质得知人材名号呢？一般偏材之人，如果具备了两种以上完善的人材素质，这些素质就会产生综合效果，使其获得某种人材美名：

骨骼笔直并且内气清净，就会获得"弘大美好"的名称（休名）。

内气清净并且筋腱强劲，就会获得"壮烈进取"的名称（烈名）。

具备刚劲、聪慧、精明、条理四种品质，就会获得"能力出众"的名称（能名）。

具备智慧、正直、坚强、忠实四种品质，就会获得"堪当大任"的名称（任名）。

具备了多种优秀人材素质，达到了"德"的境界，亦会获得某种"美德"这种高级人材的名称（令德）。

经过学习训练，就会更富有文采并且思路清晰（文理）。

由此可见，通过观察所具备的人材素质数目，可以得知相应的人材名称。

【校注】

①二至以上：有两种以上好的人材素质。至质相发：几种好素质互相作用。令名：美好的称号。刘邵认为，如果具备了两种以上的好素质，就属于"兼材"了。这些素质就会产生综合效应，使其获得某种美名。刘昞注："二至，质气之谓也。质直气清，则善名生矣。"

②骨直：骨骼笔直。气清：内气清爽。休名：据《九征》讲，骨直而柔产生弘毅品质，气清而朗产生文理品质。由此可见，以"骨直气清"为内容的"休名"，应当包含了弘毅和文理等多种品

质,因而"休"并非是一般意义上的"大"、"美"之意。所以,"休名"与下文的"烈名"、"能名"、"任名"等,都无法获知确切含义,应参考所具几种人材素质的特点去理解。刘昞注:"骨气相应,名是以美。"

③力劲:指"筋劲",即筋腱强劲。《九征》:"筋劲而精者,谓之勇敢。勇敢也者,义之决也。"烈名:舍身求法,富有进取精神的美名。曹操《龟虽寿》:"烈士暮年,壮心不已。"刘昞注:"气既清矣,力劲则烈。"

④劲:刚劲。智:聪慧。精:精明。理:条理顺达。劲智精理:强劲、聪慧、精明而有条理,属于"四至",即四种好品质。能名:能力出众的美名。《三国志·诸葛亮传》:"先帝称之曰'能'。"刘昞注:"智既劲矣,精理则能称。"

⑤智:聪慧。直:正直。强:坚强。悫:诚实、忠厚。智直强悫:聪慧正直并且坚强诚实。任名:可信赖并可任用的美名。刘昞注:"直而又美,是以见任(彭家屏本和《墨海金壶》本'见'作'名')。"

⑥端:正。集于端质:具备了各种好的人材素质。令德:美德。刘昞注:"质征端和,善德乃成。"

⑦文理:文采条理。灼:鲜明。此句意为:经过学习,更富有文采并条理明晰。刘昞注:"圭玉有质,莹则成文。"

⑧刘昞注:"寻其质气,览其清浊,虽有多少之异,异状之名,断可知之。"

9-5 何谓观其所由以辨依似? 夫纯讦性违,不能公

正^①；依讦似直，以讦讦善^②。纯宕似流，不能通道^③；依宕似通，行傲过节^④。故曰，直者亦讦，讦者亦讦^⑤，其讦则同，其所以为讦则异^⑥。通者亦宕，宕者亦宕，其宕则同，其所以为宕则异^⑦。

然则何以别之？直而能温者，德也^⑧；直而好讦者，偏也^⑨；讦而不直者，依也^⑩。道而能节者，通也^⑪；通而时过者，偏也^⑫；宕而不节者，依也^⑬。偏之与依，志同质违，所谓似是而非也^⑭。

是故轻诺似烈而寡信^⑮，多易似能而无效^⑯，进锐似精而去速^⑰，诃者似察而事烦^⑱，（讦）［许］施似惠而无成^⑲，面从似忠而退违^⑳，此似是而非者也^㉑。

亦有似非而是者^㉒：大权似奸而有功^㉓，大智似愚而内明^㉔，博爱似虚而实厚^㉕，正言似讦而情忠^㉖。

夫察似明非，御情之反^㉗，有似理讼，其实难别也^㉘。非天下之至精，其孰能得其实^㉙？故听言信貌，或失其真^㉚；诡情御反，或失其贤^㉛。贤否之察，实在所依^㉜。是故观其所依，而似类之质可知也^㉝。

【译文】

为什么可以通过观察行为动机去辨别伪偏材呢？众所周知，彻头彻尾的恶意攻击者，其恶劣本质一目了然，难以制造公平正直的假象；本质属恶意攻击而表面上似乎是性格正直者，往往在正直假象掩护下攻击美好事物。彻头彻尾的放荡者，行为低俗而放纵不羁，难以制造潇洒飘逸的"通达"假象；本质放荡而表面上似乎是通达者，往往在通达假象的掩护下行傲慢放荡之实。从表面上看，本性正直者表现为用语言激烈攻击他人，恶意攻击者也表现为用语言激烈攻击他人，两者的攻击行为相同，而进行攻击的动机却是根本不同的。通达者表现为放达，放荡者也表现为放达，两者的放达行为相同，而放达的性质不同。

如何区别上述品质呢？举例说明之：正直并且温和指出他人缺点者，是兼材之人；正直并喜欢攻击他人者，是偏材之人；只会攻击他人而不正直者，是类似正直的伪偏材（依似之人）。体"道"自然并能恰如其分，是通达之人；通达而时常超出限度者，是偏材之人；放荡而无节制者，是类似通达的伪偏材。由此可见，偏材之人与类似的伪偏材，行为表现一致而本质不同，也就是我们常说的"似是而非"。

有人轻易许诺，似乎热情慷慨，而很少守信用。有人把事情说得十分容易完成，似乎很有办事能力，而结果却一事无成。有人看上去锐意进取，似乎精明干练，而败退得非常迅速。有人动辄挑剔斥责，似乎明察是非，而实际上是添乱。有人答应予以施舍，似乎遍布恩惠，而最终也不兑现。有人当面顺从，似乎忠心耿耿，而背后绝不执行。以上是"似是而非"的例子。

下面是"似非而是"的例子，即似乎品质恶劣而实际上优良。有人垄断国家政权，似乎是窃国大盗，实际上为国立功。有人智慧超群而不外露锋芒，似乎愚笨，实际上明察秋毫。有人泛爱众生，似乎虚情假义，实际上淳朴敦厚。有人直言批评，似乎是进行恶意攻击，实际上忠心耿耿。

观察"似是而非"与"似非而是"现象，往往需要从那些与假象相反的方面去推知真情,就像处理棘手的诉讼案件一样,很难鉴别其中的真实情况。如果不具备过人的洞察力,很难拨开重重迷雾,给人材最后定性。有时相信了言谈神情,却上当受骗;有时疑心过重,从相反的方面推论,反而委屈了贤才。可见,考察人材的关键,在于正确地鉴别那种类似偏材的伪偏材。所以说,透过现象看本质,是问题的关键。

【校注】

①讦:攻击别人短处或揭发别人隐私。纯讦:纯粹的恶意攻击者。刘昞注:"质气俱讦,何正之有?"

②依:依据。依讦:发自本性的恶意攻击。似直:似乎出于性格正直。刘昞注:"(以)[似]直之讦(据嘉靖本改),(计)[讦]及良善(据嘉靖本改)。"

③宕:放达。流:无规则。不能通道:不能遵循"道"的规律,不能自然通达。刘昞注:"质气俱宕,何道能通?"

④依宕似通:本质放荡而表现出自然通达的假象。行傲过节:行为傲慢而没有节度。刘昞注:"似通之宕,容傲无节。"

⑤直者亦讦,讦者亦讦:此句大意为,本性正直的偏材表现为激烈攻击他人缺点;本性恶毒的"依似"之人,同样表现为激烈攻击他人缺点。

⑥其讦则同:正直的偏材与"依似"的外在表现一样。其所以为讦则异:两种人的动机却是不同,偏材的动机是正义,"依似"的动机是害人。刘昞注:"直人之讦,讦恶惮非。纯讦为讦,讦善刺是。"

⑦ 通者亦宕，宕者亦宕：通达的偏材表现为放荡不羁，放荡无底线的"依似"之人也表现为放荡不羁。其宕则同，其所以为宕则异：两者表现形式相同，但是本质不同，偏材是顺应自然，"依似"是纵欲享乐。刘昞注："通人之宕，简而达道。纯宕傲僻以自恣。"

⑧ 温：温和。德：德行，指兼材。刘昞注："温和为直，所以为德。"

⑨ 偏：偏材。刘昞注："性直过讦，所以为偏。"

⑩ 依：依似。刘昞注："纯讦似直，所以为依。"

⑪ 道而能节者：自然旷达而遵循规则。通也：通达之人，即通材、兼材。刘昞注："以道自节，所以为通。"

⑫ 通而时过者：通达却时常超出限度。偏也：偏材之人。刘昞注："性通时过，所以为偏。"

⑬ 宕而不节：放荡而无节制、无底线。依也："依似"之人。刘昞注："纯宕自通，所以为依。"

⑭ 志同质违：行为表现一致而本质不同。两者都激烈攻击他人缺点，但用心不同。刘昞注："质同通直，或偏或依。"

⑮ 轻诺似烈而寡信：轻易许诺似乎十分慷慨、热情，却很少守信用。语出《老子》："夫轻诺必寡信。"刘昞注："不量己力，轻许死人。临难畏怯（彭家屏本、《墨海金壶》本和《龙谿精舍》本作"临事惧怯"），不能殉命。"

⑯ 多易似能而无效：把许多事情说得很容易完成，似乎很有能力，却没有实际功效。《老子》："多易必多难。"刘昞注："不顾材能，（日）［自］谓能办（据嘉靖本、彭家屏本、《墨海金壶》本

和《龙谿精舍》本改），受事狷獗，作无效验（彭家屏本、《墨海金壶》本和《龙谿精舍》本‘作’作‘皆’）。"

⑰ 进锐似精而去速：表面上锐意进取，似乎精明干练，然而败退得非常迅速。刘昞注："精躁之人（《四库全书》本‘精躁’作‘情躁’），不能久任。"《孟子·尽心上》："其进锐者，其退速。"

⑱ 诃：大声喝斥。察：明察。事烦：事情烦乱。诃者似察而事烦：动辄斥责他人者，似乎明察秋毫，而实际上却使事情烦杂混乱。刘昞注："谴诃之人，每多烦乱。"

⑲ （许）［许］施似惠而无成：据《长短经》改。许：应允。施：给予。许施：答应给予某种帮助。惠：恩惠。无成：无成效，不兑现。刘昞注："当时似给，终无所成。"

⑳ 面从似忠而退违：当面顺从，似乎忠心耿耿，而实际上则背道而驰，阳奉阴违。刘昞注："阿顺目前，却则自是。"

㉑ 似是而非：表面上正确而实际上错误。刘昞注："紫色乱朱，圣人恶之。"

㉒ 似非而是：表面上错误而实际上正确。刘昞注："事同于非，其功实则是。"

㉓ 大权：垄断国家政权。奸：奸邪。功：功勋。刘昞注："伊去太甲，以成其功。"

㉔ 内明：内心明察秋毫。刘昞注："终日不违，内实分别（《墨海金壶》本和《龙谿精舍》本‘别’作‘明’）。"

㉕ 虚：虚情假义。实厚：实际淳厚。刘昞注："泛爱无私，似虚而实。"

㉖ 正言：正直言论。《老子》："正言若反。"河上公注："此

乃正直之言。"刘昞注："譬帝桀纣,至诚忠爱。"

　　㉗ 察似明非:明察似是而非者。御情之反:从相反方面推知真情。刘昞注："欲察似类,审则是非,御取人情,反覆明之。"

　　㉘ 理讼:处理诉讼。刘昞注："故圣人参讯广访,与众共之。"

　　㉙ 至精:最精明。语出《易·系辞上》:"非天下之至精,其孰能与于此。"刘昞注："若其实可得,何忧乎驩兜?何迁乎有苗?是以昧旦晨兴,扬明仄陋,语之三槐,询之九棘。"

　　㉚ 听言信貌:相信发言与相貌。刘昞注："言讷貌恶,仲尼失之子羽。"

　　㉛ 诡情:怀疑其真情。御反:即上文"御情之反"。刘昞注："疑非人情,公孙失之卜式。"

　　㉜ 依:依似之人。刘昞注："虽其难知,即当寻其所依而察之。"

　　㉝ 刘昞注："虽其不尽得其实,然察其所依似,(身)〔则〕其体气粗可几矣(据《四库全书》本改)。"

9-6 何谓观其爱敬以知通塞? 盖人道之极①,莫过爱敬②。是故《孝经》以爱为至德③,以敬为要道④。《易》以感为德⑤,以谦为道⑥。《老子》以无为德⑦,以虚为道⑧。《礼》以敬为本⑨,《乐》以爱为主⑩。然则人情之质,有爱敬之诚⑪,则与道德同体,动获人心,而道无不通也⑫。

　　然爱不可少于敬。少于敬,则廉节者归之⑬,而众人不与⑭。爱多于敬,则虽廉节者不悦,而爱接者死之⑮。何则? 敬之为道也,严而相离,其势难久⑯。爱

之为道也，情亲意厚，深而感物⑰。是故观其爱敬之诚，
而通塞之理可得而知也⑱。

【译文】

为什么观察爱和敬的多寡，能预知某人处世境况的顺利或
艰难呢？因为爱与敬是人性中最宝贵的情感。《孝经》把爱视为
最完美的道德，把恭敬看作最重要的行为规则。《易经》将"感
应"视为规律，把谦逊看作行为规则。《老子》把无为视为道德，
把虚心看作行为规则。《礼经》把恭敬视为根本，《乐记》把爱看
作主旨。这是因为，如果有了爱和敬的诚心，就顺应了宇宙间最
根本的道德规律，无形中与其他人心心相印。

尽管爱与敬都十分重要，但是，爱的成分不能少于敬的成
分。如果爱少于敬，虽然清廉者归附，而广大群众则不欢迎；爱
多于敬，虽然清廉者不愉快，但那些被爱心感动的群众会愿效死
力。原因何在？恭敬作为人际交流方式，容易使人严肃而互相
保持距离，因而关系很难持久。爱作为人际交流方式，其亲切热
忱的情感会深深地感动人。所以，通过观察爱与敬的程度，便可
预知其处世境况是顺利还是艰难。

【校注】

①人道：人性及行为规律。极：极致、最高。人道之极：人
性中最宝贵的情感。

②爱：仁爱。敬：礼敬。刘昞注："爱生于父子，敬立于君臣。"

③《孝经》：儒家经典。至德：最高尚的道德。刘昞注："起

父子之亲,故为至德。"

④要道:最重要的规则。刘昞注:"终君臣之义,故为道之要。"

⑤《易》:《易经》,儒家经典。感:感应。《易·咸·象》:"天地感而万物化生。"刘昞注:"气通生物,人得之以利养。"

⑥谦:谦逊退让。刘昞注:"尊卑殊别,道之次序。"

⑦《老子》:《道德经》。无:无为。刘昞注:"施化无方,德之则也。"

⑧虚:虚心。无为和虚心都有谦虚恭敬之意。刘昞注:"寂寞无为,道之伦也。"

⑨《礼》:《周礼》、《仪礼》、《礼记》三种儒家经典的总称。刘昞注:"礼由阴作,肃然清静。"

⑩《乐》:《乐记》,是《礼记》中一篇专门阐述儒家音乐思想的论文。刘昞注:"乐由阳来,欢然亲爱。"

⑪爱敬之诚:发自内心的爱与敬。刘昞注:"方在哺乳,爱敬生矣。"

⑫道德:宇宙万物的规律,亦指人性的规律。《礼记·曲礼上》:"道德仁义,非礼不成。"孔颖达正义:"道者通物之名,德者得理之称。"同体:同一性质。动获人心:因为"爱敬"这种道德存于每人心中,同类相感,最能感动人。刘昞注:"体道修德,故物顺理通。"

⑬廉节者:清高孤傲、注重名节者。刘昞注:"廉人好敬,是以归之。"

⑭众人:广大人民群众。不与:不接受。刘昞注:"众人乐爱。爱少,是以不与。"

⑮ 爱接者：热爱交友者。刘昞注："廉人寡，常人众。众人乐爱致其死，则事成业济。是故爱之为道，不可少矣。"

⑯ 严而相离：严肃而使人产生距离感。刘昞注："动必肃容，过之不久。逆旅之人，不及温和而归也。"

⑰ 深而感物：感人至深。刘昞注："煦渝笃密，感物深感。是以翳桑之人，倒戈报德。"

⑱ 刘昞注："笃于慈爱，则温和而上下之情通。务在礼敬，则严肃而外内之情塞（彭家屏本、《墨海金壶》本和《龙谿精舍》本'外内'作'内外'）。然必爱敬相须，不可一时而无。然行其二义者，常当务令爱多敬少，然后肃穆之风可得希矣。"

9-7 何谓观其情机以辨恕惑①？夫人之情有六机：杼其所欲则喜②，不杼其所能则怨③，以自伐历之则恶④，以谦损下之则悦⑤，犯其所乏则媢⑥，以恶犯媢则妒⑦。此人性之六机也。

夫人情莫不欲遂其志⑧，故烈士乐奋力之功⑨，善士乐督政之训⑩，能士乐治乱之事⑪，术士乐计策之谋⑫，辨士乐陵讯之辞⑬，贪者乐货财之积⑭，幸者乐权势之尤⑮。苟赞其志，则莫不欣然⑯。是所谓杼其所欲则喜也⑰。

若不杼其所能，则不获其志。不获其志则戚⑱。是故功力不建，则烈士奋⑲；德行不训，则正人哀（哀）⑳；政乱不治，则能者叹（叹）㉑；敌能未弭，则术人思（思）㉒；货财不积，则贪者忧（忧）㉓；权势不尤，则幸者悲㉔。是所谓不杼其能则怨也㉕。

人情莫不欲处前，故恶人之自伐㉖。自伐，皆欲胜之类也。是故自伐其善，则莫不恶也㉗。是所谓自伐历之则恶也。㉘

人情皆欲求胜，故悦人自谦。谦所以下之，下有推与之意㉙。是故人无贤愚，接之以谦，则无不色怿㉚。是所谓以谦下之则悦也㉛。

人情皆欲掩其所短，见其所长㉜。是故人驳其所短，似若物冒之㉝。是所谓驳其所乏则媢也㉞。

人情，陵上者也㉟。陵犯其所恶，虽见憎，未害也㊱。若以长驳短，是所谓以恶犯媢，则妒恶生矣㊲。

凡此六机，其归皆欲处上㊳。是以君子接物，犯而不校㊴。不校，则无不敬下，所以避其害也㊵。小人则不然，既不见机㊶，而欲人之顺己㊷。以伴爱敬为见异㊸，以偶邀会为轻㊹。苟犯其机，则深以为怨㊺。是故观其情机，而贤鄙之志可得而知也㊻。

【译文】

为什么可以通过观察情感变化去区分君子小人呢？在交谈中，人们情感变化的枢机有以下六种：投其所好则欢喜，不投其所好则怨愤，自我夸耀则厌恶，谦逊退让则愉悦，触及缺点则愠怒，以长攻短则仇视。

希望实现自己的志向，是人之常情，所以不同的人喜欢谈论的话题各异：勇敢进取者喜欢谈建功立业，品行高尚者喜欢谈道德教化，能力出众者喜欢谈拨乱反正，神机妙算者喜欢谈出谋划策，能言善辩者喜欢谈论战技巧，唯利是图者喜欢谈蓄积财物，被帝王宠爱者喜欢谈玩弄权术。可见，如果对他们的志向表示赞赏，必定会喜形于色。这就叫做投其所好则欢喜。

　　能力得不到机会发挥，意味着志向难以实现。志向难以实现，心情必然不愉快。所以，勇敢进取者因没有建功立业的机会而愤慨，品行高尚者因没有道德教化的机会而哀怨，政治能力出众者因没有拨乱反正的机会而叹息，神机妙算者因没有克敌制胜的机会而焦虑，唯利是图者因没有蓄积钱财的机会而忧伤，被帝王宠爱者因没有玩弄权术的机会而悲哀。这就叫做不能得志则怨愤。

　　喜欢居他人之上，是人之常情，所以人们都讨厌他人自我夸耀，因为自我夸耀，含有凌驾他人之上的动机，因而对那些自吹自擂者，人人都讨厌。这就叫做自我夸耀则被人厌恶。

　　希望胜过他人，是人之常情，所以人们都喜欢别人谦逊，因为谦逊等于自认居人之下，而居人之下则含有推崇他人之意。所以，无论对方是聪明还是愚笨，只要以谦逊态度交往，没有不欢迎的。这就叫做谦逊退让则对方愉悦。

　　掩盖自己的缺点而展示优点，是人之常情，所以，有人指出自己的缺点，就像被人冒犯一样。这就叫做触及缺点则愠怒。

　　希望凌驾他人之上，是人之常情，所以，有人以自己突出的优点攻击小人也厌恶的事物时，尽管小人同样生气，但未必会报复加害。如果有人以自己突出的优点攻击小人的缺点，那等于火上加油，以夸耀自己突出的才能去触犯小人忌讳，必然产生仇恨报复之心,这就叫做以长攻短则被人仇恨。

以上六种情感变化的枢机,其共同原因是企图居他人之上。君子能宽恕他人,所以接人待物时,即使被冒犯也不会计较。不计较,则表示了恭敬居下,故能避免无端的伤害。小人则不这样处世,他们看不到人情之关键所在,而企图让人们顺从自己。在社交中,不能以谦恭态度待人,却常常因为感到被人轻视而不满。如果触犯了其自尊心,会深结怨恨。所以,通过观察这种心理变化,可以区别君子与小人。

【校注】

① 机:变化的枢纽,也叫枢机。"机"是事物从"无"到"有"的中介。《列子·天瑞》:"万物皆出于机,皆入于机。"张湛注:"机者,群有之始,动之所宗,故出无入有,散有反无,靡不由之也。"情:感情以及由此产生的表情。情机:指使表情发生变化的枢机。在本篇特定的语言环境中,所谓"情机",是指某种话题引起对方表情发生变化的瞬间。

② 杼:通"抒",抒发、赞美。此句意为:赞美其优点则喜形于色。刘昞注:"为有力者誉乌获,其心莫不忻焉。"

③ 不杼其所能则怨:不赞美其特长则不高兴。刘昞注:"为辨给者称三缄,其心莫不忿然。"

④ 自伐:自我夸耀。历之:对待。以自伐历之则恶:自我夸耀时,对方表情厌恶。刘昞注:"抗己所能,以历众人,众人所恶。"

⑤ 下之:处人之下。以谦损下之则悦:谦虚处下则对方愉悦。刘昞注:"卑损下人,人皆喜悦。"

⑥乏：短处。姻（hù）：愠怒。犯其所乏则姻：冒犯了对方短处则愠怒。刘昞注："人皆悦己所长，恶己所短。故称其所短，则姻戾忿肆。"

⑦恶：厌恶，指自夸引起对方的厌恶。妒：妒害，妒嫉以致产生谋害之心。以恶犯姻则妒：以自己长处攻击对方短处则妒嫉谋害之心生。刘昞注："自伐其能，人所恶也。称人之短，人所姻也。今伐其所能，犯人所姻，则妒害生也。"

⑧遂：成功。遂其志：使其志向成功。刘昞注："志之所欲，欲遂己成。"

⑨烈士：有志于建立功勋者。奋力之功：能施展其能力的事业。刘昞注："遭难而力士奋。"

⑩善士：品行高尚者。督政之训：道德教化。刘昞注："政修而善士用。"

⑪能士：拨乱反正的政治能人。刘昞注："治乱而求贤能。"

⑫术士：善于出谋划策者。刘昞注："广筹而求其策。"

⑬辨士：能言善辩者。陵：通"凌"，即凌厉。讯：通"迅"，迅速敏捷。陵讯之辞：谈锋敏锐的辩论。刘昞注："宾赞而求辨给。"

⑭贪者：贪图财物者。刘昞注："货财积，则贪者容其求。"

⑮幸者：被帝王宠爱者。尤：突出。刘昞注："权势之尤，则幸者窃其柄。"

⑯苟赞其志：如果赞美其特长及成功的机会。莫不欣然：没有不高兴的。

⑰刘昞注："所欲之心杼尽，复何怨乎？"

⑱不获其志：不得志。戚：悲哀。刘昞注："忧己才之不展。"

⑲ 功力不建：没有建功立业的机会。烈士奋：胸怀大志者愤慨。刘昞注："奋愤不能尽其材也。"

⑳ 德行不训：无实施道德教化的机会。正人哀：道德楷模悲哀。刘昞注："哀不得行其化。"

㉑ 政乱不治：没有拨乱反正的机会。能者叹：干练的政治家叹息。刘昞注："叹不得用其能。"

㉒ 敌能未弭；没有克敌制胜的机会。术人思：战略家悲伤。刘昞注："思不得运其奇。"

㉓ 货财不积：没有积蓄财富的机会。贪者忧：贪财者忧虑。刘昞注："忧无所收其利。"以上四句括号中的字，据《汉魏丛书》本、彭家屏本和《墨海金壶》本删。

㉔ 权势不尤：没有玩弄权术的机会。幸者悲：被帝王宠爱者悲伤。刘昞注："悲不得弄其权。"

㉕ 刘昞注："所怨不杼其能悦也。"

㉖ 处前：占他人上风。恶人之自伐：厌恶别人自夸。刘昞注："皆欲居物先，故恶人之自伐也。"

㉗ 欲胜：希望胜过别人。刘昞注："恶其有胜己之心。"

㉘ 刘昞注："是以达者终不自伐。"

㉙ 下之：以谦下待人。推与：推崇别人。

㉚ 刘昞注："不问能否，皆欲胜人。"

㉛ 刘昞注："是以君子终日谦谦。"

㉜ 见：展现。见其所长：展现自己的长处。刘昞注："称其所长则悦，称其所短则愠。"

㉝ 驳：驳斥。冒：冒犯。刘昞注："情之愤闷，有若覆冒。"

㉞ 乏：短处。姻（hù）：愠怒。刘昞注："覆冒纯塞，其心姻戾。"

㉟ 陵上：凌驾他人之上。刘昞注："见人胜己，皆欲陵之。"

㊱ 陵犯其所恶：攻击对方厌恶的事物。刘昞注："虽恶我自伐，未甚疾害也。"

㊲ 以恶犯姻：用别人所厌恶的方式（自夸）去冒犯别人的缺点。妒恶：妒嫉加厌恶，等于双重侵犯，火上浇油。刘昞注："以己之长驳人之短，而取其害，是以达者不为之也。"

㊳ 凡此六机，其归皆欲处上：上述六种情机产生的原因，是人们都希望自己比别人强。刘昞注："物之自大，人人皆尔。"

㊴ 犯而不校：被侵犯而不计较。语出《论语·泰伯》："有若无，实若虚，犯而不校。"刘昞注："知物情好胜，虽或以小犯己，终不校拒也。"

㊵ 敬下：恭敬谦下。刘昞注："务行谦敬，谁害之哉？"

㊶ 不见机：看不到人们"皆欲处上"这个情况。刘昞注："不达妒害之机。"

㊷ 欲人之顺己：希望别人顺从自己。刘昞注："谓欲人无违己。"

㊸ 以佯爱敬为见异：即使面对虚假的爱敬，小人也认为受到敬重。刘昞注："孔光逡巡，董贤欣喜。"

㊹ 以偶邀会为轻：面对偶然或随意的邀请，小人认为自己受到了轻视。刘昞注："谓非本心，忿其轻己。"

㊺ 苟犯其机：如果冒犯了小人的自尊心。刘昞注："小人易悦而难事。"

㊻ 刘昞注："贤明志在退下，鄙劣志在陵上。是以平淡之主，

御之以正,训贪者之所忧,戒幸者之所悲。然后物不自伐,下不陵上,贤否当位,治道有序。"

9-8 何谓观其所短以知所长？夫偏材之人,皆有所短①。故直之失也,讦②。刚之失也,厉③。和之失也,愞④。介之失也,拘⑤。

夫直者不讦,无以成其直⑥。既悦其直,不可非其讦⑦。讦也者,直之征也⑧。

刚者不厉,无以济其刚。既悦其刚,不可非其厉⑨。厉也者,刚之征也⑩。

和者不愞,无以保其和。既悦其和,不可非其（懦）[愞]⑪。愞也者,和之征也⑫。

介者不拘,无以守其介。既悦其介,不可非其拘⑬。拘也者,介之征也⑭。

然有短者,未必能长也⑮。有长者,必以短为征⑯。是故观其征之所短,而其材之所长可知也⑰。

【译文】

为何通过观察偏材的缺点能推知相应的特长呢？偏材之人,各有不同缺点：正直型偏材的缺点是攻讦（以语言激烈攻击他人）,刚强型偏材的缺点是严厉,和善型偏材的缺点是怯懦,节操型偏材的缺点是拘谨。

正直型偏材如果没有攻讦特点,就不可能成全其正直品质。既然欣赏其正直优点,就不可非难其攻讦缺点,因为攻讦行为是正直品质的外在表现之一。

刚强型偏材如果没有严厉特点，就不可能成全其刚强品质。既然欣赏其刚强优点，就不可非难其严厉缺点，因为严厉行为是刚强品质的外在表现之一。

和善型偏材如果没有怯懦特点，就不可能成全其和善品质。既然欣赏其和善优点，就不可非难其怯懦缺点，因为怯懦行为是和善品质的外在表现之一。

节操型偏材如果没有拘谨特点，就不可能有气节操守。既然欣赏其节操优点，就不可非难其拘谨缺点，因为行为拘谨是节操品质的外在表现之一。

需要指出的是，有了缺点，不一定必然有相应的优点，但有了优点或特长，一定以相应的缺点为外在表现。所以说，观察偏材的缺点，可以推知其相应的特长。

【校注】

① 刘昞注："智不能周也。"

② 直：直率。失：弊端、失误。讦：揭发、攻击他人的隐私、过错，简称"攻讦"。刘昞注："刺讦伤于义，故其父攘羊，其（彭家屏本和《墨海金壶》本'其'作'而'）子证之。"

③ 刚：刚强。厉：严厉。刘昞注："刚切伤于理，故谏君不从，承之以剑。"

④ 和：温和。懧：怯懦。刘昞注："懧弱不及道，故宫之奇为人挠，不能强谏。"

⑤ 介：清廉。拘：拘泥、迂腐。刘昞注："拘愚不达事，尾生

守信，死于桥下。"

⑥此句大意为：如果没有攻讦人这种短处，就不可能成为正直型偏材。

⑦悦：欣赏。非：责备。此句大意为，既然欣赏其正直品质，就不要责备其攻讦行为。刘昞注："用人之直，恕其讦也。"

⑧此句意为：攻讦是正直型偏材的行为特征。刘昞注："非讦不能为直。"

⑨厉：严厉。刘昞注："用人之刚，恕其厉也。"

⑩此句意为：严厉是刚强型偏材的行为特征。刘昞注："非厉不能为刚。"

⑪和：和善。（懦）〔懁〕：据彭家屏本改，怯懦。刘昞注："用人之和，恕其懁也。"

⑫此句意为：怯懦是和善型偏材的行为特征。刘昞注："非（懦）〔懁〕不能为和（据彭家屏本、《墨海金壶》本和《龙谿精舍》本改）。"

⑬介：节操，气节操守。拘：拘谨。刘昞注："用人之介，恕其拘也。"

⑭此句意为：拘谨是节操型偏材的行为特征。刘昞注："非拘不能为介。"

⑮此句意为：有短处的人，未必有相应特长，未必为偏材。刘昞注："纯讦之人，未能正直。"

⑯此句意为：有特长偏材，必然有相应的短处为外在表现。刘昞注："纯和之人，征必懦弱。"

⑰刘昞注："欲用其刚，必采之于厉。"

9-9 何谓观其聪明以知所达？夫仁者，德之基也^①；义者，德之节也^②；礼者，德之文也^③；信者，德之固也^④；智者，德之帅也^⑤。

夫智出于明^⑥。明之于人，犹昼之待白日，夜之待烛火^⑦。其明益盛者，所见及远^⑧。及远之明难^⑨。

是故守业勤学，未必及材^⑩。材艺精巧，未必及理^⑪。理义辨给，未必及智^⑫。智能经事，未必及道^⑬。道思玄远，然后乃周^⑭。是谓学不及材，材不及理，理不及智，智不及道^⑮。道也者，回复变通^⑯。

是故别而论之^⑰，各自独行，则仁为胜^⑱；合而俱用，则明为将^⑲。故以明将仁，则无不怀^⑳；以明将义，则无不胜^㉑；以明将理，则无不通^㉒。然则苟无聪明，无以能遂^㉓。

故好声而实不克则恢^㉔，好辩而理不至则烦^㉕，好法而思不深则刻^㉖，好术而计不足则伪^㉗。

是故钧材而好学，明者为师^㉘；比力而争，智者为雄^㉙；等德而齐，达者称圣^㉚。圣之为称，明智之极明也^㉛。是以观其聪明，而所达之材可知也。

【译文】

为何观察聪明智慧能鉴定人材档次呢？这是因为仁、义、礼、智、信在构建完美人格的过程中，所起的作用不同：仁，是基础；义，是原则；礼，是文采；信，是支柱；智，是统帅。

智慧产生于观察能力。观察能力对于人来说，就像白天需要太阳、夜晚需要灯火一样重要。观察能力越强，视野就越开阔深远。高瞻远瞩的观察能力，是很难得的。

后天的勤奋学习训练，比不上天生的专门人材。专门人材技能精湛，比不上通晓规律的专家。通晓规律的专家，比不上高明的智者。高明的智者能拨乱反正，但比不上体"道"的圣人，因为体悟了宇宙大道，则无所不通。所以说，学习不如材质，材质不如通理，通理不如智慧，智慧不如悟道。只有体悟大道，才能顺应万物、自然通达。

当仁、义、礼、智、信五种美德独立发挥作用时，"仁"的意义最重要；当五种美德综合发挥作用时，"智"则处于统帅地位。以聪明智慧统帅仁慈，则恩泽无不遍及；以聪明智慧统帅正义勇敢，则战无不胜；以聪明智慧统帅对规律的研究，则无所不通。如果没有聪明，则一事无成。

所以，爱好声誉而实际才能不符则流于浮夸，爱好辩论而理论水平不高则流于烦乱，爱好法制而思想深度不够则流于苛碎，爱好权术而计谋策略不足则流于虚假。

总之，大家同等材质并且同样爱好学习，聪明者最后会成为众人的老师。同等力气争斗，智慧者会脱颖而出。同等水平的美德，通权达变者被称为圣人。圣人的含义，是指具有最高聪明智慧的人。由此可见，通过观察聪明智慧，可以鉴定人材所达到的层次。

【校注】

①德：在刘邵《人物志》的术语中，"德"既不是一般意义上

的道德，也不是某种单项优秀品质，而是指实现了自然之性的完美人格。基：基础。此句意为：仁慈，是形成完美人格的基础。刘昞注："载德而行。"

②义：正义。节：节度、规则。此句意为：正义，是形成完美人格的规则。刘昞注："制，德之所宜也。"

③礼：礼节。文：文采。此句意为：礼节，是形成完美人格的文采。刘昞注："礼，德之文理也。"

④信：诚信。固：使其牢固，类似支柱。此句意为：诚信，是形成完美人格的支柱。刘昞注："固，德之所执也。"

⑤智：智慧。帅：统帅。此句意为：智慧，是形成完美人格的统帅。刘昞注："非智不成德。"

⑥智：智慧。明：聪明。此句意为：智慧产生于聪明。刘昞注："明达乃成智。"

⑦此句意为：聪明对人的重要性，就像白天需要太阳、晚上需要灯火一样。刘昞注："火日所以照昼夜，智达所以明物理。"

⑧益盛：更聪明。及远：看得更远，有远见。刘昞注："火日愈明，所照愈远。智达弥明，理通弥深。"

⑨难：难得。及远之明难：高瞻远瞩的聪明十分难得。刘昞注："圣人犹有不及。"

⑩守业：敬业。勤学：勤奋学习。守业勤学：敬业并勤学苦练。材：天生的材质。此句意为：勤学苦练专业技能者，比不上天生的人材。刘昞注："生知者上，学能者次。"

⑪材艺精巧：专业技艺精湛。理：事物的原理。此句意为：专业技能精湛者，比不上通晓原理者。刘昞注："因习成巧，浅于

至理。"

⑫ 理义：某种事物原理。辨给：辨析明白。此句意为：通晓某种事物原理者，比不上智慧之人。刘昞注："理成事业，昧于玄智。"

⑬ 经事：经邦治国的干才。《流业篇》称八种最重要的政治管理人材"皆为经事之材也"。道：宇宙万物的终极规律，即宇宙大道。此句意为：智慧能经邦治国者，比不上体悟了宇宙大道的人。刘昞注："役智经务，去道远矣。"

⑭ 道思玄远：宇宙大道异常深奥。周：周全。此句意为：能体悟宇宙大道，才能顺应各种事物的规律，无所不能。刘昞注："道无不载，故无不周。"

⑮ 此处指悟道之前四个层次的变化：学（学习）→材（材艺）→理（原理）→智（智慧）→道（悟道）。刘昞注："道智玄微，故四变而后及。"

⑯ 回复变通：宇宙大道顺应万物自然，变化无常。刘昞注："理不系一，故变通之。"

⑰ 别而论之：分别讨论仁、义、礼、智、信的作用。

⑱ 各自独行：如果将仁、义、礼、智、信单独施行，看其中那个更重要。仁为胜："仁"最重要，必须要有仁爱之心。刘昞注："仁者济物之资，明者见理而已。"

⑲ 合而俱用：仁、义、礼、智、信综合运用。明：聪明智慧。将：统帅、指导。此句意为：如果将仁、义、礼、智、信综合运用，再看其中哪个更重要，无疑是"智"最重要，"智"具有统帅作用。刘昞注："仁者待明，其功乃成。"

⑳ 以明将仁：用聪明去统帅仁慈。无不怀：众生均得到安抚。

刘昞注:"威以使之,仁以恤之。"

㉑ 此句意为:以聪明统帅正义勇敢,则战无不胜。刘昞注:"示以断割之宜。"

㉒ 此句意为:以聪明统帅研究规律,则融会贯通。刘昞注:"理若明练,万事乃达。"

㉓ 无以能遂:不能成功。刘昞注:"暗者昧时,何能成务成遂?"

㉔ 好声:爱好声誉。实不克:实际才干不能胜任。恢:浮夸。刘昞注:"恢迂远于实。"

㉕ 好辩:爱好辩论。理不至:理论水平不高。烦:烦乱。刘昞注:"辞烦而无正理。"

㉖ 好法:爱好建法立制。思不深:思想深度不够。刻:苛刻。刘昞注:"刻过于理。"

㉗ 好术:爱好权术。计不足:谋划能力差。伪:虚假。刘昞注:"诡(《四库全书》本'诡'作'伪'),诬诈也。"

㉘ 钧材:同等材质。此句意为:大家材质相同,同样勤学苦练,最后聪明者会成为其他人的老师。

㉙ 比力:同等实力。此句意为:大家力气相同,同样努力竞争,最后聪明者会脱颖而出。

㉚ 等德而齐:同样品德。此句意为:大家人格同样完美,智慧通达者能体悟大道成为圣人。

㉛ 此句意为:圣人这个名称,是指具有最高智慧的人。刘昞注:"是以动而为天下法,言而为万世范。居上位而不亢,在下位而不闷。"

人物志卷下

七缪第十

【导读】

　　缪（miù）：通"谬"，谬误，错误。七缪：人材鉴别中出现的七种谬误。刘昞注："人物之理，妙而难明。以情鉴察，缪犹有七。"本篇的主题就是讨论人材问题上经常出现的谬误及其原因，归结为以下七个方面：

　　一、对社会舆论偏听偏信。一般人没有鉴别人材的能力，所以那些代表政府考察人材的官员，往往相信社会舆论评价，即大多数人的意见。出类拔萃的杰出人材是普通人难以识别的，所以多数人的看法未必正确。况且人们在利益的驱动下结党营私，可以制造并操纵舆论，诽谤好人。因此，对待社会舆论，不能盲目信从，而应当从更多的角度观察。善于鉴别人材者，用眼睛（自己的观察）纠正耳朵（别人的意见）；不善于鉴别人材者，耳朵蒙蔽了眼睛。

　　二、以主观好恶看待他人。喜欢善人讨厌恶人，是人之常情。但是纯善与纯恶的人并不多见。恶人仍有优点，善人也有缺点。如果恶人的优点与我们的长处一致，就会情投意合而忽略其恶劣本质；如果善人性格能力中有某种短缺，就可能无法理解我们的长处，甚至以其所长攻击我们的短处。感情不合必然厌恶对方，以致忽略了其善良的本质。

三、不能辨析心小与志大的关系。杰出人材身上有多种优秀素质，对这些素质的要求并不相同，例如对"志"与"心"的要求正相反：一方面，志向必须远大——"志大"，有了远大的理想才能产生巨大的动力，志向小的人干不成大事业。另一方面，思考处理问题必须小心谨慎——"心小"，注重每个细节，才能规避风险。千里之堤溃于蚁穴，有时细节决定命运。人们常常看不起"心小"这种素质，误将"志大"视为衡量杰出人材的唯一标准。

四、不懂人材成熟有时间差异。人的素质不同，成功也有早晚之差，常见四种情况：有才智早熟，并且迅速成功者。有才智晚熟，成功亦随之推迟者。有自幼到老均无才智，一事无成者。有自幼到老都才智过人，人生各个阶段都是成功者。对这四种不同情况及其规律，应当认真研究。如果不明白其中道理，对少年时代表现平庸者，便将其否定，结果他大器晚成，致使判断出现了严重失误。

五、同类型人的评价存在变异。同类型人容易互相理解并肯定对方的价值，所以他们之间的评语，往往溢美之词泛滥。但是，当名声相当的同类人相遇时，双方很少互相谦让，甚至互相贬低。例如正直之人，赞赏直率批评他人缺点的行为，却不能接受别人直率地批评自己；功名之人，欣赏在竞争中超越对手的胜利者，却不能容忍别人超过自己。其规律是：人格类型相同而才能悬殊，则相互之间的评价比事实好；人格类型相同而势均力敌，则相互之间的评价比事实差。产生这种变化的原因是利益驱动，必须引起充分注意。不懂其中的道理，会在同类型人的互相评价问题上出现失误。

六、地位贵贱影响名声高低。上等人材因为才智超群而有过人之处，其成功不受个人社会地位的影响。富贵显赫，会以鞠躬尽瘁著称；穷困潦倒，会以固守节操闻名。然而，一般中等人材则不然，其声望的高低，明显受社会地位（权势财富）的影响。当其富贵显赫时，被资助者与被提携者会对其大加赞扬，其声望会因"善行"而大增。当其穷困潦倒时，亲戚有难，不能抚恤；朋友困苦，无法接济；心怀不满者日益增多，即便没有罪过，也会无缘无故地遭到贬低与废黜。在自私自利心态驱使下，面对同等人材，人们会推举给予自己恩惠的人，压制给他们带来麻烦的人。普通人看不到这一点，以名声与地位作为评价人材高低的标准，于是在中材之人问题上出现失误。

七、特殊人物难辨虚实。最容易出现的失误，是对两种特殊人物的鉴别，一种是异常优秀之人，内心极聪明而外表与普通人无异；另一种是异常虚假之人，仪表风度不凡而内心空空。人们不具备深刻入微的洞察力，而是被表面现象所蒙蔽：将其貌不扬者视为思想浅薄，而将徒有其表者视为英雄伟人。因为出类拔萃的奇材，质量异常美好，常人难以识别。例如，张良身体虚弱，却是超一流的战略家；荆轲气色温柔平和，而勇气天下第一。人材越优异，其规律就越深奥，鉴别难度越大。普通人只能识别比自己高一个量级的"奇材"，而不能识别奇材中的奇材。

10-1 七缪：

一曰，察誉有偏颇之缪^①。

二曰，接物有爱恶之惑^②。

三曰，度心有小大之误^③。

四曰，品质有早晚之疑^④。

五曰，变类有同体之嫌^⑤。

六曰，论材有申压之诡^⑥。

七曰，观奇有二尤之失^⑦。

【译文】

七类鉴识错误：

一、对社会舆论偏听偏信。

二、以主观好恶看待他人。

三、不懂粗心细心与志向的关系

四、人材成熟有时间差异。

五、同类型人的相互评价存在变异。

六、地位贵贱影响名声高低。

七、特殊人物难辨虚实。

【校注】

① 察誉：考察舆论的毁誉。偏颇：偏听偏信。刘昞注："征

质不明,故听有偏颇也。"

②接物:待人接物。爱恶之惑:被主观好恶所迷惑。刘昞注:"或情同,忘其恶;或意异,违其善也。"

③度心:度测心理素质。小大之误:对小心谨慎与心大粗疏的误解。刘昞注:"或小知而大无成,或小暗而大无明。"

④品质:品评人材质量。早晚之疑:不懂人材成熟有时间差异。刘昞注:"有早智而速成者,有晚智而晚成者。"

⑤变类:变异。嫌:疑惑。同体之嫌:对同类人相互评价的变异感到疑惑。刘昞注:"材同势均则相竞,材同势倾则相敬。"

⑥申压:名声的提升与压抑。刘昞注:"藉富贵则惠施而名申,处贫贱则乞求而名压。"

⑦观奇:观察奇材。二尤:特别优异与特别虚假的人物。刘昞注:"妙尤含藏,直尤虚瑰,故察难中也。"

10-2 夫采访之要,不在多少^①。然征质不明者,信耳而不敢信目^②。故人以为是,则心随而明之;人以为非,则意转而化之^③。虽无所嫌,意若不疑^④。

且人察物,亦自有误,爱憎兼之,其情万原^⑤,不畅其本,胡可必信^⑥?是故知人者以目正耳^⑦,不知人者以耳败目^⑧。故州闾之士,皆誉皆毁,未可为正也^⑨。交游之人,誉不三周,未必信是也^⑩。

夫实厚之士,交游之间,必每所在肩称^⑪。上等援之,下等推之^⑫。苟不能周,必有咎毁^⑬。故偏上失下,则其终有毁^⑭;偏下失上,则其进不杰^⑮。故诚能三周,则为国所利。此正直之交也 ⑯。

　　故皆合而是，亦有违比 ⑰；皆合而非，或在其中 ⑱。若有奇异之材，则非众所见 ⑲。而耳所听采，以多为信 ⑳，是缪于察誉者也 ㉑。

【译文】

　　正确分析人材信息，并不在于所获信息量的多少。然而那些对人材缺乏鉴识力的人，往往相信传闻而不敢相信自己的亲眼所见。所以，舆论说某人好，自己就认为好；舆论转而说某人坏，自己也随之改变观点。尽管自己对某人并不反感，而看法却顺从了舆论的变化，不加怀疑。

　　人们在观察人物时，产生错误的看法是很自然的，因为难免带着主观好恶去观察，并且还有多种感情因素的干扰。所以，如果没有抓住人材的本质所在，怎能随便相信别人的观点呢？有人材鉴识能力者，以亲眼所见去纠正所听传闻；无人材鉴识能力者，却因所听传闻而不信亲眼所见。可以说，当地士人一致赞誉或一致诋毁某人，未必正确可信，因为这只代表了中等阶层的意见。某人在社会交往中只有获得了上、中、下各阶层的一致赞扬，其舆论评价才有参考意义。

　　诚实淳朴之人在社会交往中，一定会获得各方面的一致好评：上层人士帮助他，下层群众推戴他。如果不能获得一致好评，则必然有不良后果。得上层人士青睐而失去下层群众支持，难得善终；仅仅得到下层群众拥戴而失去上层人士提携，则仕途不顺。所以说，在交往中真正获得各阶层支持的人，才是国家有用之材。这也是正直良好的社交品德。

为私利而互相勾结以便操纵舆论的恶劣风气，也是十分常见的：有时合伙吹捧某人，实际上是结党营私；有时合伙攻击某人，实际上是诽谤好人。至于那种出类拔萃的奇材，更是一般民众所不能识别的。人们面对这些复杂多变的舆论，通常迷信多数人的传闻而随之人云亦云，因此出现了失误。

【校注】

①采：搜集。访：访问。采访：调查了解社会舆论对某人的评价。汉魏时期选官为察举征辟，多参考民间清议的评语。曹魏实行九品中正制后，亦重视对舆论的了解，中正下属有"访问"一职，负责对人材的调查研究工作。不在多少：不以赞成或反对的人数多少为标准。刘昞注："事无巨细，要在得正。"

②征：征求、征询。质：人材质量。征质不明：不能正确评价人材质量。信耳而不敢信目：相信耳朵（别人所言）而不敢相信眼睛（自己的观察）。刘昞注："目不能察，而信于耳。"

③人以为是：别人以为正确。心随而明之：自己看法随别人观点转移却自以为明察。人以为非：别人认为错误。意转而化之：自己看法立刻随之改变。刘昞注："信人毁誉，故向之所是，化而为非。"

④嫌：厌恶。无所嫌：不厌恶被舆论贬低者。意若不疑：自己观点随舆论改变而不加怀疑。刘昞注："信毁誉者，心虽无嫌，意固疑矣。"

⑤且人察物：况且人们观察事物。亦自有误：也难免有失误。

爱憎兼之：爱憎情感介入。其情万原：许多因素干扰。刘昞注："明既不察，加之爱恶，是非是疑，岂可胜计？"

⑥畅：通达、通晓。本：本质。不畅其本：不从本质上看问题，即不了解人材的本质。胡可必信：怎么可以随便相信别人的评价呢。刘昞注："去爱憎之情，则实理得矣。"

⑦以目正耳：用眼睛（自己的观察）纠正耳朵（别人的意见）。刘昞注："虽听人言，常正之以目。"

⑧以耳败目：因轻信舆论放弃了自己正确的看法。刘昞注："亲见其诚，犹信毁而弃之。"

⑨州闾：州和闾，古代的行政区，二十五家为闾，二千五百家为州。"州闾"连用，泛指基层地区，即通常所说的"乡里"。《礼记·曲礼上》："夫为人子者，州里乡党称其孝也。"州闾之士：地方士人，在此指中等阶层，即下文上中下三个层次的"中"。正：正确。刘昞注："或众附阿党，或独立不群。"

⑩交游之人：交际或交往中所接触的人，指全社会人士，范围大于"州闾之士"。誉：赞誉。三周：上、中、下三个等级的人一致称赞。刘昞注："交结致誉，不三周；色貌取人，而行违之。"

⑪肩：比肩，引申为一致。称：称赞。肩称：获得众人一致好评。下文"上等援之，下等推之"，是对"肩称"的补充说明。上层提拔，下层推戴，说明获得社会一致赞誉。刘昞注："言忠信，行笃敬，虽蛮貊之邦行矣。"

⑫上等援之：上层人物提携。下等推之：下层众人推举。刘昞注："蛮貊推之，况州里乎？"

⑬咎：过失。毁：诋毁。咎毁：不良评价。刘昞注："行不笃

敬者,或谄谀得上而失于下,或阿党得下而失于上。"

⑭ 其终有毁:最后没有好结果。刘昞注:"非之者多,故不能终。"

⑮ 其进不杰:仕进不顺,不能迅速高升。刘昞注:"众虽推之,上不信异。"

⑯ 刘昞注:"由其正直,故名有利。"

⑰ 皆合而是:合伙一起吹捧某人。违:违背正道。比:勾结,结党营私。违比:违背正道而结党营私。刘昞注:"或违正阿党,故合而是之。"

⑱ 皆合而非:合伙一起贬低某人。或:通"惑",蒙蔽,欺骗。或在其中:其中有诈。刘昞注:"或特立不群,故合而非之。"

⑲ 非众所见:不是众人所能识别的。刘昞注:"奇逸绝众(《墨海金壶》本'绝'作'趋'),众何由识?"

⑳ 以多为信:相信多数人的意见。刘昞注:"不能审查其材,但信众人言也。"

㉑ 缪:失误。察誉者:采访舆论者。刘昞注:"信言察物,必多缪失。是以圣人如有所誉,必有所试。"

10-3 夫爱善疾恶,人情所常①。苟不明质,或疏善善非②。何以论之?夫善非者,虽非犹有所是③,以其所是,顺己所长④,则不自觉情通意亲,忽忘其恶⑤。善人虽善,犹有所乏⑥,以其所乏,不明己长⑦;以其所长,轻己所短⑧,则不自知志乖气违,忽忘其善⑨。是惑于爱恶者也⑩。

【译文】

喜欢善人讨厌恶人，是人之常情。但是如果不能明察人的本质，有时会对善人疏远而对恶人亲近。原因何在呢？恶人虽然本质恶劣，但仍有优点。如果恶人的优点与我们自己的特长相符合，那么我们就会不自觉地感到情投意合而忘掉了对方的恶劣本质。善人虽然本质善良，但不可能是完人，性格能力会有某种缺陷，有可能不理解我们的特长，或者用他们的长处去触犯我们的短处。不知不觉间，我们就会因为与其思想感情不合而产生厌恶，忽略了其善良的本质。于是在主观好恶的引导下出现失误。

【校注】

①此句意为：喜欢善人讨厌恶人，是人之常情。刘昞注："不问贤愚，情皆同之也。"

②明质：明察本质。疏善：疏远品行善良者。善非：友善品行恶劣者。刘昞注："非者见善，善者见疏。岂故然哉？由意不明。"

③虽非犹有所是：虽然是坏人，仍有某种优点。刘昞注："既有百非，必有一是。"

④此句意为：坏人以其优点顺应我们的特长。刘昞注："恶人一是，与己所长同也。"

⑤此句意为：共同点使感情融洽，忽略了对方恶劣的本质。刘昞注："以与己同，忘其百非。谓矫驾为至孝，残桃为至忠。"

⑥乏：短处。刘昞注："虽有百善，或有一短。"

⑦此句意为：善人因为性格能力的缺陷，不能理解我们的长

处。刘昞注："善人一短，与己所长异也。"

⑧ 此句意为：善人以其长处，轻视或攻击我们的短处。

⑨ 不自知：不知不觉之间。志乖气违：思想情感格格不入。刘昞注："以与己异，百善皆弃，谓曲杖为匕首，葬楯为反具耶（彭家屏本和《龙谿精舍》本'耶'作'邪'）。"

⑩ 惑于爱恶：失误于自己主观爱好与厌恶。刘昞注："征质暗昧者，其于接物，常以爱恶惑异其正。"

10-4 夫精欲深微①，质欲懿重②，志欲弘大③，心欲嗛小④。精微，所以入神妙也⑤。懿重，所以崇德宇也⑥。志大，所以戡物任也⑦。心小，所以慎咎悔也⑧。故《诗》咏文王，"小心翼翼"，"不大声以色"，小心也⑨；"王赫斯怒"，"以对于天下"，志大也⑩。由此论之：

心小志大者，圣贤之伦也⑪。

心大志大者，豪杰之隽也⑫。

心大志小者，傲荡之类也⑬。

心小志小者，拘懧之人也⑭。

众人之察，或陋其心小⑮，或壮其志大⑯，是误于小大者也⑰。

【译文】

杰出人材由各种优秀素质结合而成，对这些素质的要求也各不相同：对精神，要求深奥微妙。对品质，要求美好厚重。对志向，要求宏伟远大。对心思，要求谦虚缜密。精神深奥微妙，才能出神入化。品质美好厚重，才能宽容大气。志向宏伟远大，才能担当重任。心思谦虚缜密，才能避免灾祸。所以《诗经》歌颂周文王，称他做事总是小心翼翼，一般不声色俱厉地说话，这是他处事小心谨慎的一个方面，然而为了天下苍生，周文王也会勃然大怒，出师讨伐不道，这是他志向宏大的另一方面。由此可见：

小心谨慎而志向远大者，是圣贤之伦。

心大草率并且志向远大者，是豪杰之辈。

心大草率而志向狭小者，是傲慢放荡之流。

小心谨慎并且志向狭小者，是拘泥怯懦之类。

普通人观察人材时，往往不作具体分析，常常鄙视小心谨慎者，而欣赏志向远大者，于是在志大和小心的问题上出现失误。

【校注】

①精：精神。欲：欲求。深微：深刻入微。

②质：品质。懿重：美好厚重。

③志：理想抱负。弘大：宏伟远大。

④心：心思。嗛（qiān）：通“谦”，谦逊。小：谨慎、细致、缜密。

⑤入神妙：出神入化，洞察一切。刘昞注：“粗则失神。”

⑥崇：充实。德宇：人格品德。《世说新语·赏誉》注引《晋阳秋》：“（王）济有人伦鉴识……见（王）湛，叹服其德宇。”刘昞注：“躁则失身。”

⑦戡：通“堪”。戡物任：可以担当重任。刘昞注：“小则不胜。”

⑧ 慎：防止。咎悔：灾祸。刘昞注："大则骄陵。"

⑨《诗》：《诗经》。咏：歌颂。文王：周文王。小心翼翼：恭敬谨慎。语出《诗·大雅·大明》："维此文王，小心翼翼。"郑玄笺："小心翼翼，恭慎貌。"不大声以色：语出《诗·大雅·皇矣》："帝谓文王：予怀明德，不大声以色，不长夏以革。"小心也：《长短经》引作"心小也"。刘昞注："言不贪求大名，声见于颜色。"

⑩ 王赫斯怒，以对天下：周文王勃然大怒，为天下苍生而出师征伐。语出《诗·大雅·皇矣》："王赫斯怒，爰整其旅，以按徂旅，以笃于周祜，以对于天下。"刘昞注："故能诛纣定天下，以致太平。"

⑪ 心小志大：细心谨慎且志向远大。刘昞注："心小，故以服事殷。志大，故三分天下有其二。"

⑫ 心大：心粗，即粗心草率。心大志大：粗心草率且志向远大。豪杰：称霸一方的能人。刘昞注："志大而心又大，故名豪隽。"

⑬ 心大志小：粗心草率且胸无大志。傲荡：傲慢放荡，如土匪头子之类。刘昞注："志小而心阔远，故为傲荡之流也。"

⑭ 心小志小：细心谨慎且胸无大志。拘愞：拘泥怯懦，如文弱书生之类。刘昞注："心近志短，岂能弘大？"

⑮ 陋：轻视、鄙视。刘昞注："见沛公烧绝栈道，谓其不能定天下。"

⑯ 壮：佩服。刘昞注："见项羽号称强楚，便谓足以匡诸侯。"

⑰ 刘昞注："由智不能察其度，心常误于小大。"

10-5 夫人材不同，成有早晚：有早智而速成者 ①，有晚

智而晚成者②，有少无智而终无所成者③，有少有令材遂为隽器者④。四者之理，不可不察⑤。

夫幼智之人，材智精达，然其在童髦，皆有端绪⑥。故文本词繁⑦，辩始给口⑧，仁出慈恤⑨，施发过与⑩，慎生畏惧⑪，廉起不取⑫。

早智者浅惠而见速⑬，晚成者奇识而舒迟⑭。终暗者并困于不足⑮，遂务者周达而有余⑯。而众人之察，不虑其变⑰，是疑于早晚者也⑱。

【译文】

人的素质不同，成功也有早晚之差，常见四种情况：有才智早熟，迅速成功者；有才智晚熟，成功亦随之推迟者；有自幼到老均无才智，一事无成者；有自幼到老一直才智过人，人生各个阶段都能成功者。对这四种不同情况及其规律，应当认真研究。

才智早熟型人材，聪明通达，在儿童时代，其才华就已初露锋芒。文采飞扬者，童年时便词汇丰富。能言善辩者，童年时便口齿伶俐。仁义善良者，童年时便慈悲怜悯。乐善好施者，童年时便助人为乐。处事谨慎者，童年时便小心多虑。清正廉洁者，童年时便不拿别人东西。

材质早熟者，才智外露而成功迅速。大器晚成者，思想深奥而成功缓慢。终生无才者，自幼到老都不得发迹。有自幼到老都才智过人者，在人生各时期都功成名就。人们在品评人物时，往往忽视上述变化，所以在人材成功迟速问题上出现失误。

【校注】

①早智：才智早熟型。速成：年轻时就会迅速成功。刘昞注："质清气朗，生则秀异，故童乌苍舒，总角曜奇也。"

②晚智：才智晚熟型。晚成：成功比较晚。刘昞注："质重气迟，则久乃成器。故公孙含道，老而后章。"

③少无智：少年时期就没有才智。终无所成：终生无才一事无成。刘昞注："质浊气暗，终老无成。故原壤年老，圣人叩胫而不能化。"

④令材：美好材质。隽器：杰出人材。此句意为：有人少年时代就有过人才智，只要有机会，在人生各个时期都会成功。刘昞注："幼而通理，长则愈明。故常材发奇于应宾，效德于公相。"

⑤刘昞注："当察其早晚，随时而用之。"

⑥然其在童髦：《长短经》引"髦"作"龀"。髦：下垂至眉的长发，古代男子未成年时的装束。端绪：迹象。刘昞注："仲尼戏言俎豆，邓艾指图军旅。"

⑦文本辞繁：文采飞扬者，童年时便词汇丰富。刘昞注："初辞繁者（彭家屏本'初'作'幼'），长必文丽。"

⑧辩始给口：能言善辩者，童年时便口齿伶俐。刘昞注："幼给口者，长必辩论也。"

⑨仁出慈恤：仁义善良者，童年时便慈悲怜悯。刘昞注："幼慈恤者，长必矜人。"

⑩施发过与：乐善好施者，童年时便助人为乐。刘昞注："幼过与者，长必好施。"

⑪慎生畏惧：处事谨慎者，童年时便小心多虑。刘昞注："幼

多畏者,长必谨慎。"

⑫ 廉起不取:清正廉洁者,童年时便不拿别人东西。刘昞注:"幼不妄取,长必清廉。"

⑬ 惠:通"慧",聪慧。浅惠而见速:才智外露并且成功迅速。刘昞注:"见小事则达其形容。"

⑭ 奇识而舒迟:思想深刻而反应迟钝。刘昞注:"智虽舒缓,能识其妙。"

⑮ 终暗者:终生无才智者。并困于不足:自幼年到老年都不能成功。刘昞注:"事务难易,意皆昧然。"

⑯ 遂务者:即上文"少有令材而遂为隽器者"。周达而有余:在各个时期仕途都会通达无碍。刘昞注:"事无大小,皆能极之。"

⑰ 不虑其变:不明白其中变化。刘昞注:"常以一概,责于终始。"

⑱ 刘昞注:"或以早成而疑晚智,或以晚智而疑早成。故于品质,常有妙失也。"

10-6 夫人情莫不趣名利,避损害。名利之路,在于是得 ①;损害之源,在于非失 ②。故人无贤愚,皆欲使是得在己 ③。

能明己是,莫过同体 ④。是以偏材之人,交游进趋之类,皆亲爱同体而誉之 ⑤,憎恶对反而毁之 ⑥,序异杂而不尚也 ⑦。推而论之,无他故焉。夫誉同体,毁对反,所以证彼非而著己是也 ⑧。至于异杂之人,于彼无益,于己无害,则序而不尚 ⑨。

是故同体之人，常患于过誉^⑩。及其名敌，则鲜能相下^⑪。是故直者性奋，好人行直于人^⑫，而不能受人之讦^⑬。尽者情露，好人行尽于人^⑭，而不能纳人之径^⑮。务名者，乐人之进趋过人^⑯，而不能出陵己之后^⑰。是故性同而材倾，则相援而相赖也^⑱；性同而势均，则相竞而相害也^⑲。此又同体之变，[不可不察]也^⑳。故或助直而毁直^㉑，或与明而毁明^㉒。而众人之察，不辨其律理，是嫌于体同也^㉓。

【译文】

　　追逐功名利禄而逃避伤害灾祸，是人之常情。行为正确者，将会获得功名利禄；行为错误者，将会招致伤害灾祸。因此，人们不分贤明和愚蠢，都企图证明自己一贯正确。

　　在各种人物中，同类型人之间最容易互相理解，并肯定对方的价值。所以，当偏材之人为了提高知名度而建立社交圈子时，都喜欢交接并赞誉和自己思想性格同一类型者，敌视并诽谤与自己性格相反类型者，对那些与自己无利害冲突的非异非同之人，则保持距离而不加毁誉。造成上述现象的原因十分简单：赞扬同类，攻击异类，无非是想证明对方错误而自己正确。至于非同非异之类，无益也无害，所以保持距离而不予毁誉。

　　显而易见，同类型人之间的评语，往往溢美之词泛滥。但是，当名声相当的同类人相遇时，则双方很少互相谦让，出现了矛盾现象：正直之人，赞赏直率批评他人缺点的行为，却不能接受别人直率地批评自己。坦诚之人，喜欢在人际交往时内心无保留、实话实说,却不能容忍别人对自己直截了当、实话实说。追求功名之人,欣赏在竞争中超越对手的胜利者,却不能容忍别人超过自己。显然,人格类型相同而才能悬殊,则互相依赖并互相帮助。如果人格类型相同而势均力敌,则互相竞争并互相伤害。这是同类型人关系的变态,必须引起充分注意。只有这样,我们才能解释,为什么直率之人既赞美直率,又诋毁直率;聪明之人既赞扬聪明,又诋毁聪明。人们不懂其中的道理,于是在同类型偏材问题上出现失误。

【校注】

①　是得:正确得当。刘昞注:"是得在己,名利与之。"

②　非失:错误过失。刘昞注:"非失在己,损害攻之。"

③　刘昞注:"贤者尚然,况愚者乎?"

④　同体:同一类型人。刘昞注:"体同于我,则能明己。"

⑤　交游进趋:互相交结以谋进取。刘昞注:"同体能明己,是以亲而誉之。"

⑥　对反:与自己相反的人。刘昞注:"与己体反,是以恶而疏之。"

⑦　序:同"叙"。异杂:既不是"同体"又不是"对反"的其他人。不尚:不推崇,即不毁不誉。序异杂而不尚:对杂异人材泛泛评论而不加毁誉。刘昞注:"不与己同,不与己异,则虽不憎,亦不尚之。"

⑧　刘昞注:"由与己同体,故证彼非而著己是也。"

⑨　刘昞注:"不以彼为是,不以己为非,都无损益,何所尚

之？"

⑩ 过誉：过分赞扬。此句意为：同类型人之间，评价往往比实际好得多。刘昞注："譬俱为力人，则力小者慕大，力大者提小，故其相誉，常失其实也。"

⑪ 名敌：名声相当者。尟：甚少。相下：互相谦让而甘居下风。刘昞注："若俱能负鼎，则争胜之心生，故不能相下。"

⑫ 此句意为：正直之人赞赏批评他人缺点的行为。刘昞注："见人正直，则心好之。"

⑬ 此句意为：不能接受别人直率地批评自己。刘昞注："刺己之非，则讦而不受。"

⑭ 尽者：坦诚的人。情露：情感无保留展露，实话实说。刘昞注："见人颖露，则心好之。"

⑮ 径：径直。不能纳人之径：不能接受别人对自己直截了当、实话实说。刘昞注："说己径尽，则违之不纳。"

⑯ 务名：追求名誉。乐人之进趋过人：推崇在竞争中超越对手的胜利者。刘昞注："见人乘人，则悦其趋进。"

⑰ 出：超出。陵己：战胜自己。此句意为：不能容忍凌驾自己之上的人。刘昞注："人陵于己，则忿而不服。"

⑱ 材倾：才能高低悬殊。刘昞注："并有旅力，则大能奖小。"

⑲ 势均：才能不相上下。刘昞注："恐彼胜己（彭家屏本和《墨海金壶》本'恐'作'忿'），则妒善之心生。"

⑳ 同体之变：同类型人之间关系的变态。指同体之人之间的互相伤害现象。［不可不察］也：据《长短经》补。

㉑ 助：帮助。助直而毁直：既帮助直率者，又诋毁直率者。

刘昞注："人直过于己直,则非毁之心生。"

　　㉒ 与:赞许。明:聪明。与明而毁明:赞赏聪明人却又诋毁聪明人。刘昞注："人明过于己明,则妒害之心动。"

　　㉓ 律理:规律。嫌:疑惑。体同:性质相同,即所谓"同体"。此句意为:因为不了解人性的规律,对同类型人之间评价的变异感到困惑。刘昞注："体同尚然,况异体乎?"

10-7 夫人所处异势,势有申压:富贵遂达,势之申也①;贫贱穷匮,势之压也②。

　　上材之人,能行人所不能行③,是故达有劳谦之称,穷有著明之节④。中材之人,则随世损益⑤。是故藉富贵则货财充于内,施惠周于外⑥。见赡者,求可称而誉之⑦;见援者,阐小美而大之⑧。虽无异材,犹行成而名立⑨。处贫贱,则欲施而无财,欲援而无势⑩。亲戚不能恤,朋友不见济⑪。分义不复立,恩爱浸以离⑫。怨望者并至,归非者日多⑬,虽无罪尤,犹无故而废也⑭。

　　故世有侈俭,名由进退⑮。天下皆富,则清贫者虽苦,必无委顿之忧⑯,且有辞施之高,以获荣名之利⑰。皆贫,则求假无所告⑱,而有穷乏之患,且生鄙吝之讼⑲。

　　是故钧材而进,有与之者,则体益而茂遂⑳;私理卑抑,有累之者㉑,则微降而稍退㉒。而众人之观,不理其本,各指其所在㉓,是疑于申压者也㉔。

【译文】

人们所处社会环境与个人地位不同，对其名声会有提高与压制两种影响：富贵显赫，会提高其名声；穷困潦倒，会压制其名声。

上等人材的成功不受个人所处位势的影响，因为其才智超群而有过人之处：富贵显赫，会以鞠躬尽瘁而著称；穷困潦倒，会以固守节操而闻名。然而，一般中等人材声望的高低，则明显受到个人社会地位（权势财富）的影响：如果有钱有势，自然有能力帮助他人。于是被救济者，因为自己需求得到满足而对施主大加赞扬；被提携者，也将极力夸大恩主的优点。即便是平庸之辈，也会因"善行"而声望大增。如果处境穷困潦倒，想资助他人苦于无财，想提携他人苦于无势。亲戚有难，不能抚恤；朋友困苦，无法接济。于是情义不复存在，恩爱逐渐瓦解，而心怀不满者日益增多，即便没有罪过，也会无缘无故地遭到贬低与废黜。

中等人材的声望，除取决于个人社会地位外，还与整个社会经济状况的好坏有关。如果社会经济状况整体良好，人人富裕，那么贫困型中材之人虽然生活清苦，还不至于艰难窘迫，并且会因为拒绝施舍而获气节高尚的美名。如果社会经济状况整体不好，人人贫困，那么贫困型中材之人则求粮借款无门，人穷志短，容易因小利而陷入争讼之中，名声自然大减。

由此可见，在自私自利心态驱使下，面对同等人材，人们总是推举给予自己恩惠的人，使其名声更好而仕途顺畅；总是压制给他们带来拖累和麻烦的人，使其名声低落而仕途困顿。普通人看不到这一点，以现实中的名声与地位作为评价人材高低的标准，于是在中材之人问题上出现了失误。

【校注】

①势：个人权势与财富。申：同“伸”，伸展，提高。刘昞注：“身处富贵，物不能屈，是以佩六国之印，父母迎于百里之外。”

②匮：匮乏。压：压抑。刘昞注：“身在贫贱，志何申展？是以黑貂之裘弊，妻嫂堕于闺门之内。”

③能行人所不能行：上等人材的能力超越一般人。刘昞注：“凡云为动静，固非众人之所及。”

④达：仕途通达。劳谦：有功劳而谦逊。语出《易·谦九三·象》：“劳谦君子，万民服也。”穷：处境困难。著明之节：卓著鲜明的节操。刘昞注：“材出于众，其进则哀多益寡，劳谦济世；退则履道坦坦，幽人贞吉。”

⑤世：世道，社会状况。疑“世”为“势”之误。刘邵在此讲的是个人地位（权势财富）对中材之人声望的影响，而不是讲“世道”（社会大环境）的作用。此处的“势”，是上文“势有申压”中的“势”，与下文“世有侈俭”中的“世”不同，后者指世道。刘昞对此句的注文可以佐证：“守常之智，申压在时，故势来则益，势去则损。”

⑥藉富贵：处于富贵状态。刘昞注：“赀财有余，恣意周济。”

⑦见赡者：被救济者。求可：要求得到了满足。刘昞注：“感其恩纪，匡救其恶，是以朱建受金，而为食其画计。”

⑧见援者：被提携者。阐小美而大之：将恩主的优点扩大宣

扬。刘昞注："感其引援,将顺其美,是以曹丘见接,为季布扬名。"

⑨ 行:道德操行,此处指用金钱接济他人的行为。行成而名立:随上述散金行为而获得美名。刘昞注："夫富与贵可不欣哉?乃至无善而行成,无智而名立,是以富贵妻嫂恭,况他人乎!"

⑩ 刘昞注："有慈心而无以拯,识奇材而不能援。"

⑪ 刘昞注："内无蔬食之馈,外无缊袍之赠。"

⑫ 分义:情义。不复立:不复存在。浸:渐。离:离异。恩爱浸以离:恩爱之情逐渐瓦解。刘昞注："意气皆空薄,分意何由立?"

⑬ 怨望者:心怀不满者。《史记·商君列传》:"商君相秦十年,宗室贵戚,多怨望者。"归非:归功的反义词,指将错误归于某人,即诽谤诋毁。刘昞注："非徒薄己,遂生怨谤之言。"

⑭ 尤:过失。罪尤:罪过。废:废弃、废黜。刘昞注："夫贫与贱可不慑哉?乃至无由而生谤,无罪而见废,是故贫贱妻子慢,况他人乎!"

⑮ 世:社会状况、大环境。世有侈俭:社会状况有富裕和贫穷的差别。名由进退:贫困型中材之人的名声,则随社会贫富变化而升降。刘昞注："行虽在我,而名称在世。是以良农能稼,未必能穑。"

⑯ 委顿:困顿,即艰难窘迫。刘昞注："家给人足,路人皆馈之。"

⑰ 辞施:推辞别人的施舍。刘昞注："得辞施之高名,受余光之善利。"

⑱ 求假:求借。刘昞注："家贫户乏,粟成珠玉。"《后汉书·樊

宏传》：“向之笑者咸求假焉。”

⑲ 鄙吝：庸俗、贪鄙。《后汉书·黄宪传》：“同郡陈蕃、周举常相谓曰：‘时月之间不见黄生，则鄙吝之萌复存乎心。’”讼：争执、纠纷。鄙吝之讼：内容低级庸俗的争辩。刘昞注：“乞假无遗与，嫂叔争糟糠。”

⑳ 钧材：同等人材。进：推举。有与之者：给予自己恩惠者。钧材而进有与之者：对同等人材，人们总是推举给予自己恩惠的人。体益：名声更美。茂遂：仕途通达。刘昞注：“己既自足，复须给赐（《墨海金壶》本‘复’作‘获’），则名美行成，所为遂达。”

㉑ 私理：自私动机。卑抑：卑劣地压抑。有累之者：对自己有拖累者。此句意为：因自私动机而压抑对自己不利的人。刘昞注：“己既不足，亲戚并困。”

㉒ 微降：名声较差。稍退：地位较低。刘昞注：“上等不援，下等不推。”

㉓ 观：观察问题。不理其本：不从本质上看问题。各指其所在：以现实中的名声与地位作为评价人材高低的标准。刘昞注：“谓申达者为材能，压屈者为愚短。”

㉔ 刘昞注：“材智虽钧，贵贱殊途，申压之变，在乎贫富。”

10-8 夫清雅之美，著乎形质，察之寡失^①。失缪之由，恒在二尤^②。二尤之生，与物异列^③。故尤妙之人，含精于内，外无饰姿^④；尤虚之人，硕言瑰姿，内实乖反^⑤。而人之求奇，不（可）以精微测其玄机，明其异希^⑥。或以貌少为不足^⑦，或以瑰姿为巨伟^⑧。或以直露为虚华⑨，或以巧饰为真实⑩。是以早拔多误，不如顺次⑪。

　　夫顺次，常度也。苟不察其实，亦焉往而不失⑫。故遗贤而贤有济，则恨在不早拔⑬；拔奇而奇有败，则患在不素别⑭。任意而独缪，则悔在不广问⑮；广问而误己，则怨己不自信⑯。是以骥子发足，众士乃误；韩信立功，淮阴乃震⑰。夫岂恶奇而好疑哉？乃尤物不世见，而奇逸美异也⑱。是以张良体弱，而精强为众智之隽也⑲。荆叔色平，而神勇为众勇之杰也⑳。然则隽杰者，众人之尤也㉑。圣人者，众尤之尤也㉒。其尤弥出者，其道弥远㉓。

　　故一国之隽，于州为辈，未得为第也㉔。一州之第，于天下为椳㉕。天下之椳，世有优劣㉖。是故众人之所贵，各贵其出己之尤㉗，而不贵尤之所尤㉘。是故众人之明，能知辈士之数㉙，而不能知第目之度㉚。辈士之明，能知第目之度㉛，不能识出尤之良也㉜。出尤之人，能知圣人之教㉝，不能究（之）入室之奥也㉞。由是论之，人物之理，妙不可得而穷已㉟。

【译文】

　　清廉高雅型人材，其内在美德十分明显地表现在体貌与言谈举止中，所以对这类人材的观察很少出现失误。而对两种奇异人物的鉴别，则最容易出现失误。这两种人材生来就与常人不同，属于人材考察中的特殊研究对象：一种是异常优秀之人，内心极聪明而外表与平常人无异；另一种是异常虚假之人，仪表风度不凡而内心空空。人们在寻求奇异人材过程中，往往不具备深刻入微的洞察力，难以度测其内在本质，而是被表面现象所蒙蔽：将其貌不扬者视为思想浅薄，而将徒有其表者视为英雄伟人；将实话实说者视为虚伪浮华，而将巧言令色者视为真心诚意。破格选拔奇材容易失误，不如按选举的常规，即按级别、资历、功绩的顺序选拔。

　　然而，即使按选举常规进行，如果不能洞察人材的真实性质，同样不能避免失误。因此，人们总是陷入这样的矛盾境地：遗漏的贤人后来屡建奇功，则后悔没将其破格重用；选拔了假奇材上当受骗，则埋怨自己事先没有认真鉴别。因为固执己见用错了人，则后悔没有广泛听取他人意见；有时广泛听取他人意见同样失误，则埋怨自己没有主见。良马起步飞跑，人们才发现自己相马的错误；韩信大功告成，淮阴的凡夫俗子们才感到震惊。这种现象，难道说明了人们讨厌奇材或生性多疑吗？不！这是因为奇材不是随时随地可以遇到的。这种出类拔萃的奇材，质量异常美好，常人难以识别。例如，张良身体虚弱，但精明强干，战略决策能力超越所有的谋士。又如荆轲气色温柔平和，而勇气天下第一。这些杰出的谋士和勇士，只是与众人相比为奇材，而圣人更是奇材中的奇材。总之，人材越优异，其规律就越深奥，鉴别难度越大。

　　郡一级的杰出人材，到州一级则属于一般人材（辈士），不是杰出人材（第目）；州一级杰出人材（第目），属于出类拔萃的国家栋梁之材（榠），可担任中枢机构的大臣。如果将不同时代的国家栋梁之材进行比较，水平也有高低之分。普通人只能识别比自己高一个量级的"奇材"，而不能识别奇材中的奇材。比如普通人能识别胜过自己的郡级杰出人材，而不能识别州级杰出人材；郡级杰出人材能识别州级杰出人材，而不能识别国家级的杰出人材；国家级杰出人材能理解圣人的教诲，却未必能推究天地万物最根本的深奥规律。由此可见，人材学的道理，真是无比玄妙，难以穷尽。

【校注】

①形质：形象体质等表征。刘昞注："形色外著，故可得而察之。"

②恒：经常。尤：特异。二尤：下文的尤妙之人和尤虚之人。

③与物异列：与一般人材相比属于特殊种类。汉魏之际，思想界将人材划为常士与奇异两种，如王充《论衡》、蒋济《万机论》以及《三国志·卢毓传》均有类似论述。刘昞注："是故非常人之所见。"

④尤妙：异常聪明。含精于内：内秀型。《长短经》引"于内"作"内真"。外无饰姿：外表与平常人无异。刘昞注："譬金（冰）［水］内明（据孙人和说改。孙人和云：'按冰当作水。《九征篇》云："犹火日外照，不能内见；金水内映，不能外光？"是其证'），而不外朗。故冯唐白首，屈于郎署。"

⑤尤虚：异常空虚。硕言：浮夸之言。瑰姿：漂亮的容貌。内实乖反：内心空洞无物。《长短经》引"反"作"违"。刘昞注："犹烛火外照，灰烬内暗。故主父偃辞丽，一岁四迁。"

⑥不（可）以精微测其玄机：据《长短经》删。精微：精深

细微的洞察力。《文选》十八晋成公绥《啸赋》："玄妙足以通神悟灵，精微足以穷幽测深。"玄机：内在奥秘。明其异希：明察其异常珍贵的才华。刘昞注："其尤奇异，非精不察。"

⑦ 以貌少为不足：见其貌不扬者，认为无才能。刘昞注："睹醜蔑貌恶，便疑其浅陋。"

⑧ 以瑰姿为巨伟：见外表魁梧俊秀，认为是伟人。刘昞注："见江（克）[充]貌丽（据《墨海金壶》本改），便谓其巨伟。"

⑨ 直露为虚华：实话实说者被认为是虚夸浮华。刘昞注："以其款尽，疑无厚实。"

⑩ 巧饰为真实：巧言令色者被认为是真心诚意。刘昞注："巧言如流，悦而睹之。"

⑪ 早拔多误：破格选拔人材容易出现失误。顺次：正常选举顺序，如资历、功绩、级别等构成的晋升名次，这是选举的常规，即下一句所言"夫顺次，常度也"。刘昞注："或以甘罗为早成，而用之于早岁。或（诀）[误]（据《墨海金壶》本和《龙谿精舍》本改），复欲顺次也。"

⑫ 苟不察其实：如果能成洞察人物本质。往：成功。不失：不出现失误。结合前后文，这句话的意思是：即使按"常度"选举，如果不能洞察人物本质，照样会出现失误。刘昞注："征质不明，不能识奇，故使顺次，亦不能得。"

⑬ 遗贤：遗弃了贤人（奇材）。济：成就。不早拔：没有早点提拔。刘昞注："故郑伯谢之于烛武。"

⑭ 拔奇：选拔奇异人材。素：预先。别：识别。不素别：事先没有识别。刘昞注："故光武悔之于朱浮。"

⑮ 任意：任凭自己意志。独缪：自己造成的失误。不广问：没有广泛听取意见。刘昞注："秦穆不从蹇叔，虽追誓而无及。"

⑯ 误己：使自己受骗。怨己不自信：埋怨自己没有主见。刘昞注："隗嚣心存于汉，而为王元所误。"

⑰ 骥子：良马。发足：开始起跑。众士乃误：众人才知道自己错看了良马。淮阴乃震：韩信为淮阴人，少时穷困，曾遭当地无赖少年的胯下之辱。韩信建功立业，淮阴当地众人感到震惊。

⑱ 恶奇：厌恶奇异之人。好疑：过于多疑。不世见：不是任何时候都可见到的。奇逸：超群。美异：异常美好。奇逸美异：奇特超群的人材异常美好，常人难以识别。刘昞注："故非常人之所识也。"

⑲ 张良体弱：《史记·留侯世家》太史公论曰："余以为其人（张良）计魁梧奇伟，至见其图，状貌如妇人好女。"精强：精明强干。刘昞注："不以质弱而伤于智。"

⑳ 荆叔：荆轲，战国末年刺客，卫国人。燕国太子丹谋刺秦王，问计于田光。田光说："光所知荆轲，神勇之人，怒而色不变。"见《史记·刺客列传》。色平：气色平和。刘昞注："不以色和而伤于勇。"

㉑ 隽杰：出类拔萃者。刘昞注："奇逸过于众人，故众人不能及。"

㉒ 此句意为：圣人是杰出人材中的最杰出者。刘昞注："通达过于众奇，故众奇不能逮。"

㉓ 弥：更加。其道弥远：其规律更深奥。刘昞注："非天下之至精，其孰能与于此？"

㉔国：郡国。隽：杰出人材。州：郡国的上一级行政单位。
辈：辈士，州级的一般人材。第：第目，州级的杰出人材。刘昞注：
"郡国之所隽异，比于州郡，未及其第目。"笔者认为，曹魏九品中
正制与西晋不同，中正仅对在职官员定九品，对进入察举程序而
未正式入仕者不定品，对同一层次的人，可能用"辈"之类专用名
词。《人物志》中的"辈士"、"第目"可能是曹魏前期中正评价人
材的术语。

㉕天下：全国范围（国家）。椳（wēi）：本义为承托门户转
轴的门臼，引申为重要人材，此处指国家级杰出人材、国家栋梁、
中枢机构的大臣。刘昞注："州郡之所第目，以比天下隽椳而不可
及。椳，一回反（彭家屏本、《墨海金壶》本和《龙谿精舍》本'一
回'作'乌魁'），枢也。"

㉖此句意为：同样是国家级人材，不同时代的"椳"，水平也
存在差异。刘昞注："英人不世继（《墨海金壶》本'英'作'其'），
是以伊、召、管、齐（彭家屏本'召'作'吕'），应运乃出。"

㉗此句意为：普通人只能识别与推崇比自己高一个量级的优
秀人材。刘昞注："智材胜己（《墨海金壶》本'材'作'谋'），则
以为贵。"

㉘不贵尤之所尤：不能识别优秀人材中的最优异者。刘昞
注："尤之尤者，非众人之所识。"

㉙辈士：郡一级杰出人材。刘昞注："众人明者，粗知郡国出
辈之士而已。"

㉚第目：州一级杰出人材。刘昞注："乃未识郡国品第之隽。"

㉛此句意为：郡级杰出人材"辈士"，能识别与推崇州一级杰

出人材"第目"。刘昞注:"出辈明者,粗知郡国第目之良。"

㉜ 出尤之良:比州级杰出人材更优秀者,即国家栋梁"根"。刘昞注:"未识出尤奇异之理。"

㉝ 此句意为:国家栋梁"根"能理解圣人经邦治国的思想。刘昞注:"瞻之在前,忽焉在后。"

㉞ 不能究(之)入室之奥也:"之"字衍,据孙人和说删。室:内室,比堂(正厅)更深一层。奥:室内西南角。究入室之奥:研究更精深玄妙的道理。刘昞注:"如有所立卓尔。虽欲从之,末由也已。"

㉟ 此句意为:人材道理非常玄妙,无法穷尽。刘昞注:"为当拟诸形容,象其物宜,观其会通,举其一隅而已。"

效难第十一

【导读】

效：成效，成功。效难：人材成功困难。刘昞注："人材精微，实自难知。知之难审，效荐之难。"本篇的主题是，分析人材为什么难以脱颖而出，从识人难与用人难两个方面展开。

其一，识人难。人们都是以自己为标准的，往往从各自特定的角度（标准）观察别人，有的专门看相貌，有的专门观察动作，有的专门听发言，有的专门看绩效等等。这些方法片面而不得要领，故失误多而成功少，容易犯以下两类失误：

1.初次与人接触，只能观察其言谈举止（草创）。但是如果仅仅根据言谈举止便下结论，就会出现误判：将高谈阔论而实际上鹦鹉学舌者，误认为深明事理；妄论时政而不得要领者，误认为杰出决策型人材。一旦轻信并将其任用，会造成严重后果。

2.对被考察对象进行长期观察，通过生活行为，观察人生观与价值观。如平常居家时，看其生活方式。财运亨通时，看其财物的用途。仕途不顺时，看其道德操守。但是，这种观察行为的方法,只能了解其人性的常态,无法了解其变化。人的志向与情趣,容易随环境变化,如有人处于困境时自强不息,成功后却纵欲享乐,这种情况即使长期考察,也难以避免失误。

其二,用人难。有时发现了人材,却无法使其得到提拔重用。因为阻碍人材成功的原因很多:其材能不合时代需求,被打入冷宫;识人者不在位,没有机会选拔重用人材;识人者虽在位,困于私利牵制,没有公正举荐等等。优秀人材与能鉴识人材的官员两者相遇,万分之一的机会也没有。有些选材官员的明察力足以识别真材,但因为私心作祟,会有意压制人材,故意不予选拔;有些选材官员虽然有为国家举贤的诚心,但缺乏鉴识能力。不识贤者与有意蔽贤者混在一起,难以分辨。

11–1 盖知人之效有二难:有难知之难①,有知之而无由得效之难②。

【译文】

人材选拔存在两个方面的困难:一是难以准确识别人材,二是难以将所发现的人材提拔重用。

【校注】

① 难知之难:鉴别人材的困难。刘昞注:"尤奇游杂(《墨海金壶》本'尤'作'才'),是以难知。"

② 知之而无由得效之难：能识别人材却无法提拔重用的困难。刘昞注："己虽知之，无由得荐。"

11-2 何谓难知之难？人物精微①，能神而明②，其道甚难，固难知之难也③。是以众人之察不能尽备④，故各自立度，以相观采⑤。或相其形容⑥，或候其动作⑦，或揆其终始⑧，或揆其儗象⑨，或推其细微⑩，或恐其过误⑪，或循其所言⑫，或稽其行事⑬。八者游杂⑭，故其得者少，所失者多⑮。是故必有草创信形之误⑯，又有居止变化之谬⑰。

故其接遇观人也，随行信名，失其中情⑱。故浅美扬露，则以为有异⑲。深明沉漠，则以为空虚⑳。分别妙理，则以为离娄㉑。口传甲乙，则以为义理㉒。好说是非，则以为臧否㉓。讲目成名，则以为人物㉔。平道政事，则以为国体㉕。犹听有声之类，名随其音㉖。夫名非实，用之不效㉗。故曰：名犹口进，而实从事退㉘。中情之人，名不副实，用之有效㉙，故名由众退，而实从事章㉚。此草创之常失也㉛。

故必待居止，然后识之㉜。故居，视其所安㉝；达，视其所举㉞；富，视其所与㉟；穷，视其所为㊱；贫，视其所取㊲。然后乃能知贤否㊳。此又已试，非始相也㊴。所以知质，未足以知其略㊵。且天下之人，不可得皆与游处㊶。或志趣变易，随物而化㊷。或未至而悬欲，或已至而易顾㊸。或穷约而力行，或得志而从欲㊹。此又居

止之所失也 ⑮。

由是论之，能两得其要，是难知之难 ⑯。

【译文】

为什么说识别人材很困难呢？众所周知，人是极其复杂极其难了解的，只有达到出神入化的境界，才能明察人性，所以说，准确识别人很困难。普通人不能全面看人，而是根据各自片面的标准，进行观察采访。有的专门看对方的形象容貌，有的注重观察对方的形体动作，有的专门观察对方的行为活动，有的注重度测对方的动机，有的注重对方行为的细节，有的注重对方对待失误的态度，有的专门听对方的发言，有的注重考核对方工作成绩。上述八种观察方法片面杂乱而不得要领，失误多而成功少，容易犯以下两类失误：一是初次与人接触，失误于轻信相貌言谈；二是通过长期观察掌握了对方人性的常态，却失误于对方的变化。（下面两段文字分别讨论了这两种失误及其原因。）

初次与人接触观察采访时，如果根据言谈举止便匆忙下结论，就会对其真性情作出误判：思想肤浅而张扬外露者，被误认为是奇异之材。思想深刻而沉默寡言者，被误认为空洞无物。漫谈玄理而不着边际者，被误认为洞察秋毫。高谈阔论而实际学舌者，被误认为深明事理。好论是非而善恶不明者，被误认为是激浊扬清的批评家。妄议人物而张冠李戴者，被误认为是人材权威。议论时政而不得要领者，被误认为是杰出的决策人材。上述七种失误，关键在于没有能力辨析对方的发言，判断其真伪。这种名实不符的声望往往导致工作中的重大失误。伪人材名实不符，不能任用。所以说，有人社会评价极高而实际工作一败涂地。有人聪明内秀，声望不高而实际工作成绩卓著。以上是在初次接触时（草创），因轻信言谈形貌出现的失误。

因此，应当对被考察对象进行长期观察，通过生活与工作，观察其人生观与价值观。平常居家时，看其生活方式；飞黄腾达时，看其举荐的人；财运亨通时，看其财物的用途；仕途不顺时，看其道德操守；生活贫困时，看其人格志气。上述"五视"属于长期考察，不是初次接触以貌取人了。但是，这种观察行为的方法，只能了解其人性的常态，而无法了解其变化。社会上士人众多，不可能皆与他们长期相处以观察其行为。况且人的志向与情趣，容易随条件变化而变化。有人未达目的时欲望强烈，一旦达到目的则兴趣改变。有人处于困境时努力进取，成功后却纵欲享乐。对这些异常情况，即使经过长期考察（观居止），也难以避免失误。

由此可见，初次见面观相貌（草创）与长期考察看行为（居止），都会出现失误。这说明识别人材非常难。

【校注】

①人物精微：人非常复杂。刘昞注："智无形状，奇逸精妙。"

②能神而明：只有达到了出神入化的境界，才能明察一切。刘昞注："欲入其神，而明其智。"

③刘昞注："知人则哲，惟帝难之，况常人乎！"

④尽备：完备全面。此句意为：普通人不可能从各个角度全面观察人。刘昞注："各守其一方而已。"

⑤各自立度：以各自角度建立不同的标准。观采：观察采访。刘昞注："以己所能，历观众才。"

⑥相：观看。相其形容：注重观察对方的形体容貌，即看相。刘昞注："以貌状取人。"

⑦候：观察。候其动作：注重观察对方的形体活动。刘昞注："以进趋取人。"

⑧揆：度测、观察。揆其终始：注重观察对方的行为能否始终如一。刘昞注："以发正取人。"

⑨儗象：即拟象，指意向、动机。揆其儗象：注重度测对方的动机。刘昞注："以旨意取人。"

⑩推：推究。推其细微：注重探究对方行为的细节。刘昞注："以情理取人。"

⑪恐：担忧。恐其过误：注重看对方面对失误的态度。刘昞注："以简恕取人。"

⑫循：按照、遵循。循其所言：注重听对方的发言。刘昞注："以辞旨取人。"

⑬稽：考核。稽其行事：注重考核对方工作成绩。刘昞注："以功效取人。"

⑭游杂：杂乱不统一。八者游杂：指上述八个片面的观察方法杂乱而不得要领。刘昞注："各以意之所可为准，是以杂而无纪。"

⑮此句意为：上述八个片面的观人法，失误多而成功少。刘昞注："但取其同于己，而失其异于己。己不必兼，故失者多。"

⑯草创：开始干某事，此处指初次与某人见面接触。信形：相信某人的仪表谈吐等外在形象。刘昞注："或色貌取人而行违。"

⑰ 居止：详见《人物志·自序》"以知居止之行"注，指行为活动中展现的人生观与价值观。完全相信观察"居止"，同样会出错。刘昞注："或身在江海，心存魏阙。"刘邵认为，观人困难表现在两个方面：一是初次见面轻信相貌言谈，二是以为通过长时间观察即可了解人的本质。下面两段文字，分别展开了对初次考察"草创"与长期观察"居止"的讨论。

⑱ 随行信名：根据言谈举止便相信对方是某种人材。中情：真性情。刘昞注："是以圣人听言观行，如有所誉，必有所试。"

⑲ 浅美扬露：思想肤浅却张扬外露。有异：奇异之材。刘昞注："智浅易见，状似异美。"

⑳ 深明沉漠：思想深刻而沉默寡言。空虚：空洞虚无。刘昞注："智深内明，状似无实。"

㉑ 分别妙理：漫谈玄理而不着边际者。离娄：古代传说中洞察秋毫的视力过人者，这里指过人的洞察力。刘昞注："研精至理，状似离娄。"

㉒ 口传：以口传达，说些别人早已讲过的话。甲乙：次序，罗列常识。义理：深明事理。刘昞注："强指物类，状似有理。"

㉓ 好说是非：喜欢议论谁是谁非。臧否：褒贬，激浊扬清的批评家。刘昞注："妄说是非，似明善否。"

㉔ 讲目成名：随意评论人材、给人下定义。人物：通晓人材学。刘昞注："强议贤愚，似明人物。"

㉕ 平道政事：议论政治问题。国体：杰出政治决策人材。刘昞注："妄论时事，似识国体。"

㉖ 此句意为：上述七种失误，关键在于没有能力辨析对方的

发言，判断其真伪。刘昞注："七者不能明，物皆随行而为之名，犹听猫音而谓之猫，听雀音而谓之雀，不知二虫竟谓何名也。世之疑惑，皆此类也。是以鲁国儒服者，众人皆谓之儒。立而问之，一人而已。"

㉗ 名非实：名不符实。用之不效：无法任用。刘昞注："南箕不可以簸扬，北斗不可挹酒浆。"

㉘ 名犹口进：由众人之口赞扬而得美名。实从事退：实际工作一塌糊涂。刘昞注："众睹形而名之，故用而不验也。"

㉙ 中情之人：内藏才智者。与上文"中情"不同，此处特指有实才者。刘昞注："真智在中，众不能见，故无外名而有内实。"

㉚ 事章：事业大获成功。刘昞注："效立则名章。"

㉛ 此句意为：以上是初次见面，相信形貌言谈（草创）出现的失误。刘昞注："浅智无终，深智无始，故众人之察物，常失之于初。"

㉜ 居止：起居活动，指人们生活行为表现出的人生观与价值观。刘昞注："视其所止，观其所居，而焉不知？"

㉝ 居：平时，正常情况下。安：安于何种生活方式，看其真正的价值观。刘昞注："安其旧者，敦于仁。"语出《论语·为政》："察其所安。"

㉞ 达：飞黄腾达。举：举荐什么人。刘昞注："举刚直者，厚于义（《墨海金壶》本和《龙谿精舍》本'厚'作'近'）。"《吕氏春秋·论人》："贵则观其所进。"

㉟ 富：富裕。与：给予，指财物的用途。刘昞注："与严壮者，明于礼。"《吕氏春秋·论人》："富则观其所养。"

㊱穷：仕途困窘。为：行为，指道德操守。刘昞注："为经术者，勤于智。"《吕氏春秋·论人》："穷则观其所不受。"

㊲贫：经济贫困。取：获取财物，以此判断是否人穷志短。刘昞注："取其分者，存于信。"此句参考《史记·魏世家》所载李克的观人方法："居视其所亲，富视其所与，达视其所举，穷视其所不为，贫视其所不取。"

㊳刘昞注："行此者贤，反此者否。"

㊴试：测试考察。已试：通过上述"五视"进行考察。非始相：不是初次见面仅凭相貌言谈看人。刘昞注："试而知之，岂相也哉？"

㊵知质：了解其基本性质。略：谋略，此处指其变化。刘昞注："略在变通，不可常准。"

㊶游处：交游相处。刘昞注："故视其外状，可以得一，未足尽知。"

㊷志趣：志向和情趣。随物而化：随条件变化而变化。刘昞注："是以世祖失之庞萌，曹公失之董卓。"

㊸未至：未达到。悬欲：十分有兴趣。已至：已达到。易顾：改变了原来的兴趣。刘昞注："李轶始专心于光武，终改顾于圣公。"

㊹穷约：处于困境。力行：努力进取。从欲：纵欲。刘昞注："王莽初则布衣折节，卒则穷奢极侈。"

㊺此句意为：无法预料人性在不同环境中的变化，是观察"居止"时容易发生的失误。刘昞注："情变如此，谁能定之？"

㊻两得：指观察"居止"时面临的常态与变化两种情况。刘昞注："既知其情，又察其变，故非常人之所审。"

11-3 何谓无由得效之难？上材已莫知①。或所识者在幼贱之中，未达而丧②。或所识者，未拔而先没③。或曲高和寡，唱不见赞④。或身卑力微，言不见亮⑤。或器非时好，不见信贵⑥。或不在其位，无由得拔⑦。或在其位，以有所屈迫⑧。

是以良材识真，万不一遇也⑨。须识真在位，识百不一有也⑩。以位势值可荐致之⑪，宜十不一合也。或明足识真，有所妨夺，不欲贡荐⑫；或好贡荐，而不能识真⑬。是故知与不知，相与分乱于总猥之中⑭。实知者，患于不得达效⑮；不知者，亦自以为未识⑯。所谓无由得效之难也。

故曰知人之效，有二难⑰。

【译文】

下面就是人材埋没之因的第二个原因：无法使人材得到提拔重用。为什么会出现这种情况呢？除了上等人材超越了普通人的识别能力，同时还有以下各种条件阻碍人材的成功。有人还未长大，已在幼年贫贱中夭折。有人虽然成年，未入仕前英年早逝。有人智慧才华超常，很难得到世俗赏识。推荐人地位卑微，推荐意见不被采纳。有人材能不合时宜，只能名落孙山。有时知己者不在位，无权选拔重用。有时知己者虽在位，因为私利牵制，没有公正举荐。

因此，优秀人材与能鉴识人材的官员两者相遇，万分之一的机会也没有。因为一百个在位的选材官员中，真正识人者不到百分之一。即使真正识人者在位，将良材选拔出来的机会，也没有十分之一。有些选材官员能识别贤材，因为利益驱动反而压制人材，故意不选；有些选材官员有心为国家举贤，但缺乏鉴识能力。因而在选材问题上，有意蔽贤者与缺乏识人能力者混杂在一起，造成了贤愚不分、真假难辨的混乱局面。总之，有识人能力者，因为自己不在其位，苦于无法举荐并重用所发现的人材。没有识人能力者，自认为还没有遇到真正的人材。这就是人材难以脱颖而出的原因。

综上所述，在人材成功之路上，存在着以上识人与用人两个方面的困难。

【校注】

①上材已莫知：杰出人材很难被识别。刘昞注："已难识知。"

②所识者：被鉴识者。幼贱之中：年幼贫贱之时。未达而丧：没有等到长大显露才华，已经夭折。刘昞注："未及进达，其人已丧。"

③未拔而先没：没有来得及被选拔入仕，已经去世。刘昞注："未及拔举，已先没世。"

④曲高和寡，唱不见赞：比喻才智高超而不被一般人所理解。刘昞注："公叔痤荐商鞅，而魏王不能用。""曲高和寡"说出自宋玉《对楚王问》："客有歌于郢中者，其始曰《下里》、《巴人》，国中属而和者不过数千人……其为《阳春》、《白雪》，国中属而和者数十人。是其曲弥高，其和弥寡。"

⑤身卑力微：推荐者地位卑贱，势力微弱。言不见亮：推荐

意见得不到重视。刘昞注："禽息举百里奚，首足皆碎。"

⑥器：才能。时好：当时社会的时尚。器非时好：其才能不符合社会时尚。不见信贵：价值得不到承认。刘昞注："窦后方好黄老，儒者何由见进？"

⑦不在其位：指鉴识者不处于选材职位。刘昞注："卞和非因匠，所以抱璞泣。"

⑧屈迫：屈服于权势者的压力而不能公正选材。刘昞注："何武举公孙禄，而为王氏所推。"

⑨良材：候选的优良人材。识真：能识别真正人材的选官。万不一遇：良材与识人选官相遇的机会不超过万分之一。刘昞注："材能虽良，当遇知己。知己虽遇，当值明王。三者之遭，万不一会。"

⑩识真在位：能识别真材又处于选官之位者。百不一有：不到百分之一。刘昞注："虽识己真，或不在位。"

⑪位势：职位权势。值：相遇。可荐：可以举荐的人材。致之：选拔出来。以位势值可荐致之：识真材并且在位的选官遇到良材并将其选拔出来。十不一合：这种机会连十分之一都达不到。刘昞注："识己须在位，智达复须宜。"

⑫明：明察力。妨：妨贤，指压制贤人使其不得进用。夺：卑劣的私利战胜了正义感，即《八观》篇所云"恶情夺正"。妨夺：出于私心有意压制贤人。刘昞注："虽识辨贤愚，而屈于妨夺，故有不欲。"

⑬此句意为：有爱贤之人并且在位，但是没有识别人材的能力。刘昞注："在位之人，虽心好贤善，而明不能识。"

⑭ 分乱：孙人和云："按'分'当作'纷'。注云'纷然淆乱'，可证。"总猥：众多混杂。指是非不分、善恶不明、贤愚不辨的混乱状态。刘昞注："或好贤而不识，或知贤而心妒。故用与不用，同于众总，纷然淆乱。"

⑮ 实知者：有识人能力者。患于不得达效：因为不在位，苦于无法举荐重用所发现的人材。刘昞注："身无位次，无由效达。"

⑯ 不知者：没有识人能力者。自以为未识：自认为没有遇到真正的人材。刘昞注："身虽在位，而不能识。"

⑰ 二难：一是难以准确识别人材，二是难以将发现的人材提拔重用。刘昞注："是以人主常当运其聪智，广其视听，明扬侧陋，旁求俊乂，举能不避仇雠（《墨海金壶》本'举'作'事'），拔贤不弃幽隐，然后国家可得而治，功业可得而济也。"

释争第十二

【导读】

释：消除。争：争斗。释争：消除争斗。刘昞注："贤善不伐，况小事乎？释忿去争，必荷荣福。"本篇主题是，讨论竞争中应当遵循正确的原则——以屈求伸之道。道家的处世哲学，是贯穿其中的思想主线。该篇将老子笔下杰出人材"上善若水"的谦虚品德，作为衡量人材优劣的标准，堪称《道德经》的人材版。主要观点如下：

谦让居下，是通往兴旺发达的光明大道；骄横傲慢，是走向自我毁灭的危险之途。历史经验充分证明了这个颠扑不灭的真理。为什么人们仍然陷入争斗而不能自拔呢？一般来说，是因对方轻视自己而生怨恨，有时则因对方胜过自己而生妒忌。这些错误情绪是不应当产生的。如果我们的才德逊色而遭到对方轻视，说明我们自己不足而对方正确；如果我们贤明而对方不了解，则说明被轻视不是我们自己的过失。如果对方贤明并且声望在我们之上，说明我们自己的才德还没有达到对方的水平；如果我们和对方水平相当而对方声望高于我们，则说明我们的水平与对方十分接近。有什么值得怨恨呢？

公开争斗不可能取得真正意上的胜利。陷入争斗的双方互相仇视，也就不可能客观公正地讨论孰是孰非了。既然已无法辨别是非而硬去争辩，其结果则无异于自我诽谤。别人准备诽谤我，一般是出于怨恨而故意挑衅，必定借某件事来攻击我，夸大事实，将谎言编得头头是道，听众虽然不一定全部相信，但至少会相信一半。我也如法炮制进行报复，听众也会相信一半。最终，听众对双方互相揭发的"劣迹"都会半信半疑。由此可见，那些怒气相交的争吵者，等于借对方的嘴来败坏自己；那些竞相指责的演讲者，等于借对方的手来殴打自己。这难道不是荒谬透顶的愚蠢举动吗？

两位贤人难分高下时，谦让者更优秀。蔺相如回车退避，胜廉颇一筹。能否谦虚退让，还是衡量君子小人的重要标准之一。小人气量小，不能忍受冒犯，不能宽恕他人。视占人上风者为能力卓越，视谦虚低调者为无能窝囊，在争名夺利的危险道路上，最终因争斗升级而身败名裂。君子胸怀开阔，能宽恕他人，不会陷入巨大的冲突中。他们以谦让作为进攻的锐利武器，以自我道德修养作为坚固的防御工具，功绩卓著而从不自夸，才华横溢而低调退让，对己严格而对人宽容。最终取得了胜利而看不到争斗的痕迹，对手顺服了却没有丝毫怨恨。以屈求申、以柔克刚，获得了圆满的成功。

12-1 盖善以不伐为大^①，贤以自矜为损^②。是故舜让于

德,而显义登闻;汤降不迟,而圣敬日跻③。郤至上人,而抑下滋甚;王叔好争,而终于出奔④。然则卑让降下者,茂进之遂路也⑤;矜奋侵陵者,毁塞之险途也⑥。是以君子举不敢越仪准,志不敢凌轨等⑦。内勤己以自济,外谦让以敬惧⑧。是以怨难不在于身,而荣福通于长久也⑨。彼小人则不然,矜功伐能,好以陵人⑩。是以在前者人害之⑪,有功者人毁之⑫,毁败者人幸之⑬。是故并辔争先,而不能相夺⑭;两顿俱折,而为后者所趋⑮。由是论之,争让之途,其别明矣⑯。

【译文】

　　行善而不自夸,形象才高大;贤能却自负,声望会锐减。虞舜谦逊退让而不受王位,美德名扬天下;商汤勤恳恭敬地礼贤下士,声望与日俱增。晋国大夫郤至,因盛气凌人而招杀身之祸;春秋时期王叔陈生,因争权夺利而逃亡。这说明,谦让居下,是通往兴旺发达的光明大道;骄横傲慢,则是走向自我毁灭的危险之路。因而,正人君子不仅在行动上决不违反社会准则,而且在思想上也不敢越轨。独处时严格要求自己,使道德人格完善;对外交往则谦逊退让、恭敬谨慎。所以不仅不会引火烧身,而且会造福后代子孙。小人则反其道而行之,居功自夸、盛气凌人。所以工作出色,反受伤害;建立功绩,反遭诽谤;一旦失败,人人幸灾乐祸。争强好胜者之间的争斗,犹如两马并驾齐驱而不肯居下,最终两败俱伤,而后来者居上。由此可见,争斗与谦让两种生存之道的利害得失,可谓洞若观火。

【校注】

① 不伐：不自夸。刘昞注："为善而自伐其能，众人之所小。"。语出《易·系辞上》："劳而不伐，有功而不德，厚之至也。"《老子·二十二章》："不自伐，故有功。"

② 自矜：自大。刘昞注："行贤而去自贤之心，何往而不益哉？"《老子·二十四章》："自矜者不长。"

③ 舜让于德：传说尧让位与舜，舜借口自己才德不足而谦让。语出《尚书·舜典》："舜让于德，弗嗣。"登闻：升闻，名声大增。《尚书·舜典》："玄德升闻。"显义登闻：指美德更加显著，声望进一步提高。汤：商汤，又称武汤、成汤。商朝的创建者。降不迟：礼贤下士，不怠慢。圣敬日跻：圣人名声日益升高。此句出自《诗·商颂·长发》："汤降不迟，圣敬日跻。"刘昞注："彼二帝虽天挺圣德，生而上哲，犹怀劳谦，疾行退下，然后信义登闻，光宅天位。"

④ 郤至：春秋时晋国大夫，终因盛气凌人而被杀。事见《左传·成公十六年》《成公十七年》。上人：欲处人之上。抑下滋甚：反而被压的更低。王叔好争，而终于出奔：指春秋时期王叔陈生与伯舆争夺政权，最终逃到晋国一事。刘昞注："此二大夫，矜功陵物，或宗（移）［夷］族灭（据彭家屏本、《墨海金壶》本和《龙谿精舍》本改），或逃祸出奔。由此观之，争让之道，岂不悬欤？"

⑤ 茂进：兴旺发达。遂路：通达之路。刘昞注："江海所以为百谷王，以其处下也。"

⑥ 矜奋：即奋矜，骄傲自夸。侵陵：侵犯欺凌。毁塞：毁灭困厄。刘昞注："兕虎所以撄牢槛，以其性犷噬也。"

⑦ 仪准：法度准则。轨等：规范等级。刘昞注："足不苟蹈，常怀退下。"

⑧ 内勤己：独处时严格要求自己。外谦让：对外交往则谦逊退让。刘昞注："独处不敢为非，出门如见大宾。"

⑨ 刘昞注："外物不见伤，子孙赖以免。"

⑩ 矜功：以功臣自居。伐能：夸耀自己的能力。陵人：凌驾别人之上。刘昞注："初无巨细，心发扬以陵物。"

⑪ 在前者：地位声望处于他人之上。刘昞注："矜能奔纵，人情所害。"

⑫ 人毁之：遭人诋毁。刘昞注："恃功骄盈，人情所毁。"

⑬ 幸之：幸灾乐祸。刘昞注："及其覆败，人情所幸。"

⑭ 辔：驾驭牲口的缰绳。并辔：两马同进，即并驾齐驱。不能相夺：不能确定胜负，即势均力敌不相上下。刘昞注："小人竞进，智不相过。并驱争险，更相蹈籍。"

⑮ 顿：挫伤。折：损害。两顿俱折：两败俱伤。趋：超越。刘昞注："中道而毙，后者乘之。譬兔殪犬疲，而田父收其功。"

⑯ 争让之途：争强好胜与谦虚退让两种生存之道。其别明矣：利与害的差别太明显了。刘昞注："君子尚让，故涉万里而途清。小人好争，足未动而路塞。"

12-2 然好胜之人，犹谓不然①。以在前为速锐，以处后为留滞②。以下众为卑屈，以蹑等为异杰③。以让敌为回辱，以陵上为高厉④。是故抗奋遂往，不能自反也⑤。

【译文】

然而,那些争强好胜者们仍不以为然:视占人上风者为能力卓越,视谦虚低调者为无能落伍,视礼贤下士者为卑贱憋屈,视目空一切者为奇材异能,视谦让对手者为胆怯耻辱,视盛气凌人者为高贵威严。因此,在争名夺利的危险道路上越走越远,无法迷途知返。

【校注】

① 刘昞注:"贪则好胜,虽闻德让之风,意犹昧然。乃云古人让以得,今人让以失。心之所是,起而争之。"

② 速锐:快速敏锐。留滞:停滞不前。刘昞注:"故行坐汲汲,不暇脂车。"

③ 下众:处众人之下。蹰:超越。等:等级。蹰等:不顾次序而超前越位。刘昞注:"苟矜起等,不羞负乘。"

④ 敌:对手。回辱:屈辱。陵上:犯上。高厉:高贵威严。刘昞注:"故赵穿不顾元帅,龁子以偏师陷。"

⑤ 自反:自我反省,约束自己。《礼记·学记》:"知不足,然后能自反也。"郑玄注:"自反,求诸己也。"孔颖达疏:"凡人皆欲向前相进,既知不足,然后能自反向身而求诸己之困,故反学矣。"刘昞注:"譬虎狼食生物,遂有杀人之怒。"

12-3 夫以抗遇贤,必见逊下①;以抗遇暴,必构敌难②。敌难既构,则是非之理必溷而难明③。溷而难明,则其与自毁何以异哉④?且人之毁己,皆发怨憾而变生釁也⑤。必依托于事,饰成端末⑥。其于听者虽不尽信,犹半以为然也⑦。己之校报,亦又如之⑧。终其所归,亦各有半信著于远近也⑨。然则交气疾争者,为易口而自毁也⑩;并辞竞说者,为贷手以自殴⑪。为惑缪岂不甚哉⑫?

【译文】

以傲慢态度对待贤明者,得到的回应是谦虚;以傲慢态度对待凶暴者,则必定结下怨仇。既然双方已互相仇视,也就不可能客观公正地讨论孰是孰非了。既然已无法辨别是非,还硬去争辩,其结果则无异于自我诽谤。比如,别人准备诽谤我,一般是出于怨恨而故意挑衅,必定借某件事来攻击我,将谎言编得有头有尾。听众虽然不一定全部相信,但至少会相信一半。对我的辩解与回击,听众也会相信一半。最终,听众对双方的说法都会半信半疑。由此可见,那些怒气相交的争吵者,等于借对方的嘴来败坏自己;那些竞相指责的演讲者,等于借对方的手来殴打自己。这难道不是荒谬透顶的愚蠢举动吗?

【校注】

①抗:通"亢",高傲。刘昞注:"相如为廉颇逡巡,两得其利。"

②暴:凶暴者。敌难:仇视和非难,指仇恨。刘昞注:"灌夫不为田蚡持下,两得其尤。"

③阔而难明:是非混乱说不清楚。刘昞注:"俱自是而非彼,

谁明之耶？”

④ 自毁：自我诋毁。刘昞注：“两虎共斗，小者死，大者伤，焉得而两全？”

⑤ 怨憾：怨恨。豐：同“釁”（衅），指争端。刘昞注：“若本无憾恨，遭事际会，亦不致毁害。”

⑥ 依托于事：利用某件事进行攻击。饰：伪饰。端末：开头结尾。饰成端末：编造得有头有尾，酷似真实。刘昞注：“凡相毁谤，必因事类而饰成之。”

⑦ 此句意为：听众虽然不会全信，但仍然会相信一半。刘昞注：“由言有端角，故信之者半。”

⑧ 校报：报复。刘昞注：“复当报谤，为生翅尾。”

⑨ 各有半信著于远近：人们对双方的说法各相信一半。刘昞注：“俱有形状，不知其实，是以近远之听，皆半信于此，半信于彼。”

⑩ 交气：怒气相交。易口而自毁：借对方的嘴来败坏自己的名声。刘昞注：“己说人之瑕，人亦说己之秽，虽詈人，自取其詈也。”

⑪ 并辞竞说：双方竞相指责。贷手以自殴：借对方的手来打自己。刘昞注：“辞忿则力争，己既殴人，人亦殴己，此其为借手以自殴。”

⑫ 惑缪：荒谬。刘昞注：“借手自殴，借口自詈，非惑如何？”

12-4 然原其所由，岂有躬自厚责，以致变讼者乎①？皆由内恕不足，外望不已②。或怨彼轻我，或疾彼胜己③。夫我薄而彼轻之，则由我曲而彼直也④；我贤而彼不知，则见轻非我咎也⑤。若彼贤而处我前，则我德之未至也⑥；若德均而彼先我，则我德之近次也⑦。夫何怨哉？

【译文】

从根本上查找原因，不难发现，严格要求自己是不可能导致争斗的。发生争斗，都是由于宽容之心不足而对他人要求过高造成的。有时因对方轻视自己而生怨恨，有时则因对方胜过自己而生妒忌。其实，这些错误情绪是不应当产生的。如果我们的才德逊色而遭到对方轻视，说明我们自己不足而对方正确；如果我们贤明而对方不了解，则说明被轻视不是我们自己的过错。如果对方贤明而声望在我们之上，说明我们自己的才德还没有达到对方的水平；如果我们和对方水平相当而对方声望高于我们，则说明我们自己的水平与对方十分接近。有什么值得怨恨呢？

【校注】

①躬自厚责：严格要求自己。语出《论语·卫灵公》："躬自厚而薄责于人。"变讼：争讼。刘昞注："己能自责，人亦自责，两不言竞，变讼何由生哉？"

②内恕：内心宽容。外望不已：对外人要求过高。刘昞注："所以争者，由内不能恕己自责，而外望于人不已也。"

③轻我：轻视自己。胜己：胜过自己。刘昞注："是故心争，

终无休已。”

④ 薄：浅陋、水平低。我曲而彼直：我有过错而对方正确。刘昞注：“曲而见轻，固其宜矣。”

⑤ 见轻非我咎：被轻视不是我的错。刘昞注：“亲反伤也，固其宜矣。”

⑥ 未至：未达到对方的水平。刘昞注：“德轻在彼（《墨海金壶》本和《龙谿精舍》本‘德’作‘见’），固所宜也。”

⑦ 先我：名声或地位比自己高。近次：接近。刘昞注：“德均年次，固其常矣。”

12-5 且两贤未别，则能让者为隽矣①；争隽未别，则用力者为憝矣②。是故蔺相如以回车决胜于廉颇，寇恂以不斗取贤于贾复③。物势之反，乃君子所谓道也④。是故君子知屈之可以为伸，故含辱而不辞⑤；知卑让之可以胜敌，故下之而不疑⑥。及其终极，乃转祸而为福⑦，屈雠而为友⑧。使怨雠不延于后嗣，而美名宣于无穷⑨。君子之道岂不裕乎⑩！

【译文】

两位贤人难分高低时，能谦让者为优；两位杰出人材难分先后时，继续争斗者为劣。蔺相如回车退避，使廉颇甘居下风；寇恂谦让不争，美名胜过贾复。事物总是向相反方向转化，这就是君子常说的成功之道。君子深知暂时的退让能转化为更大的发展，所以忍受侮辱而不争一日之长；深知谦让能够战胜对手，所以暂居下风而不急于求成。物极必反，最终都转败为胜，使对手心服口服并且化敌为友，使怨仇不至于延续到子孙后代，而谦让的美名万古流芳。君子的这种处世之道难道还不宽广通达吗?

【校注】

①能让者：能谦让者。隽：通"俊"，才智出众者。刘昞注："材均而不争优劣，众人善其让。"

②用力者，继续争斗者。惫：困顿，此处指低劣。刘昞注："隽等而名未别，众人恶其斗。"

③蔺相如以回车决胜于廉颇：蔺相如是春秋时赵国的名相，廉颇则为名将。廉颇妒忌蔺相如地位比自己高，准备在路上遇到蔺相如时进行侮辱，为了避免赵国内部的将相不和使秦国坐收渔翁之利，蔺相如每次外出望见廉颇就绕道回避。廉颇了解真相后，十分感动，专程去蔺相如家负荆请罪。事见《史记·廉颇蔺相如列传》。寇恂以不斗取贤于贾复：贾复是汉光武帝的名将。寇恂为颍川太守，以军法斩贾复的部将。贾复因此忿恨寇恂，经过颍川时，准备亲手刺杀寇恂。寇恂的下属劝寇恂加以防备，而寇恂则以蔺相如与廉颇的故事说服下属。后在汉光武帝的调解下，两人化敌为友。事见《后汉书·邓寇列传》。刘昞注："此二贤者，知争途不可由，故回车退避，或酒炙迎送，故廉、贾肉袒，争尚泯矣（彭家屏本、《墨海金壶》本和《龙谿精舍》本'泯'作'灭'）。"

④物势之反：事物总是向相反的方向发展，如下文屈可变为伸，祸可变为福。刘昞注："龙蛇之蛰以存身，尺蠖之屈以求伸。虫，微物耳，尚知蟠曲，况于人乎!"这种以柔克刚、以屈求伸的处世

哲学,显然来自《老子道德经》。

⑤辞:逃避。含辱而不辞:受到侮辱也不逃避。刘昞注:"韩信屈于跨下之辱。"

⑥下之:以谦下态度待之。刘昞注:"展喜犒齐师之谓也。"

⑦刘昞注:"晋文避楚三舍,而有城濮之勋。"

⑧雠:"仇"的异体字。刘昞注:"相如下廉颇,而为刎颈之交。"

⑨后嗣:后代。刘昞注:"子孙荷其荣荫,竹帛纪其高义。"

⑩裕:宽裕、宽广。刘昞注:"若偏急好争,则身危当年,何后来之能福?"

12-6 且君子能受纤微之小嫌,故无变斗之大讼①。小人不能忍小忿之故,终有赫赫之败辱②。怨在微而下之,犹可以为谦德也③;变在萌而争之,则祸成而不救矣④。是故陈余以张耳之变,卒受离身之害⑤;彭宠以朱浮之郄,终有覆亡之祸⑥。祸福之机,可不慎哉⑦?

【译文】

君子能忍受别人的微小冒犯,所以不会陷入巨大的冲突中。小人不能忍受别人的微小冒犯,最终因争斗升级而身败名裂。当双方矛盾刚刚形成时,就以自我批评态度去消除,会获得谦逊的美名;矛盾处于萌芽状态,却争执不休,则会酿成无法挽救的大祸。陈余被张耳所杀,彭宠被朱浮所害,都是历史的明证。由此可见,和睦或结怨是关系到个人前途命运的大事,切不可掉以轻心。

【校注】

①受：忍受。小嫌：小怨仇。无变斗之大讼：不会转化为大的争斗。刘昞注："大讼起于纤芥，故君子慎其小。"

②赫赫：显著。败辱：失败与耻辱。刘昞注："小人以小恶为无伤而不去，故罪大不可解，恶积不可救。"

③下之：以谦下态度处之。刘昞注："怨在纤微，则谦德可以除之。"

④萌：萌芽状态。刘昞注："涓涓不息，遂成江河，水漏覆舟，胡可救哉？"

⑤陈余、张耳：秦末人，本为好友，两人共同投奔陈涉农民起义军，后从武臣占据赵地。武臣被杀后，两人又立贵族赵歇为王，因争权感情破裂。张耳投奔刘邦，从韩信击破赵兵，斩陈余。刘昞注："思复须臾之忿，忘终身之恶，是以身灭而嗣绝也。"

⑥彭宠：东汉渔阳太守。光武帝平定河北，彭宠有军功，恃功自傲，与幽州牧朱浮结怨，朱浮在光武帝面前诬告彭宠谋反，彭宠被迫起兵，最终被其奴所杀。事见《后汉书·彭宠传》。郄（xì）：同"郤"，怨仇。刘昞注："恨督责之小故，违终始之大计，是以宗夷而族覆也。"

⑦刘昞注："二女争桑，吴楚之难作。季郈斗鸡，鲁国之衅作。可不畏欤？可不畏欤？"

12-7 是故君子之求胜也，以推让为利锐①，以自修为棚

橹^②。静则闭嘿泯之玄门，动则由恭顺之通路^③。是以战胜而争不形^④，敌服而怨不构^⑤。若然者，悔悋不存于声色，夫何显争之有哉^⑥？

【译文】

　　君子在成功的道路上，总是以谦让作为进攻的锐利武器，以自我道德修养作为坚固的防御工具。静止时寂然无为以修身，活动时顺应变化以成功。于是取得了胜利而看不到争斗的痕迹，对手顺服了却没有丝毫怨恨。达到了这种境界，在各种情况下都会不露声色，怎么会出现公开的激烈争斗局面呢？

【校注】

　　① 推让：谦逊退让。利锐：锐利的进攻武器。刘昞注："推让所往，前无坚敌。"

　　② 自修：自我道德修养。棚：通"輣"，有障蔽设备的战车。橹：大盾。棚橹：坚固的防御武器。刘昞注："修己以敬，物无害者。"

　　③ 嘿（mò）：同"默"。嘿泯：寂然无为。玄门：玄妙之门，即"道"，语出《老子》："玄之又玄，众妙之门。"此处指内心虚静以修身悟道。刘昞注："时可以静，则重闭而玄嘿；时可以动，则履正而后进。"

　　④ 争不形：不见有形迹的竞争，即以不争去争。《老子》："夫惟不争，故天下莫能与之争。"刘昞注："动静得节，故胜无与争。争不以力，故胜功见耳。"

　　⑤ 敌服：对手顺服。刘昞注："干戈不用，何怨构之有？"

⑥悆：即"吝"。悔悆：悔恨，气愤。此处泛指各种不良情绪。刘昞注："色貌犹不动，况力争乎？"

12-8 彼显争者，必自以为贤人，而人以为险诐者①。实无险德，则无可毁之义；若信有险德，又何可与讼乎②？险而与之讼，是柙兕而攖虎，其可乎③？怒而害人，亦必矣。《易》曰：险而违者，讼。讼，必有众起④。《老子》曰："夫惟不争，故天下莫能与之争。"⑤是故君子以争途之不可由也⑥。是以越俗乘高，独行于三等之上⑦。何谓三等？

（大）［本］无功而自矜，一等⑧；有功而伐之，二等⑨；功大而不伐，三等⑩。

愚而好胜，一等⑪；贤而尚人，二等⑫；贤而能让，三等⑬。

缓己急人，一等⑭；急己急人，二等⑮；急己宽人，三等⑯。

凡此数者，皆道之奇，物之变也⑰。三变而后得之，故人莫能远也⑱。

【译文】

那些公开激烈争斗的人，以为自己是贤明之人，但人们却认为其属于邪恶之类。如果对方没有邪恶品质，就没有理由对其进行攻击；如果对方的确有邪恶品质，那么又怎能通过与其争辩去分清是非呢？与邪恶者争辩，如同捕捉犀牛、老虎之类凶猛野兽一样危险。因为邪恶者一旦发怒,必然要加害于人。《周易》指出:品行低劣者之间出现分歧,一定会付诸争斗,而争斗一旦形成,会将许多人卷入其中,使事态扩大。《老子》指出:只有采取不争的方针,才能使人们无法与其竞争。君子明白不能选择公开争斗的方式取胜,所以超出众人的行为惯例,而独自实施以下三种上等的处世之道。三等都是什么呢?

毫无功劳而自高自大,下等;有功劳而喜欢炫耀,中等;功绩卓著而从不自夸,上等。

愚昧无知而争强好胜,下等;聪明能干而盛气凌人,中等;才华横溢而谦虚退让,上等。

对己宽容而对人严格,下等;对己严格而对人亦然,中等;对己严格而对人宽容,上等。

以上现象背后,是"道"的运行规律在起作用。社会变了,处世之道也要随之变化。只有遵循以上三种上等的处世之道,才能获得圆满的成功。这是任何人都不能违背的成功规律。

【校注】

①险:邪恶。诐(bì):偏颇。险诐:邪恶不正。《诗·周南·卷耳·序》:"内有进贤之志,而无险诐私谒之心。"郑玄笺:"崔云:险诐,不正也。"刘昞注:"以己为贤,专固自是,是己非人,人得不争乎?"

②险德:邪恶的品质。毁:诽谤。信有:的确存在。讼:争讼。

③柙:关兽的木笼。兕:一说为古代传说中的兽名,一说为犀牛。柙兕:以木笼捕捉犀牛。撄:接触。撄虎:接触老虎。柙

兕而攫虎：指捕捉凶猛野兽，十分危险。

④险而违者讼：《周易》之经传均无此句。《易·讼·彖》曰："险而健，讼。"《象》曰："天与水违行，讼。"违：不合。讼必有众起：语出《周易·序卦》："讼必有众起，故受之以师。"刘邵所引《易》语大意为：邪恶者通过争斗解决彼此之间的矛盾，而且会将更多的人卷入争讼中。刘昞注："言险而行违，必起众而成讼矣。"

⑤语出《老子·二十二章》。刘昞注："以谦让为务者，所往而无争。"

⑥由：遵循。刘昞注："由于争途者，必覆轮而致祸。"

⑦越：超越。俗：平庸之辈。乘高：运用高明的处世方针。独行：独自实行。三等之上：即下列处世方法的第三等（上等）。

⑧自矜：自负。《老子·二十四章》："自矜者不长。"一等：下等。（大）[本]无功而自矜：本来没有功劳却自我夸耀。据彭家屏本、《墨海金壶》本和《龙谿精舍》本改。刘昞注："空虚自矜，故为下等也。"

⑨伐：夸耀。二等：中等。此句意为：有功劳却自夸者属中等。刘昞注："自伐其能，故为中等。"

⑩功大而不伐：功劳大而从不自夸。三等：上等。刘昞注："推功于物，故为上等。"

⑪愚而好胜：愚蠢却争强好胜。刘昞注："不自量度，故为下等。"

⑫贤而尚人：有学识却欲处人之上，占人上风。刘昞注："自美其能，故为中等。"

⑬贤而能让：既有学识，又能谦让。刘昞注："归善于物，故

为上等。"

⑭ 缓：宽松。急：严格。缓己急人：对自己宽容而对别人严格要求。刘昞注："性不恕人，故为下等。"

⑮ 急己急人：对自己和别人同样严格要求。刘昞注："褊戾峭刻，故为中等。"

⑯ 急己宽人：严格要求自己，对别人宽容。刘昞注："谨身恕物，故为上等。"

⑰ 奇：变化。道之奇：处世规律的变化。道家认为，人类的生存之道，是顺应人的自然之性。刘邵认为，当代人欲望膨胀，人性发生了改变。因此，正确的处世之道就是顺应当代人性的变化，以屈求伸，获得成功。刘昞注："心不纯一，是为奇变。"

⑱ 三变而后得之：经过上述三个方面的变化，并且都位于上等，才算符合了当代的生存之"道"。故人莫能远也：彭家屏本和《墨海金壶》本"远"作"逮"。刘昞注："小人安其下等，何由能及哉？"

12-9 夫唯知道通变者，然后能处之①。是故孟之反以不伐获圣人之誉②，管叔以辞赏受嘉重之赐③。夫岂诡遇以求之哉④？乃纯德自然之所合也⑤。彼君子知自损之为益，故功一而美二⑥；小人不知自益之为损，故一伐而并失⑦。由此论之，则不伐者，伐之也；不争者，争之也⑧；让敌者，胜之也；下众者，上之也⑨。君子诚能睹争途之名险，独乘高于玄路⑩，则光晖焕而日新，德声伦于古人矣⑪。

【译文】

可以说，只有那种能够洞见生存之道并通晓事物变化奥妙的人，才能实施上等处世方法而立于不败之地。孟之反因为不居功自夸而获得孔子赞誉，管仲因为谦逊礼让而名垂青史。这难道是他们弄虚作假故意骗取高名吗？不，是他们至善至美的品德自然而然遵循了生存之道。君子明白自谦的好处，所以不但事业成功，而且名利双收；小人不知道自吹自擂的危害，所以一旦自夸则身败名裂。由此可见：不自夸，反而得到最好的夸奖；不竞争，反而争到了最大利益；谦让对手，反而大获全胜；甘居人下，反而后来居上。君子深明公开争斗的危险性，所以独自遵循无为顺应自然的康庄大道，功德名扬四海并且日新月异，以至可与古代圣贤相媲美。

【校注】

①知道：明白正确的处世之道。通变：顺应变化。处之：即遵循"上等"处世之道。刘昞注："处上等而不失者也。"

②孟之反：春秋时鲁国人，在齐鲁战争中，鲁军溃败，孟之反在后面掩护。事后，他不肯居功，假称因其马跑不快才落后。《论语·雍也》："孟之反不伐，奔而殿，将入门，策其马，曰：'非敢后也，马不进也。'"圣人之誉：孔子的赞誉。刘昞注："不伐其功，美誉自生。"

③管叔：疑为"管仲"之误。据《左传·僖公十二年》载，周襄王因管仲相齐有功，用上卿的礼遇接待他，管仲不肯接受，最后接受了下卿之礼。此事得到《左传》作者的高度评价。刘昞注："不

贪其赏,嘉赐自致。"

④ 诡遇:原指违背礼法,驱车横射禽兽。《孟子·滕文公下》:"吾为之范我驰驱,终日不获一;为之诡遇,一朝而获十。"赵岐注:"横而射之,曰诡遇,非礼之射,则能获十。"后指不按正当途径追求功名富贵。

⑤ 纯德:至善至美的品德。自然:自然而然。合:契合。刘昞注:"岂故不伐、辞赏、诡情求名耶? 乃至直发于中,自与理会也。"

⑥ 功一:事业成功。美二:事业成功与谦虚美名两种好结果。刘昞注:"自损而行成名立。"

⑦ 自益:自我夸耀。刘昞注:"自伐而行毁名丧。"

⑧ 刘昞注:"不伐而名章,不争而理得。"

⑨ 刘昞注:"退让而敌服,谦尊而德光。"

⑩ 名险:公开追求名誉的危险性。独乘高:即上文的"乘高独行",独自遵循高明的生存之道。玄:"道"。玄路:"道"的运行规律,即以屈求伸之道。

⑪ 德声伦于古人:美德和声望达到古代圣贤的水平。刘昞注:"避忿肆之险途,独道遥于上等;远燕雀于啁啾,乇鸣凤于玄旷。然后德辉耀于来今,清光侔于往代。"

附录一　刘邵年谱

刘邵字孔才，广平邯郸（今河北省邯郸市）人，家世不详。

【出处】

"刘劭字孔才，广平邯郸人也。"（《三国志·魏书》卷二十一《刘劭传》，以下简称《本传》）

【考证】

关于刘邵的名字，历来有两种记载：一为"劭"，以《木传》为代表；一为"邵"，以《隋书·经籍志》为代表，为历代沿用。宋庠《人物志后记》认为两者均误，应为"卲"。本文按学术界的习惯用法采用"邵"字。魏晋史书重家世，均追溯传主的祖上官职。《本传》没有记载刘邵父祖官职，可能其属于平民子弟。

中平二年（185），刘邵大约此年前后出生。

【考证】

刘邵生年不详。《本传》记载，大约逝世于曹魏正始时期

（240～249）。需要指出的是，《本传》后面的附《缪袭传》中透露了如下信息："劭同时东海缪袭亦有才学，多所述叙，官至尚书，光禄勋。"裴松之注引《文章志》："袭字熙伯。辟御史大夫府，历事魏四世。正始六年，年六十卒。"

很明显，这位缪袭与刘邵的经历相近，都以"辟御史大夫"府为起家官；都经历了曹操、曹丕、曹叡、曹芳四代君主；最高的官阶相同，刘邵的散骑常侍与缪袭尚书，均为三品；最后都得到了"光禄勋"（三品）这个礼仪性职称，一个实授，一个追赠。这些迹象表明，两人的年龄、资历应当差距不大。

刘邵正始时期逝世，具体年份不详，而缪袭的卒年明确为正始六年（245），享年60岁，应当生于186年。将此作为刘邵生卒年参考系，想必误差不会太大。假设刘邵逝世于正始六年，享年60岁，则应出生于186年。刘邵作为计吏至许昌的时间是建安九年至建安十六年（204～211）之间（考证见下），其年龄为19到26岁之间，比较合理。因此，姑且将其生年暂系于186年。

建安十六年（211），大约26岁。

刘邵作为广平郡计吏到达许昌，入仕。太史令预报将出现日蚀，在座的官员对是否按时举行朝会产生争议，刘邵对此发表了精辟见解，认为推算容易出现失误，不应因此废朝会。他的看法得到了荀彧认可，朝会按期举行，日蚀也没有发生。

【出处】

"建安中，为计吏，诣许。太史上言：'正旦当日蚀。'劭时在尚书令荀彧所，坐者数十人，或云当废朝，或云宜却会。劭曰：'梓慎、裨灶，古之良史，犹占水火，错失天时。《礼记》曰诸侯旅见天子，及门不得终礼者四，日蚀在一。然则圣人垂制，不为变［异］豫废朝礼者，或灾消异伏，或推术谬误也。'或善其言。敕朝会如旧，日亦不蚀。"（《本传》）

【考证】

曹操于建安九年（204）八月攻占邯郸，刘邵作为该郡计吏入许，只能在该年之后；荀彧任尚书令的时间是从建安元年到建安十七年（212）十月。刘邵到达许昌的时间至少在建安十七年的元旦之前，即建安十六年（211）十二月。建安九年至建安十六年（204～211），刘邵年龄大约在19到26岁之间。计吏是地方政府向中央荐举人材的方式，刘邵从此进入仕途，但具休任职不详，按惯例应任郎吏，有俸无职，等待选调实授的机会。笔者认为，将刘邵到许昌的时间，置于年龄段的下限26岁比较合理。因为刘邵关于正旦朝会的发言得到了荀彧的赏识，而荀彧是尚书令，理应尽快任用这位才子。而刘邵却长期滞留在郎吏位置上。合理的解释是，荀彧建安十七年（212）十月逝世，没有机会提携他。因此，将其去许昌的时间系于建安十六年底，大约26岁左右时。

建安二十二年（217），大约 32 岁。

御史大夫郗虑辟为掾属，因郗虑被免职而转任太子舍人，后任魏王府的秘书郎，成为曹丕"太子党"成员。

【出处】

"御史大夫郗虑辟劭，会虑免，拜太子舍人，迁秘书郎。"（《本传》）

【考证】

自从建安十三年曹操重新设立御史大夫一职后，直到建安二十二年六月华歆被任命为御史大夫这一时期，只有郗虑一人以这个官职活跃于政治舞台。毫无疑问，郗虑的免职和华歆的上任应是同一时间——建安二十二年六月。同年十月，曹操立曹丕为太子。太子确立之后，才可能有太子舍人一职存在。

《三国志·陈群传》记载："群转为侍中，领丞相东西曹掾。"据万斯同《魏国将相大臣年表》，此事发生在建安二十二年。东、西曹是丞相府中专门管人事的机构，西曹主管丞相府内官员的任免，东曹主管府外二千石以下官员的任免。曹的负责官员正职叫掾，副职叫属。陈群任魏王府侍中并同时主管"东西曹"，标志着"太子党"控制了人材选拔工作。刘邵得以入选太子舍人，可能得益于陈群的推荐。

黄初元年至七年（220 ~ 226），大约 35 到 41 岁。历任尚书郎，散骑侍郎。

【出处】

"黄初中，为尚书郎，散骑侍郎。"（《本传》）

【考证】

曹丕登基后，刘邵先任尚书郎，后任散骑侍郎。曹丕曾下诏解释"散骑侍郎"职位的政治意义："今便以参散骑之选，方使少在吾门下知指归，便大用之矣。天下之士，欲使皆先历散骑，然后出据州郡，是吾本意也。"（《三国志·崔林传》注引《魏名臣奏》）曹魏时期散骑侍郎是皇帝近臣，评议尚书奏事，属于关键岗位。显然，刘邵进入了曹丕的秘书班子，参与机要。

参加了中国第一部类书《皇览》编修工作。

【出处】

"受诏集五经群书，以类相从，作《皇览》。"（《本传》）

【考证】

据《三国志·扬俊传》注引《魏略》："（王象）受诏撰《皇览》……象从延康元年始撰集，数岁成，藏于秘府。合四十部，部有数十篇，通合八百余万字。"延康元年即黄初元年，《皇览》由此年开始撰写。洋洋八百万字，决非出自一人之手。据现有资料看，参加编写这本我国第一部类书的人，除王象、刘邵外，还有缪袭、韦诞和桓范等。

太和元年（227），大约42岁。
出任陈留太守。

【出处】"明帝即位，出为陈留太守，敦崇教化，百姓称之。"（《本传》）

【考证】魏明帝于太和元年继位，刘邵外放为陈留太守一事，定在此年。

太和三年（229），大约44岁。
主持《魏法》的编修工作。

【出处】

"征拜骑都尉，与议郎庾嶷、荀诜等定科令，作《新律》十八篇，著《律略论》。"（《本传》）

"是时太傅钟繇又上疏求复肉刑，诏下其奏，司徒王朗议又不同……其后，天子又下诏改定刑制，命司空陈群、散骑常侍刘劭、给事黄门侍郎韩逊、议郎庾嶷、中郎黄休、荀诜等删约旧科，傍采汉律，定为《魏法》，制《新律》十八篇，《州郡令》四十五篇，《尚书官令》、《军中令》，合百八十余篇。"（《晋书·刑法志》）

【考证】

史书都没有记载《魏法》确切的编纂时间，《资治通鉴》则将《魏法》一事附于太和三年十月之下，而《晋书·刑法志》指出它起草于太和初期钟繇、王朗的肉刑议之后，因此，《魏法》于太和三年开始编写，但不是完成的时间。《魏法》一百八十余篇，不可能短期内完成。可能到青龙二年（234）仍未完成。例如，卢毓在青龙二年由地方官转任侍中，这时《魏法》还未完成。"先是，散骑常侍刘劭受诏定律，未就。毓上论古今科律之意，以为法宜一正……"（《三国志·卢毓传》）按常理，卢毓议论魏律一事，应当是他当侍中之后。

明帝时期，陈群"录尚书事"，总理朝政，虽领衔修律，而实际负责人无疑是刘邵。各种历史文献均持这种看法。《晋书·刑法志》中保留了一篇解释《魏律》十八篇指导思想的文章《序略》，即《本传》所言《律略论》，公认是刘邵的个人著作。这说明他是该法的实际负责人。

青龙元年（233），大约48岁。
升任散骑常侍。

【出处】

"迁散骑常侍。时闻公孙渊受孙权燕王之号，议者欲留渊之计吏，遣兵讨之。劭以为'昔袁尚兄弟归渊父康，康斩送其首，是渊先世之效忠也。又所闻虚实，未可审知。古者要荒未服，修德而不征，重劳民也。宜加宽贷，使有以自新'。后渊果斩送权

使张弥等首。"（《本传》）

【考证】

公孙渊杀吴国使者一事，发生在青龙元年，可见刘邵晋升为散骑常侍当在此年。

青龙二年（234），大约49岁。
参加对吴作战方针的谋划。

【出处】

"青龙中，吴围合肥，时东方吏士皆分休，征东将军满宠表请中军兵，并召休将士，须集击之。劭议以为：'贼众新至，心专气锐。宠以少人自战其地，若便进击，不必能制。宠求待兵，未有所失也。以为可先遣步兵五千，精骑三千，军前发，扬声进道，震曜形势。骑到合肥，疏其行队，多其旌鼓，曜兵城下，引出贼后，拟其归路，要其粮道。贼闻大军来，骑断其后，必震怖遁走，不战自破贼矣。'帝从之。兵比至合肥，贼果退还。"（《本传》）

【考证】

在三国战争史上，这次孙权亲率大军进攻合肥的军事行动，属规模较大的一次，发生在青龙二年五月。吴国虽然动用了大量兵力，但是并不准备与魏国进行战略性决战，仅仅打算给对方一定打击而已。因此，刘邵对军事形势的分析和提出的虚实结合的作战方针是比较正确的。事实证明："帝军未至数百里，权

遁逃。"(《三国志·魏书·明帝纪》)

青龙三年（235），大约 50 岁。
作《许都赋》、《洛都赋》讽谏魏明帝。

【出处】

"劭尝作《赵都赋》，明帝美之，诏劭作《许都》、《洛都赋》。时外兴军旅，内营宫室，劭作二赋，皆讽谏焉。"(《本传》)

【考证】

"外兴军旅"，指青龙二年诸葛亮出斜谷，与司马懿战于渭南以及孙权围攻合肥新城等战役。"内营宫室"，指青龙三年魏明帝大修洛阳宫一事。"是时，大治洛阳宫，起昭阳、太极殿，筑总章观。百姓失农时，直臣扬阜、高堂隆等各数切谏。"(《三国志·魏书·明帝纪》)魏明帝曾于太和六年修许昌宫，当时官僚们的反应是纷纷作赋歌功颂德。但是青龙三年大修洛阳宫却遭到了整个官僚阶层反对，高堂隆、扬阜、陈群、孙礼、王肃等纷纷上书激烈抗争，连太子舍人张茂也以"吴蜀数动，诸将出征，而帝盛兴宫室"上书切谏。可见，刘邵作赋讽谏魏明帝的时间，应为青龙三年。

青龙四年（236），大约 51 岁。
夏侯惠荐刘邵。

【出处】

"时诏书博求众贤。散骑侍郎夏侯惠荐劭曰：'伏见常侍刘劭，深忠笃思，体周于数，凡所错综，源流弘远，是以群才大小，咸取所同而斟酌焉。故性实之士服其平和良正，清静之人慕其玄虚退让，文学之士嘉其推步详密，法理之士明其分数精比，意思之士知其沉深笃固，文章之士爱其著论属辞，制度之士贵其化略较要，策谋之士赞其明思通微，凡此诸论，皆取适己所长而举其支流者也。臣数听其清谈，览其笃论，渐渍历年，服膺弥久，实为朝廷奇其器量。以为若此人者，宜辅翼机事，纳谋帏幄，当与国道俱隆，非世俗所常有也。惟陛下垂优游之听，使劭承清闲之欢，得自尽于前，则德音上通，辉耀日新矣。'"（《本传》）

【考证】

魏明帝曾多次发布过求贤诏书，但是其内容或求儒学博士，或求笃行之士，或求良将，总之是特指某一种专门人材，与"博求众贤"的精神不符。惟独青龙四年的求贤诏书与这一精神吻合。"青龙四年，诏：'欲得有才智文章，谋虑渊深，料远若近，视昧而察，筹不虚运，策弗徒发，端一小心，清修密静，乾乾不解，志在尚公者，无限年齿，勿拘贵贱，卿校已上各举一人。'"（《三国志·王昶传》）夏侯惠此年推荐刘邵的可能性最大。

景初元年（237），大约 52 岁。
作《都官考课》。

【出处】

　　"景初中，受诏作《都官考课》。劭上疏曰：'百官考课，王政之大较，然而历代弗务，是以治典阙而未补，能否混而相蒙。陛下以上圣之宏略，悯王纲之弛颓，神虑内鉴，明诏外发。臣奉恩旷然，得以启蒙，辄作《都官考课》七十二条，又作《说略》一篇。臣学寡识浅，诚不足以宣畅圣旨，著定典制。'"（《本传》）

【考证】

　　据《三国志·魏书·卢毓传》记载，魏明帝下诏作考课法之后，曾出现司徒一职缺人，卢毓向魏明帝推荐了韩暨等。韩暨任司徒的时间是景初二年二月，而司徒空位的时间从景初元年开始一直到韩暨上任。"景初元年，司徒、司空并缺……"（《三国志·魏书·崔林传》），这证明《都官考课》起草于景初元年。

　　《都官考课》完成于景初二年，原文已佚，条文细节已无法确知。从刘邵上疏看，主旨是考察在职官员政绩——"百官考课"；《通典·选举三》也记载："遂令散骑常侍刘邵作考课之法七十二条，考百官。"依照魏晋时期名理学关于"名实相符"原则，该法的名称应当是内容的高度概括。名称中"都官"是指什么？可有两种解释：其一，"都"指监督，"官"指"百官"；"都官考课"意思是"监督百官的考课法规"。其二，"都官"为官名，曹魏时期尚书台有"都官郎"，职能为监督军事官员；司隶校尉有"都官从事"，职能为监督京城官员。刘邵是否利用原有的监察体系进行实施百官考课呢？从后代有案可查的考课情况看，可能性不大。因为这类"都官"的品级较低，难以对朝廷高官实施考课，如北魏孝文帝时期的"考课法"，五品以上官员，由皇帝亲自考课。如此看来，第一种解释比较合理。

《都官考课》出台后，魏明帝曾将该法规交群臣评议，因其触及士族特权，遭到多数官员的反对，《三国志》中有杜恕、傅嘏、崔林的三篇疏议，内容都是反对单纯依靠"考课法"选拔人材。崔林说："方今军旅或猥或卒，备之以科条，申之以内外，增减无常，固难一矣。"（《三国志·崔林传》）傅嘏批评它："夫建官均职，清理民物，所以立本也；循名考实，纠励成规，所以治末也。本纲未举而造制未呈，国略不崇而考课是先，惧不足以料贤愚之分，精幽明之理也。"（《三国志·傅嘏传》）其中杜恕的上疏对《都官考课》内容做了部分肯定，但要作重大修改。他认为：官吏管理不能单纯依靠法制，而应以德为本，但《都官考课》大体思路可取，只是条文过于繁琐而难以实施。除了对朝廷高级官员"公卿及内职大臣"进行岗位考核外，考课的重点应当是州郡察举入仕及之后的晋升环节，而这正是刘邵《都官考课》的闪光点——要求察举者必须通过"四科"考试。所谓"四科"，是指儒学、文吏、孝悌、从政四项，即汉代的"孝廉四科"。杜恕强调："此最考课之急务也。"他认为，在这个方面，《都官考课》考核的力度不够，需要加强，因此建议请刘邵制定专门的"课州郡之法"。

《都官考课》的条文细节已无法详知，但考课的目的是明确的，那就是对被考察者划分优劣等级，以确定其是否具备察举或晋升资格。而且，考察的范围不仅局限于在职官员的政绩考核，而且要对州郡察举对象进行考试，显然，这不是单纯的政绩考核条例，而是一部完整的选举法规。事实也是如此，魏明帝曹叡命刘邵作《都官考课》的动机,正是希望彻底从制度上保障选举的公正性。在此思想指导下,刘邵创作了一部通过"考课"(包括考试)遴选官员的法规。在《都官考课》出现之前,虽然西汉京房撰写了"考功课吏法"(《汉书·京房传》),但局限于官员的考核,未涉及察举方面,没有形成系统的法规。所以刘邵说,考课制度"历代弗务,是以治典阙而未补"(《本传》)。王昶说:"唐虞虽有黜陟之文,而考课之法不垂。"(《三国志·王昶传》)从现有的文献资料看,刘邵的《都官考课》是我国历史上第一部选官考官的行政法规。

景初二年(238),大约53岁。
参加对"六宗"祭祀的讨论。

【出处】

"至景初二年,大议其神,朝士纷纭,各有所执。惟散骑常侍刘邵以为:万物负阴而抱阳,冲气以为和。六宗者,太极冲和之气,为六气之宗者也。"(《晋书·礼志》)

【考证】

自王莽至魏明帝,历代王朝一直祭祀"六宗",但不能确定"六宗"是何物,刘邵在该年提出了太极冲和之气说。其中"万物负阴而抱阳,冲气以为和",出自《老子·四十二章》。

景初三年（239），大约 54 岁。

作《乐论》。

【出处】

"又以为宜制礼作乐，以移风俗，著《乐论》十四篇，事成未上。会明帝崩，不施行。"（《本传》）

【考证】

魏明帝死于景初三年正月，刘邵开始写作《乐论》的时间，只能是景初二年。

正始元年至六年（240—245），大约 55 至 60 岁。

执经讲学，病卒。

【出处】

"正始中，执经讲学，赐爵关内侯。凡所撰述，《法论》、《人物志》之类百余篇。卒，追赠光禄勋。"（《本传》）

【考证】

正始年间，太和"浮华"人物，在顾命大臣曹爽的提携下东山再起，控制了朝政，史称"正始名士"。在正始名士当政的时期（240～249），随着以司马懿为代表的建安名士失势，刘邵受曹爽、何晏集团的排挤，离开了重要岗位"散骑常侍"，从事经学传授。卒年不详，可能是正始中后期。参照缪袭逝世时间，大致在正始六年（245）前后。详见本年谱"中平二年"关于刘邵生年的考证。

刘邵是一位多产的学者。据初步统计，其著作达十二种之多，内容涉及政治、法律、人材、文学、礼乐等许多方面，但是除《人物志》外，这些著作到唐代大都散失，部分佚文收录于严可均辑《全三国文》中。

刘邵著述表（按时间顺序）

著作名称	出处	写作时间
《皇览》六百八十卷	《七录》	黄初元年开始
《魏新律》十八篇	《本传》	太和三年开始
《律略论》五篇	《七录》	青龙年间
《人物志》三卷	《隋书·经籍志》	青龙四年之前
《都官考课》七十二条	《本传》	景初元年
《说略》一篇	《本传》	景初元年
《乐论》十四篇	《本传》	景初二年
《法论》十卷	《七录》	不详
《孝经注》一卷	《释文叙录》	不详
《尔雅注》	《初学记·岁时部》	不详
《爵制》	《续汉书·百官志》	不详
《集》二卷	《七录》	不详

附录二　古代名家点评

唐·刘知几《史通·自序》

五常异禀，百行殊执，能有兼偏，知有长短。苟随才而任使，则片善不遗；必求备而后用，则举世莫可。故刘劭《人物志》生焉。

唐·李德裕《李卫公外集·穷愁志·人物志论》

余尝览《人物志》，观其索隐精微，研几玄妙，实天下奇才。然品其人物，往往不伦。以管仲、商鞅俱为法家，是不究其成败之术也。以子产、西门豹俱为器能，是不辨其精粗之迹也。子产多识博闻，叔向且犹不及，故仲尼敬事之，西门豹非其匹也。其甚者曰："辨不入道而应对资给，是谓口辩，乐毅、曹丘生是也。"乐毅，中代之贤人，洁去就之分，明君臣之义，自得卷舒之道，深识存亡之机。曹丘生招权倾金，毁誉在口，季布以为非长者，焉可以比君子哉？又曰："一人之身兼有英雄……高祖、项羽是也。"其下虽曰项羽英分少，有一范增不能用，陈平去之，然称明能合变，斯言谬矣。项羽坑秦卒，以结怨关中，弃咸阳而眷怀旧土，所谓倒持太阿，授人以柄，岂得谓之合变乎？又愿与汉王挑战，汉王笑曰："吾宁斗智不能斗力。"及将败也，自为歌曰："力拔山兮气盖世。"其所恃者,气力而已矣。可为雄于韩信,气又过之,所以能为汉王敌,聪明睿智不足称也。

宋·高似孙《子略》卷三《管子》

刘劭之志人物也,曰管仲、曰商鞅,皆以隶之法家。李德裕以劭之索隐精微,研几玄妙,实天下奇才。至以管仲与商鞅俱人物之品,往往不伦。德裕顾未尝熟读其书耳。劭所谓皆出于法者,其至论欤!

宋·马端临《文献通考》卷二百十二《经籍考·子部名家》

《人物志》三卷。晁氏曰:魏邯郸刘劭孔才撰,伪凉敦煌刘昞注。以人之材器志尚不同,当以九征八观审察而任使之。凡十六篇。邵,郗虑所荐。虑,谮杀孔融者,不知在邵书为何等,而邵受其知也。

清·纪昀《四库全书总目提要·子部杂家》

《人物志》三卷,魏刘邵撰。邵字孔才,邯郸人。黄初中,官散骑常侍。正始中,赐爵关内侯。事迹具《三国志》本传。别本或作刘劭,或作刘邵。此书末有宋庠《跋》云:"据今官书《魏志》作勉劭之劭,从力。他本或作从邑者,晋邑之名。案字书,此二训外别无他释。然俱不协孔才之义。《说文》则为卲,音同上,但'召'旁从'卩'耳,训高也。李舟《切韵》训美也。高美与孔才义符。扬子《法言》曰'周公之才之卲'是也。"所辩精核,今从之。

其注为刘昞所作。昞字延明，敦煌人。旧本名上结衔题"凉儒林祭酒"。盖李暠时尝授是官。然《十六国春秋》称，沮渠蒙逊平酒泉，授昞秘书郎，专管注记。魏太武时又授乐平从事中郎。则昞历事三主，惟署凉官者误矣。

邵书凡十二篇，首尾完具。晁公武《读书志》作十六篇，疑传写之误。其书主于论辩人材，以外见之符验内藏之器，分别流品，研析疑似，故《隋志》以下皆著录名家。然所言究悉物情，而精核近理，视尹文之说兼陈黄老申韩。公孙龙之说惟析坚白同异者，迥乎不同。盖其学虽近乎名家，其理则弗乖于儒者也。昞注不涉训诂，惟疏通大意，而文词简古，犹有魏晋之遗。《汉魏丛书》所载，惟每篇之首存其解题十六字。且以卷首阮逸之序，讹题晋人，殊为疏舛。此本为万历甲申河间刘用霖所刊，盖用隆庆壬申郑旻旧版而修之，犹古本云。

清·周中孚《郑堂读书记·子部杂家类》

《人物志》三卷，《墨海金壶》本。魏刘邵撰，北魏刘昞注。邵字孔才，邯郸人。黄初中，官散骑常侍。正始中，赐爵关内侯。昞字延明，敦煌人。凉李暠时，官儒林祭酒。沮渠蒙逊平酒泉，授秘书郎。魏太武时，又授乐平从事中郎。卷首题为凉人，误也。

《四库全书》著录，《隋志》名家作三卷，而不言是刘昞注。新旧《唐志》名家既载二卷之本，而复载刘昞注三卷。《崇文目》、《宋志》所载俱不言及昞注，大都即有注本也。其书凡九征、体别、流业、材理、才能、利害、接识、英雄、八观、七谬、效难、释争十二篇。宋阮逸序之，称"其述性品之上下，材质之兼偏……（抄阮逸序，略）"。

延明著书甚富，存者惟有是注。其注疏通大义，不沾沾于训诂，词致简括，尚有辅嗣注《老》、子玄注《庄》遗意。且并孔才原序注之，则又得乎经学家法矣。

前又有宋公序（庠）孔才、延明两记，末有王三省《后序》、文宽夫《跋》。三省、宽夫亦皆宋人也。明隆庆壬申郑旻所刊，犹属古本。至万历甲申河间刘用霖取其旧版而修之。文渊阁本即据刘本写定。此本亦从刘本校梓。

清·李慈铭《越缦堂读书记》

阅魏刘邵《人物志》。是书共十二篇，虽各为标目，而实一意相承。其旨主于别材器使，为名家之学，而推重术家之流，如范蠡、张良者，奇谋通变，能用能藏。又以道之平淡玄远为极致。盖申韩参以黄老，其中名言隽理，可味者多。文笔亦峻厉廉悍，在并时《申鉴》、《中论》之间，较为简古。武进臧玉林氏尝以此与《文心雕龙》及《史通》并称谓三刘之书，最堪玩味，是也。惟向无善本，所见丛书诸刻，类多讹夺，其中颇有僻涩之字，而又辗转乌焉，几不可解。是刻有明人文宽夫《跋》，谓其叙五行曰简畅而明砭，火之德也。明砭字无义，当作简畅而明启。其不知妄改。宋明人之陋而可笑，往往如是。

附录三　　古代版本序跋

《人物志》隆庆本　　宋·阮逸序[①]

人性为之原,而情者性之流也。性发于内,情导于外,而形色随之。故邪正态度,变露莫状,溷而莫睹其真也。惟至哲,为能以材,观情索性,寻流照原,而善恶之迹判矣。圣人没,诸子之言性者各胶一见[②],以倡惑于后,是俾驰辨斗异者得肆其说,蔓衍天下。故学者莫要其归,而天理几乎熄矣。予好阅古书,于史部中得刘邵《人物志》十二篇,极数万言。其述性品之上下,材质之兼偏,研幽摘微,一贯于道。若度之长短,权之轻重,无铢发蔽也。大抵考诸行事,而约人于中庸之域,诚一家之善志也。由魏至宋,历数百载,其用尚晦而鲜有知者。吁!可惜哉。刿虫篆浅技,无益于教者,犹刊镂以行于世。是书也,博而畅,辨而不肆,非众说之流也。王者得之,为知人之龟鉴;士君子得之,为治性修身之檠栝。其效不为小矣,予安得不序而传之?媲夫良金美玉,籯椟一启,而观者必知其宝也。

【校勘记】

①　隆庆本篇名作"人物志序"。《墨海金壶》本和《龙谿精舍》本作"原序"。

②诸子之言性者各胶一见:《墨海金壶》本和《龙谿精舍》本"见"作"是"。

《人物志》隆庆本　　宋·文宽夫跋

右《人物志》三卷,十三篇,魏刘邵撰。案隋唐《经籍志》,篇第皆与今同,列于名家。十六国时,敦煌刘昞重其书,始作注解。然世所传本多谬误。今合官私书校之,去其复重附益之文,为定本。内或疑字无书可证者,今据众本皆相承传疑,难辄意改云。邵之叙五行曰:"简畅而明砭,火之德也。"遍检书传,无明砭之证。案字书,砭者以石刺病,此外更无他训。然自魏晋以后,转相传写,豕亥之变,莫能究知。不尔则邵当别有异闻,今则亡矣。愚谓明砭都无意义。自东晋诸公草书启字为然,疑为简畅而明启耳。文宽夫题。

《人物志》隆庆本　　宋·宋庠后记

刘邵字孔才,广平邯郸人也。据今官书《魏志》作勉劭之劭,从力。他本或从邑者,晋邑之名。案字书,此二训外无他释,然俱不协孔才之意。《说文》则为卲,音同上,但召旁从"卩"耳,训高也。李舟《切韵》训美也。美、高又与孔才义符。扬子《法言》曰"周公之才之卲"是也。今俗写《法言》亦作邑旁邵,盖力、卩文近易讹,读音又昧偏旁之别,今定从卲云。建安中为计吏,诣许。太史上言,正旦当日蚀。邵时在尚书令荀彧所,坐者数十人,或云当废朝,或云宜却会。邵曰:"梓慎、裨灶,古之良史,犹占水火错失天时。《礼记》曰:诸侯旅见天子,及门不得终礼者四,日蚀在一。然则圣人垂训,不为变豫废朝礼者,或炎消异伏,或推衍谬误也。"或善其言，敕朝会如旧，日亦不蚀。魏黄初中，为尚书郎、散骑侍郎，受诏集五（更）[经]群书①，以类相从，作《皇览》。后与议郎庾嶷、荀（询）[诜]等定科令②，作《新律》十八篇，著《律略论》。迁散骑常侍。尝作《赵都赋》，明帝美之，诏邵作许都、洛都赋。时外兴军旅，内营宫室，邵作二赋，皆讽谏焉。景初中，受诏为《都官考课》，邵作七十二条，及（《略说》）[《说略》]一篇③。又以谓宜制礼作乐，以移风俗。著（《洛论》）[《乐论》]十四篇④。正始中，执经讲学，赐爵关内侯。凡所撰述，《法论》、《人物志》之类，百余篇。卒，追赠光禄勋。诏书博求众贤，散骑侍郎夏侯惠上疏，盛称邵才。史臣陈寿亦曰邵该览学籍，文质周洽云。

　　刘昞字延明，敦煌人也。年十四，就博士郭瑀。瑀弟子五百余人，通经业者八十余人。瑀有女始笄，妙选良偶，有心于昞。遂别设一席，谓弟子曰："吾有一女，欲觅快女婿，谁坐此席者，吾当婚焉。"昞遂奋坐，神色湛然，曰："昞其人也。"瑀遂以女妻之。昞后隐居酒泉，不应州郡命，弟子受业者五百余人。李暠据凉州，征为儒林祭酒、从事郎。暠好尚文典，书史穿落者，亲自补茸。昞时侍侧，请代其事。暠曰："躬自执者，欲人重此典籍。吾与卿相遇，何异孔明之会玄德？"迁抚夷护军，虽有政务，手不释卷。暠曰："卿注记篇籍，以烛继昼，白日且然，夜可休息。"昞曰："朝闻道，夕死可矣，不知老之将至。孔圣称言。昞何人斯，敢不如此？"昞以三史文繁，著《略记》百三十篇，八十四卷，《敦煌实录》二十卷，《方言》三卷，《靖恭堂铭》一卷，注《周易》、《韩子》、《人物志》、《黄石公三略》行于市。沮渠蒙逊平酒泉，拜秘书郎，专管注记。筑陆沉观于西苑，躬往礼焉⑤，号玄处先生，学徒数百，月致羊酒。牧犍尊为国师，亲自致拜，命官属以下皆北面（为）［受］业⑥。魏太武平凉州，士庶东迁，夙闻其名，拜乐平王从事中郎。后思归，道病卒。

【校勘记】

①受诏集五（更）［经］群书：据《墨海金壶》本改。

②后与议郎庾嶷、荀（询）［诜］等定科令：据彭家屏本和《墨海金壶》本改。

③及（《略说》）［《说略》］一篇：据《三国志·刘劭传》改。

④著（《洛论》）［《乐论》］十四篇：据《三国志·刘劭传》改。

⑤躬往礼焉：彭家屏本"礼"作"拜"。

⑥命官属以下皆北面（为）［受］业：据彭家屏本、《墨海金壶》本和《魏书·刘昞传》改。

《人物志》隆庆本　　宋·王三省序人物志后①

余尝三复《人物志》，而窃有感焉。夫人德性，资之继成，初未始有异也。而终之相去悬绝者，醇驳较于材，隆污判诸习。曰三品，曰五仪，胥是焉，而贤不肖殊途矣。是以知人之哲，古人难之。言貌而取人者，圣人弗（是）［能］也②。兹刘邵氏之有以志人物也乎！修己者，得之以自观；用人者，持之以照物。乌可废诸？然用舍之际，人材之趋向由之，可弗慎乎？精于择而庸适其能，笃于任而弗贰以私，则真材获用，大猷允升矣。其或偏听眩志③，而用不以道，动曰才难。吾恐萧艾弗择，鱼目混珍也④。左冯翊王三省识。

【校勘记】

① 序人物志后:《墨海金壶》本作"后序"。

② 圣人弗(是)[能]也:据《墨海金壶》本改。

③ 其或偏听眩志:《墨海金壶》本"眩"作"昭",《汉魏丛书》本、刘元霖本和彭家屏本"眩"作"眩"。

④ 鱼目混珍:《墨海金壶》作"鱼目混珠"。

《人物志》(嘉靖本) 明·顾定芳跋

夫人赋材之理妙,观采之法难,是故孔孟犹慎之。后世爱恶偏用,毁誉之习兴;是非淆杂,依似之伪作,而弊日滋矣。魏刘常侍邵有感而著《人物志》,凡十二篇。穷思极微,出入性情。原度量体形品目,隐显悉举,万世人物本真,若妍媸对鉴,毫发莫遁焉。宋阮逸嘉其书而序传之。今无善本矣。定芳获睹抄本于俨山伯氏,请录较镂,以广修身知人之意,如阮氏所冀望云。

嘉靖己丑秋九月既望,上海后学顾定芳谨识。

《人物志》(隆庆本) 明·郑旻《重刻人物志跋》

刘邵《人物志》凡十二篇,辨性质而准之中庸,甄材品以程其职任。事核词章,三代而下,善评人品者,莫或能逾之矣。邵生汉末,乃其著论,体裁缅然,有荀卿、韩非风致,而亹亹自成一家言。即九征八观之论,质之孔孟观人之法,唐虞九德之旨,自有发所未发者。后世欲辨官论材,恶可以不知也! 顾其书获见者少，又脱落难读。大中丞真定梁公，持节钺拊镇中州。熊车所莅，吏称民安。爰觅善本，加订正，刻之宋郡，用以传之，人人授简。属吏旻缀一言于末简。旻得卒业，反复《流业篇》国体、器能之说，深有味乎其言之也。今中丞公厉风俗、正天下、谋庙胜，三材允兼。至其振策群吏，惟器所适，靡不奋力展采，兢兢罔敢怠遑，总达众材至矣。异日秉钧当轴，将使官不易方，而太平用成。知人安民之道，拭目身亲见之。邵之志，何幸获酬于公哉！刻成辄忘固陋，僭书识刻之岁月，览者当知言之非佞云。

隆庆六年壬申仲夏之吉，归德府知府揭阳郑旻谨书。

《人物志》（刘元霖本）　明·刘元霖跋

夫高谈品流，盖末尚哉。钩微搜隐，代之变矣。予读《人物志》，而有感于邵之怼心也。悬鉴炤己，提衡轨物，哲人之恒。不炤不轨，漫无臧刺。命曰：諝德知人，顾可后已。人情险于山川，形淆于眉睫，良不易程。凤之性仁，其文五色；昭明似凤，性至不仁，其文亦五色。木之始培也，谓其利材也，长而为栎，则虽其大蔽牛，靡所用之。士有中外异致，始末殊方，率类于此。自非上贤，畴别伍汇。邵之为志也，《九征》以验情，《体别》以辨性，《流业》、《材理》、《材能》而精品任，《利害》、《接识》、《英雄》而定能称，有《八观》则志剖，有《七缪》则非烛，责副而偌之《效难》，平忿而撲之于《释争》。总之，准绳在体格，调剂在中和。一依先民之经，不越人情之变。修己品物，章往察来，抖贤赝于锱铢，吹纯疵于毛发。笔端巧运，几夺天真矣。是胡为者，挈邵之世，度今之年，不翅逖嶭。邵当日且如此，今竟何所底之？予故重有感焉，志刻于相台有年。板行既久,木腐字蚀,无当于观,予从而新之。既完,聊述所见。

时在万历阏逢涒滩太岁,月临黄钟天道行南日也,瀛海用斋刘元霖元泽甫题。

《人物志》（李苘本） 明·李苘跋

端木方人,宣尼少之,视以察安,独拳拳焉。圣人之心,何有二哉！顾所用者,何如心乎？为己,则观微恶以劝惩,别臧否以取舍,胥善道也。违是,矜己长,议人短,其为学者病。可朦言哉？噫！作《人物志》者,良有隐忧也。余自垂髫业举子事,先君授是卷,读之颇厌其词之深以刻也。茫茫焉,掩卷若不相值矣。宦游十五年来,困心衡虑,日求寡过,思自得师而未能。每于处人,窃以自照,若印证焉,乃知此卷之趣。假令叩洙泗门,□□□所与。古人云"以人为鉴",其斯之谓欤？顾海内乏善本,爰构一帙,订而绣诸梓,期与修德者共。以之取友,以之检身,皆心乎,为己尔。

万历丁丑春王正月,海岱环洲居士李苘识于思益轩之白云行窝。

《人物志》（彭家屏本） 清·彭家屏跋

《人物志》三卷,志经籍者列入史部名家类中。余久欲致之而未得也。前于同年涂君延年处借得宋帙,剪烛偻读,漏尽卒业。惜其镂版漶灭,十失其二。手自抄写,随笔勘正。本文幸获无阙,惟延明刘氏注释多有断略,复辗转觅得善本,参校补订乃成完璧。可为修己观人之考镜，因亟付剞氏重为刊梓，以公同嗜。

　　时乾隆十二年丁卯林钟月，中州后学彭家屏识于南州官舍之石翠山房。

《人物志》（艺林堂刊本）　清·王谟跋

　　右《人物志》三卷，魏邯郸刘劭孔才撰，有传见《三国志》，云劭所撰述，《法论》、《人物志》之类百余篇。《法论》不传，《人物志》亦只十六篇，大意以人之材能、心尚不同，当以九征八观审察而任使之耳。劭书奉诏作《都官考课》七十二条，以综核名实，甄别人物，因本此意著书，故隋唐志均以此书入名家也。时有散骑侍郎夏侯惠疏荐劭云："深忠笃思，体周于数。凡所错综，源流宏远。故性实之士服其平和良正，清静之士慕其玄虚退让，文学之士嘉其推步详审，法理之士明其分数精比，意思之士知其沉深笃固，文章之士爱其著论属辞，制度之士贵其化略较要，策谋之士赞其明思通微。"裴松之虽以是为多溢美之辞，然观夏侯所以称荐劭者，不即得劭所以甄别人物之意欤？《唐志》又载有刘昞注《人物志》三卷。晁氏云，此乃伪凉燉煌刘昞，非炳也。今《丛书》本犹题刘昞释篇，盖即指所释各卷篇名而言。或别有注本，未见。汝上王谟识。

后 记

刘邵《人物志》虽然是一本人材学著作,但是该书携带了大量的学术信息,是研究汉魏之际中国思想文化形态巨变过程不可多得的资料。近代以来,不同知识背景的学者,从哲学、心理学、美学、文学、文献学等不同的学科角度研究它,其中最重要的,是汤用彤先生从哲学史角度撰写的论文《读〈人物志〉》。该文在曹魏前期盛行的名理学思潮大背景下,分析了该书的人材理论体系,并通过圣人人格问题,揭示了魏晋玄学本体论形成的学术动因。

我之所以对《人物志》进行校勘译注,并不是源于文献学的兴趣,而是因研究魏晋思想史所致。1982年,山东大学历史学本科毕业后,我考取了王仲荦教授的硕士研究生。王先生是魏晋南北朝史专家,因当时任国务院古籍整理小组成员,所以我们同时被录取的三名中国古代史专业的学生,研究方向定为“古籍学”。恰逢丁冠之教授由北京调入山东大学,作为王先生的副手具体辅导我,于是,我也随之与丁教授的专长——魏晋玄学结了缘。

研究玄学,汤用彤先生的《魏晋玄学论稿》是必读书,而该书第一篇文章就是《读〈人物志〉》。在读书讨论过程中,感到有些问题可以继续深化，于是决定将《人物志》研究作为硕士论文选题方向。首先遇到的问题，是没有现代校勘本。能见到的现代版本，只有文学古籍刊行社 1955 年出版的任继愈断句本。因此王先生与丁老师商定，让我先搞个校注本，然后再写篇研究它的硕士论文。

1982 年，改革开放刚刚开始，百废待兴，学术信息极端缺乏，且不说对海外的研究状况一无所知，即使国内的信息也极不畅通。究竟《人物志》古代版本有多少种，现在收藏在哪些图书馆，没有完备的目录学资料可供参考。山东大学图书馆古籍书库，是我常去翻阅查找的地方，经常搞得灰头土脸。最后总算整理了一份大概的目录，并以此按图索骥，以《四部丛刊》本（影印明郑旻本）为底本，到全国各个可能存书的图书馆校勘。

1983 到 1984 年，我跑遍了全国各地所知有《人物志》古籍的图书馆。计划经济也不是一无是处，研究生不仅不交学费，而且发生活费，更重要的是，如果研究工作需要，可以报销差旅费。封闭贫穷的另一面是民风淳朴，我没有通过任何关系，仅凭手中学校开具的介绍信，即可在各个图书馆看到《人物志》明清时期各种版本的原件，而且不收任何费用。就这样，我校对了二十种明清时期的古籍，不仅纠正了某些错字，而且将其版本源流基本梳理清楚，将其分为三个流传系统（见《前言》）。这些成果，没有借鉴他人的校勘成果，因为信息不发达，根本看不到海外的研究成果。那时没有相机，亦不能复印，本书附录三所载的各种版本序跋，全是我用笔抄写的。

依据手中这本供自己看的"人物志校注"，1985 年完成了

五万字的硕士论文《〈人物志〉研究》，这个"校注"本也完成了使命，被束之高阁了。因为 80 年代中期出书的，基本都是前辈学术泰斗；一个小人物出书，比登天还难，况且这一年我考上了王仲荦教授的博士研究生，在丁教授的指导下，将正始玄学作为博士论文研究方向，毕业后继续"谈玄"，没有时间和精力顾及《人物志》了。此后三十多年的时间里，一直从事魏晋玄学研究。虽然有时也继续研究《人物志》，写了数篇学术论文，但都是从思想史角度进行探讨，而非文献学研究。

　　一个人有他的命运，一本书同样有它的命运。所谓命运不是神力，而是时代需求与贵人相助的结合，即魏晋义理易学强调的"时"与"位"的结合，缺一不可。1994 年，一个偶然的机会，在副主编吕海江先生帮助下，吉林文史出版社出版了我的名为《中国古代人才鉴识术——〈人物志〉译注与研究》的论著。该书由两部分构成：一是硕士论文《〈人物志〉研究》，二是《〈人物志〉校注今译》。由于资金短缺，印刷质量极差，而且只印了 1000 本。十四年之后的 2008 年，在责任编辑于涛先生的推动下，这本书由中华书局出版，题名为《知人者智——〈人物志〉现代解读》，后来多次加印，销了数万册。2014 年，在祝安顺先生的引荐下，书名改为《知人者智——〈人物志〉读本》，再次由中华书局出版。从 1994 年到 2014 年，拙作以不同名字出版了三次，内容却大同小异，尤其校勘注释部分，基本上源于 1982 至 1984 年硕士研究生阶段的成果，令人汗颜。改革开放四十多年来，信息壁垒在消除，国内与海外的学术论著一览无余。有时也想：如果能人与时贤的成果，将《人物志》重新校勘注释，写一本没

有遗憾的书，那该多好。但人在江湖，身不由己，杂事甚多，只是聊发少年狂而已。

随着中国经济的崛起与中华民族文化的复兴，在"国学热"持续升温的大背景下，中国古代管理思想开始被学术界重视，而管理的核心问题是对人的管理。因此，《人物志》人材理论的独特价值，引起当代政府与企事业领导者的关注。同时，对于不处于领导岗位的普通人来说，在如何认识自我、了解他人、选择成功之路方面，无疑有重要参考价值。因为我有《人物志》研究的论著，所以被清华大学继续教育学院开发出来讲授这门课，结果走出了校门，与社会各界人士分享。每次上课，都有学员索要此书。问题是，目前我关于《人物志》出版的三种书，许多内容需要更新了。

三十多年的魏晋思想史研究，让我对《人物志》的哲学基础、政治功能等问题有了新的认识；教学相长，多年的教学实践，让我对《人物志》原文中蕴含的智慧有了新的体悟。感谢中华书局的石玉先生，邀请我撰写《人物志译注》，这使我有机会将这些新见融入其中，与大家分享，请大家指正。

2019 年 5 月于清华大学荷清苑

能联系何老师。

听见"班主任"这三个字，许愿攥紧手，小声对戚野说："抱歉。"

"嗯。"戚野脸上毫无波动，"你先回去吧。"

许建丽催得急，许愿只好先跟陈诺一起上车。

他们前脚刚离开，何老师后脚赶了过来，和警察交涉一番，把戚野领回学校。

"这就是你给我说的头疼要去医院？有你这么疼的？"打车回一中的路上，何老师气得给他一个脑瓜崩儿，"我还想着最近换季，你们同桌俩一起生病了！"

"我知道你同桌她妈妈不像话，可你们也闹得太大了！你瞧瞧这视频转了几个群？"

有围观群众拍下视频发到网上。西川不是个特别小的城市，但也不算大，何况他俩还穿着校服，一来二去，小半个西川都知道了这件事。

"哦。"戚野扫了眼手机，"那挺好的。"

何老师差点儿没被他气晕："好什么好！"

男孩面无表情："以后她妈妈就不会再骂她了。"

"你……"何老师被气得翻了个白眼，"就你聪明！你给我说说你图什么啊你？"她很清楚这两个小孩儿之间什么都没有。

戚野沉默片刻，低声说："我答应过她。"

男孩哑着嗓子，声音很轻，何老师没听清："你刚说什么？"

戚野不吭声，偏过头去看车窗外飞速掠过的行道树。这一片街区种的是广玉兰和雪松，两种都是常绿乔木。初秋时节，微风拂过，在蓝天下翻起一片绿色的、层层叠叠的波浪。

他看了一会儿，淡淡收回目光。既然答应要保护她，他就一定会做到。

许愿被许建丽领回家。

陈诺今天没去上课，出乎意料的是，一向工作很忙的陈涵竟然也在家："回来了？这是怎么搞的？还和你妈妈闹上了？"

许建丽糟心得不行："你可别提了！你是不知道她是怎么说……"话说到一半，想起许愿还在旁边，吩咐陈诺："带妹妹去你房间，给她把眼睛弄一下。"

由于哭的时间长，许愿眼睛肿得特别厉害，都不能碰，手的力气稍微重一些，就忍不住吸气。陈诺不敢用冰块，找了块毛巾，用冷水